语言学及应用语言学名著译丛

语法、逻辑和心理学

原理及相互关系

〔德〕海曼·施坦塔尔 著
温仁百 译

GRAMMATIK, LOGIK UND PSYCHOLOGIE
Ihre Principien und ihr Verhältniss zu einander
von HEYMANN STEINTHAL

座右铭：思考乃难事

创于1897 商務印書館 The Commercial Press

H. Steinthal

GRAMMATIK, LOGIK UND PSYCHOLOGIE

Ihre Principien und ihr Verhältniss zu einander

本书根据德国柏林 Ferd. Dümmler's Verlagsbuchhandlung 1855 年版译出

作 者 简 介

海曼·施坦塔尔（Heymann Steinthal, 1823—1899）

德国哲学家、心理学家、语言学家，19世纪德语语言学的代表人物。他提出语言学心理主义，主张从心理学的角度研究语言的本质，并提出“民族心理学”的概念。代表性著作有:《语言分类是语言概念的发展》（1850）、《与所有知识的终极问题有关的语言起源》（1851）、《论文字的发展》（1852）、《语法、逻辑和心理学——原理及相互关系》（1855）、《语言结构的主要类型与特征》（1860）、《希腊和罗马的语言学史》（1863）及《语言学概要》（1871）等。曾创办刊物《民族心理学和语言学》。

译者简介

温仁百　西安外国语大学教授，博士，博士生导师，全国优秀教师，国家社科基金项目评审专家，教育部“长江学者”评审专家，德国图宾根大学、明斯特大学和费希塔大学语言学博士生导师。主要研究方向为普通语言学、篇章语言学、语用学和话语分析，已在商务印书馆出版译著《语言学辞典》(2003)、《卡尔·比勒语言哲学文集》(2017)、《普通语言学》(2020)以及《语言理论——语言的描述功能》(2022)。

语言学及应用语言学名著译丛
专家委员会

总　　序

商务印书馆出版的“汉译世界学术名著丛书”在国内外久享盛名，其中语言学著作已有10种。考虑到语言学名著翻译有很大提升空间，商务印书馆英语编辑室在社领导支持下，于2017年2月14日召开“语言学名著译丛”研讨会，引介国外语言学名著的想法当即受到与会专家和老师的热烈支持。经过一年多的积极筹备和周密组织，在各校专家和教师的大力配合下，第一批已立项选题三十余种，且部分译稿已完成。现正式定名为“语言学及应用语言学名著译丛”，明年起将陆续出书。在此，谨向商务印书馆和各位编译专家及教师表示衷心祝贺。

从这套丛书的命名“语言学及应用语言学名著译丛”，不难看出，这是一项工程浩大的项目。这不是由出版社引进国外语言学名著、在国内进行原样翻印，而是需要译者和编辑做大量的工作。作为译丛，它要求将每部名著逐字逐句精心翻译。书中除正文外，尚有前言、鸣谢、目录、注释、图表、索引等都需要翻译。译者不仅仅承担翻译工作，而且要完成撰写译者前言、编写译者脚注，有条件者还要联系国外原作者为中文版写序。此外，为了确保同一专门译名全书译法一致，译者应另行准备一个译名对照表，并记下其在书中出现时的页码，等等。

本译丛对国内读者，特别是语言学专业的学生、教师和研究者，以及与语言学相融合的其他学科的师生，具有极高的学术价值。第一批遴选的三十余部专著已包括理论与方法、语音与音系、词法与句法、语义与语用、教育与学习、认知与大脑、话语与社会七大板块。这些都是国内外语言学科当前研究的基本内容，它涉及理论语言学、应用语言学、语音学、音系学、词汇学、句法学、语义学、语用学、教育语言学、认知语言学、心理语言学、社会语言学、话语语言学等。

尽管我本人所知有限，对丛书中的不少作者，我的第一反应还是如雷贯耳，如 Noam Chomsky、Philip Lieberman、Diane Larsen-Freeman、Otto Jespersen、Geoffrey Leech、John Lyons、Jack C. Richards、Norman Fairclough、Teun A. van Dijk、Paul Grice、Jan Blommaert、Joan Bybee 等著名语言学家。我深信，当他们的著作翻译成汉语后，将大大推进国内语言学科的研究和教学，特别是帮助国内非英语的外语专业和汉语专业的研究者、教师和学生理解和掌握国外的先进理论和研究动向，启发和促进国内语言学研究，推动和加强中外语言学界的学术交流。

第一批名著的编译者大都是国内有关学科的专家或权威。就我所知，有的已在生成语言学、布拉格学派、语义学、语音学、语用学、社会语言学、教育语言学、语言史、语言与文化等领域取得重大成就。显然，也只有他们才能挑起这一重担，胜任如此繁重任务。我谨向他们致以出自内心的敬意。

这些名著的原版出版者，在国际上素享盛誉，如 Mouton de Gruyter、Springer、Routledge、John Benjamins 等。更有不少是著名大学的出版社，如剑桥大学出版社、哈佛大学出版社、牛津大学出版社、MIT 出版社等。商务印书馆能昂首挺胸，与这些出版社策划洽谈出版此套丛书，令人钦佩。

万事开头难。我相信商务印书馆会不忘初心，坚持把“语言学及应用语言学名著译丛”的出版事业进行下去。除上述内容外，会将选题逐步扩大至比较语言学、计算语言学、机器翻译、生态语言学、语言政策和语言战略、翻译理论，以至法律语言学、商务语言学、外交语言学，等等。我也相信，该“名著译丛”的内涵，将从“英译汉”扩展至“外译汉”。我更期待，译丛将进一步包括“汉译英”“汉译外”，真正实现语言学的中外交流，相互观察和学习。商务印书馆将永远走在出版界的前列！

胡壮麟

北京大学蓝旗营寓所

2018 年 9 月

译　序

德国人对语言的思考和研究在19世纪比较集中，达到历史上的辉煌时期，对语言学乃至整个人文社科的发展产生了巨大影响。语言的起源，语言的本质，语言与人（思维），语言发展的生理心理关系，语言研究的对象、任务和方法等科学体系，都是语言学的重大问题，19世纪德国语言学对此均有深入的研究，取得了许多突破性的成就，经典著作层出不穷。这些作品既有出自语言学大家之手，也有出自心理学和哲学大家之手——或者他们原本就是驰骋于多个领域的成就卓著的大师。这些著作不仅涉及语言学，还涉及文学、历史、哲学、社会学、逻辑学、心理学、生理学、物理、数学、地质学、地理学、植物学、音乐、绘画等诸多学科；不仅涉及人文社会科学，也涉及自然科学，是百科全书式的，其思想的丰富性、深刻性和体系性达到很高水平。

海曼·施坦塔尔（Heymann Steinthal，1823—1899）是哲学家、心理学家和语言学家，19世纪德国语言学的重要代表人物。他提出语言学心理主义，主张从心理学的角度研究语言的本质，用心理学方法分析语法现象，从语言与精神生活的关系、语言的起源和发展、人类语言的生理心理机制、语法的内在性和外在性、内在语言形式发展的阶段性等方面系统论述语言学的基本问题。他认为，“语言并非静态的成品，而是动态的，每时每刻都处于变化、形成和衰退之中，简而言之，语言的本质就是言说”，主张将个体的言语行为纳入语言学研究。他指出，词的意义并不确定，因为每一个人使用词的时候都会带入自己的个人经验、个体心理，词的意义只有在被说出的时刻才能确定，因此，语言是思想的形态，一个人的语言就是他的心理表达。同理，一个群体的语言就是该群体的心理表达。他提出“民族心理学”（Völkerpsychologie），认为维系同一类型语言的是人们思想方面的相似性，亦即，诸民族思想的相似性体现于他们语言结构的相似性。施坦塔尔的著作影响了索绪尔等许多语言学家，对现代语言学科学体系的建立发挥了重要作用。

此次汉译的《语法、逻辑和心理学——原理及相互关系》是施坦塔尔最具代表性的语言学著作，也是19世纪西方语言学的经典著作。拙译幸得出版，感谢商务印书馆的支持和西安外国语大学学术著作出版专项资助。

温仁百

2023年10月19日于西外

目　　录

第二部分 语法与逻辑

第三部分　语法的基本原则

前　言

本书是作者第一本篇幅较大的著作。之前每次发表小作总担心不被 V
读者接受，今拙著即将付梓见世之际，心中亦忐忑不安。但是，我无法阻止针对本书可能出现的误解、反对和激烈的批评，当然更无意阻止，何况这根本无法在短短的前言中解决。有人不理解我独特的行文风格，我爱莫能助；还有人顾左右而言他，挥举伦理大棒，我也只能置之不理。

因此，我这里只想对懂我的同志做几点说明。

首先，书中针对贝克尔①的批评显得过于严厉、粗暴和无情，使其观点的拥护者们难以接受。但是，我还有别的选择吗？有些话我可以不说，有些措辞可以不用，但那丝毫不能降低批评的尖锐性。在我的批评之下，贝克尔的语言学思想体无完肤，一无是处。这样的批评
无论使用怎样温柔的措辞和甜蜜的话语，都丝毫不能减轻对被批评者的 VI
伤害。如果伤害到什么人，我表示万分抱歉，于心难安——熟悉我的人都知道这一点——但我别无选择，因为招致批评的思想体系为某些人所建。如果认为生命体首先要感受的是痛，那么，思想家首先要面对的则是思想体系被摧毁的痛苦。然而，别以为批评者站在自己所摧毁的思想

---

① 卡尔·费迪南德·贝克尔（Karl Ferdinand Becker，1775—1849），德国自然科学家、语言学家，尤以《德语教学语法》（*Schulgrammatik der deutschen Sprache*，1831）著称，著有《语言有机体》（*Der Organismus der Sprache*，1827）等。贝克尔是当时“新语法学派”的旗帜，因此，“贝克尔批判”对施坦塔尔语言学思想体系的建立和推动语言学的发展具有重大意义。——译者

体系的废墟上内心就充满了胜利的喜悦，他最多只是获得了一种满足感，因为他感到已经竭尽全力，履行了自己应尽的义务。

其次，我对贝克尔的批评也是我对他敬意的表达。他在语言学历史上占据非常重要的地位，我为研究他的思想倾注了很大的努力。有人觉得，我的批评显得贝克尔的思想体系不仅毫无合理性，而且其论述完全令人不解，甚至认为这是我提出批评的目的，对此，我必须提出反对，但又难以否认。我扪心自问过，像贝克尔《语言有机体》那样的著作，四分之一世纪以来被奉为杰作和重点教材，是有史以来最受欢迎的著作，因其内容而对广大学者们产生了深刻的影响，怎么可能是自古至今最为夸夸其谈、内容空洞的论著呢？我还自问过，一方面贝克尔数十年以来一直被尊为新语法（die neue Grammatik）的奠基者，另一方面我又要竭力将其与那些思想病患区别开来，这何以可能呢？

现在我将思考的结果汇报一下。贝克尔的情况难道是个例吗？特伦
德伦伯格[①]和其他许多人都曾经设问，是否能够将黑格尔及其流派与疯人
VII 院里的病患区别开来？还有其他例子，但都很难明确地说明什么样的精
神状态算是病态的。我也曾经告诉过自己，人类历史上的确有过精神病患，而且明显有其历史必然性，对人类精神的发展也十分有益，如同身体疾病之于身体发展的益处。甚至，某些患有典型精神疾病的先生应该被称为伟人，不能被送进疯人院，因为只有那些患有特殊精神疾病的人才被送进疯人院。特殊疾病的起因也非常特殊，不涉及别人。但典型病患的起因则具有普遍性，危害成千上万的人们，而且还将会危害陷入此境的每一个人。这样的疾病不仅仅是主观个体的，更是客观大众的。

在贝克尔活跃的年代，“有机体”概念十分盛行，响彻所有思想领

① 弗里德里希·阿道夫·特伦德伦伯格（Friedrich Adolf Trendelenburg，1802—1872），德国哲学家，著有《逻辑研究》（*Logische Untersuchungen*，1840）等。——译者

域。他将此概念引入语法学，并深深地打动了该科学领域的所有人，而且，他相关论述的模糊性更令有些人神魂颠倒。他们心有灵犀，志趣相投，统一在“有机体”口号之下，不求甚解，自我陶醉。然而，一旦人们认真深究有机体的真正含义，原有的学术阵营便分崩离析。

贝克尔给一场广泛的学术运动提出了一个口号，同时，将旧的语法学推向了顶峰，代表着旧语法的终结。这是贝克尔的功绩。诚然，贝克尔思想的某些缺陷不可否认是其个人的，且肯定不伤及其思想的核心，然而，即使这些个体性缺陷同样也有其客观性病源。

我的所有批评都只是我个人的，对贝克尔的批评亦不例外，因为，一方面我也犯过贝克尔那样的错误，另一方面贝克尔让我避免了类似的错误。因此，通过对贝克尔的批评，我一方面澄清了以往所犯的错误， VIII
同时预防了可能发生的错误。我的批评充分展示了贝克尔的启示性。内心的感受和思想躁动不安，不吐不快。

我对洪堡特（Humboldt）的批评使我感到某种悲剧。洪堡特是哈姆雷特，肩负宏大的使命，虽披荆斩棘，仍殊难完成。哈姆雷特临危不惧，毅然奋起杀敌，同样，洪堡特在提出内涵丰富的认识之后，陷入反思，并用一个“虽然如此”毅然推出自己的认识。这样一种悲剧感在我对贝克尔的批评中未有出现。他的论述很不周全，漏洞百出，像是一场轻率的表演。虽然都是在雄心勃勃地描绘一幅旷世之大作，但是，洪堡特始终与各种困难作斗争，而贝克尔眼里却从来没有困难。他一步步地迈向毁灭的深渊，从一个错误走向另一个错误，最终陷入绝境，却始终浑然不觉。对此，我看得真切，揭露得清楚。我希望大家看到，我对对手没有丝毫的轻视，相反，我花费了很大的力气解释他的观点，为之辩解。没有深刻的理解就绝不可能揭露他的错误。

我满腔热情地展开批判，因为他所论述的问题令我十分激动。但是我希望，人们不会觉得我有些失去理性，忽视了贝克尔论述的优点，相反，实际上我充分突出了他的优点。我承认贝克尔的功劳，但他的功劳仅仅在于其所付出的努力。无论如何，颐指气使应当休矣。什么是科学研究？科学阐述首先要求表述明确，不拖泥带水，概念和观点要明确界
IX 定，所给出的判断不能导致模糊和歧义。另外，歌德说："谦逊其实只适合于个人……自由作家的作品中只有真话，或者相对于事实，或者相对于作家的感受，最好相对于二者皆然。如果不喜欢真实吐露心声和真实描写事实的作家，就根本不配读到佳作。"

贝克尔将其思想的合理性建立在对立观之上，迎合了其同代人的立场，也在某种程度上影响到当前的一些人。从贝克尔的《语言有机体》问世迄今，不仅有洪堡特的大作出版，而且整个德国语言学界对语言的本质也有了相较于贝克尔时代更为深刻的认识，但是，语言反映论这一陈旧思想还没有被完全克服，有鉴于此，无论贝克尔关于语言有机体的概念多么漏洞百出，我都必须将之置于优先重要的地位。这里所言涉及关于语言的手段和目的的思考，也是新近出版的一部著作的研究对象，非常值得关注。这就是本森（Bunsen）的《普通历史哲学概论——语言和宗教视角》（*Outlines of the philosophy of universal history, applied to language and religion*，伦敦，1854，全二卷）。这部著作大量引证了奥夫雷希特（Aufrecht）先生和《梨俱吠陀本集》（*Rigveda*）的编者米勒（Müller）先生的观点。米勒先生向我们阐释了贝克尔的思想，将语言分为三种（出处同上，第一卷 281 页及以下诸页），即家族语言、部落语言和国家语言，与古老的分类将语言分为单音节语言、黏着语和屈折语完全吻合。闪米特语言（Semitische Sprache）和梵语（Sanskritische Sprache）诸语言属于第三种。
X 埃及语（das Aegyptische）也属于此类，它只是闪米特语言早期的一个分支。汉语（das Chinesische）属于第一种，而世界上其他语言应该都属于部落语言（Nomadensprachen）或者称为图尔语（Turanische Sprache）。但是，所有语言都源自于一个"母亲"。按照米勒先生所整理的传说（出处

同上，第一卷310页)，数千年以前有一个男人，应该是一位国王——因
为他一家人是世上唯一的人类——名字叫费里敦（Feridun)。他有三个儿
子，分别是图尔（Tur)、萨勒姆（Silim）和雅利安（Irij)。① 费里敦经历了
大洪水，因此在家中人们已经不再说大洪水以前的语言（antediluvianische
Sprache)，那是一种只有根词的语言（出处同上，487页)。我不知道米
勒用这个传说想要说明什么，因为大洪水以前的语言虽然与费里敦一家
人所说的家族语言不一样，但却都是“并列结构”（Juxtaposition）主导的
语言，就像现代汉语一样，根词和根词紧挨相邻。大洪水之前的人们所
说的语言不可能比这更简单，而且，如同德国、古印度和波斯等其他传
说一样，米勒的传说也不能给我们提供更多的信息。我们再看上述那个
传说。费里敦的儿子们离开父亲，各奔东西。这对他们在父辈家族中所
习得的语言会产生什么影响呢？把传说的原始文本翻译为以抽象性著称
的德语，原有的质朴性恐怕会荡然无存。米勒传说（出处同上，310页）
讲道：“他们从父辈家中带走的是根词和代词。其中两人，萨勒姆和雅利
安，似乎都掌握了如何分解和改变根词的秘诀，并将其用作主语或谓语。
图尔可能也曾经明白此道，但他要么忘了，要么不愿意篡改那些神圣的
家传……现在，我们可以说，图尔用根词和代词至少要表达四件事。假
如，他掌握表达‘切’（cutting）的根词，那么，他说 I cut，表示现在时
态的‘我切’，也可以表示过去时态的‘我切’，用 cutter 表示‘刀’，用
my cutter 表示‘我的刀’。对他来说，要想在世界上继续生活下去，这四 XI
种说法是必不可少的。独自与家人和孩子们在一起的时候，他当然可以
只通过重音就能使他们明白他的话，比如用 ngò. tà (moi battre) 表示‘我

① 关于 Tur，Silim 和 Irij 及其派生词的翻译，有“图兰”（亦称“都兰”）和“闪米特”可与之对应，如此称谓意味着现实中“图兰语言”和“闪米特语言”的指称。但是，此处书中描述的是一种传说，且作者也无意对应现实，因此，汉译遵循音译的原则译作“图尔”“萨勒姆”和“雅利安”。——译者

（用棍子）打’（I beat），用 ngò-tà 表示‘我的棍子’（my stick, moi-bâton）。这样，应该就能够消除所有可能存在的不确定性，例如表达式 ngo. ta. ni，意为 I-strike-thou （moi battre vous），就只有一个意思，即 I strike thee （我打你）。照此构式发展下去，一切看起来都理所当然，再没有人会觉得这些不同表达方式有任何奇怪之处。但对于萨勒姆和雅利安而言，即使 ngo. ta （I beat 我打）和 ngo-ta （my stick 我的棍子）这两种表达也非常特别，无法模仿。萨勒姆可以自由选择将谓语置于一个句子的首位或末位，说 ngo. ta，表达‘我打’（e’. qtol），但不能用 ngo-ta 来表达我的棍子……再说雅利安，至少在他年轻的时候可以说 ngo. ta‘我的棍子’（mad-danda），但从不说 ngo. ta 来表达 I-striking （我打），如果要表达‘我打’，只能说 striking-I (tudâmi)。萨勒姆把他所掌握的根词分成简单的名词和意涵丰富的动词……他只有一个困难，尽管聪慧敏捷，但仍然无法克服：他必须首先考虑主语，否则永远想不出谓语……然而，萨勒姆也有自己的办法，他至少构建了 beating (of) me 和 I-beating 这两种动词复合形式。此外，当他意识到有必要让朋友区分他‘已经付过钱’和‘想要付钱’两种情况时，他用第一种形式 paying (of) me 表达过去，用第二种形式 I-paying 表达现在或将来。——雅利安比萨勒姆思考得更全面……那么，雅利安能怎么表达过去呢？……萨勒姆发现自己遇到相同的困境……”我们不想庸俗地对一则神话提出疑问和批评，但果真有人要那样，建议把这则神话耐心读完，虽然神话的文本有些教条。米勒写道（出处同上，477 页）：“在政治社会的形成过程中，我们不需要任何权威人士对统治和被统治
XII 阶级的存在或预防盗窃和谋杀的法律的存在做出解释，需要解释的是为什么这些存在是社会聚合的必然结果。在图尔一支（Turanian）语言的组织中，我们没有看到任何违背诗学天才影响的现象，他们是特定法律的制订者，或某些语法原则的创造者。相反，我们在萨勒姆一支（Semitic）和雅利安一支（Arian）的语言中发现了机构、法律和协议，就像古罗马

或古印度的遗产法和继承法，体现出个人的印记和早期分流部落的传统。萨勒姆和雅利安族群的语言很可能也经过一个机械固化或语法元素自由聚合的阶段，然而，两种语言最终都超越了此一阶段，进入到一个新的成长或衰退阶段。而这一切都归功于一种力量，天才而创造性地抓住了话语中飘忽不定的元素，防止了元素进一步原子化。”

贝克尔们，算你们有理!

本森早先将语言分为闪米特（Sem）、含米特（Ham）和雅弗（Japhet）三种，后来接受了米勒三分为图尔、萨勒姆和雅利安的观点，也就是放弃了闪米特传说，转而接受了雅利安传说。从传说到传说，不知道如此转换是否值得。——我想到多年前在柏林有一位先生，名字叫施瓦策（Schwartze），著有厚厚两卷四开本大作和一本科普特语语法，证明埃及语既不像本森过去所言是闪米特语言和梵语语言的原始语，也不像本森现在所言是闪米特语言的一个分支，而是与上述两个语族并列的一个语族。此君精通科普特语（Koptisch），接受过良好的语言学教育。

贝克尔的诸多观点始终受到历史语言学家们的反对，著名的词源学家波特（Pott）的观点就与贝克尔那本关于“词”的论著所阐释的观点水火不容。我不知道那些历史语言学家现在在多大程度上超越了与贝克尔的矛盾。在他那个时代，亦即在普遍语法时代，人们甚至必须承认他的地位，至少原则上如此；只是看不惯将普遍语法强加于具体语言研究， XIII
更不接受普遍语法比具体语言语法更为重要，甚至普遍语法是唯一重要的研究的观点。因为普遍语法充其量只是历史语言研究的一个工具。波特关于语言的认识更为理性，其功绩毋庸置疑。我们之所以认可波特，不仅仅因为他熟悉的语言最多，更在于其他更为重要的方面，亦即他所追求的目标更为宏大。但是，贝克尔和历史语言学家，包括波特，拥有共同的基础，且都与我们的思想相矛盾。他们的语法基础是逻辑，而我们则完全摒弃逻辑。

因此，语言哲学家需要在哲学的基础上回应贝克尔的观点，这很重要。海泽（Heyse）就是这么做的。很可惜他自己的思想体系还不够完整。但这在目前也影响不大，因为人们绝大多数也都还没有准备好，还认识不到其思想的价值。这一点，从他的德语词典和德语语法被接受的情况便可得知。虽然他的上述著作不属于严格意义上的科学，但也应该获得足够的重视。例如雅各布·格林①，如果能够更加仔细地审读海泽的词典，充分认识这位语言学家的独特功劳，就不会将这部风格独特、涵盖全面的词典与那些批量生产的平庸之作等同视之，就不会将之鄙视为百无一用、毫无价值的东西。我尊重格林的巨大贡献，怀着虔敬的心情认真拜读了他的大作《论语言的起源》(*Über den Ursprung der Sprache*)。该著视
XIV 野开阔，从历史的视角解决了常人难以企及的问题，但除此之外实际上对我的吸引力有限。海泽是我崇敬的老师和朋友。格林误解了海泽的努力，完全无视其著作的价值，评价有失公允。

我还不能详细说明海泽的观点，还有待于其作的公开发表。必须明确指出的是，我这里关于语法的一般性论述没有顾及海泽。

本书在扉页上写道："思考乃难事"，现在需要对此说明几点。这是我对批评的理解，既说明批评的方向，对批判提出警示，也预告了我与特定语言学流派所做批评的区别。我无需隐瞒，不妨明说这里所说的是哪个流派：就是以奥夫雷希特博士为代表的那一派。我下面还会讨论他们所尊崇的名言。

---

① 雅各布·格林（Jacob Grimm，1785—1863）因其四卷本《德语语法》(*Deutsche Grammatik*，1819—1837）而成为德语语言学的奠基者。该著的研究对象并非如其标题所示仅为德语，而是运用历史比较的方法，揭示日耳曼诸语言的语法特点，涉及哥特语（Gotisch）、德语（Deutsch）、荷兰语（Holländisch）、英语（Englisch）、弗里斯兰语（Friesisch）和斯堪的纳维亚语（Skandinavische Sprachen）等。他发现了日耳曼语言辅音之间以及与其他印度日耳曼语言辅音之间的系统性关系及其规律，即语言学史所称的"格林规律"(das Grimm'sche Gesetz)。——译者

我们非常幸运，能够在洪堡特逝世 17 年之后看到他的一篇论著。这是一封信，刊载于由奥夫雷希特和库恩（Kuhn）主编的《比较语言学期刊》(*Zeitschrift für vergleichende Sprachforschung*）第二辑。这封信所论述的是不定式，其实根本不符合该刊的主旨，但被刊发情有可原。奥夫雷希特先生在编者序中说道："自然科学只是在运用了实验的方法之后才获得了极大的发展。"——实验之法是何时得到应用的呢？自然科学的发展是本世纪的事情，实验法也是本世纪的吗？依照奥夫雷希特先生之说应该如此。我们不妨信以为真。起码可以肯定，化学作为一门科学还不到一个世纪，虽然人们在中世纪就在许多地方开展实验，甚至认为野蛮人也有化学 XV
经验。人们依据理论将理解和理性引入了那些原本毫无意义的实验，化学也主要是依靠理论的理性发展而获得了极大的进步。同理，假如生理学和医学的进步能够与每天发生于病床的实验形成正向比例，那该是何等的辉煌呀！不仅仅实验使人进步，理论也是科学进步的动力。牛顿之所以超越开普勒，也是因为他将理论运用于观察。奥夫雷希特不仅提出科学如何进步的问题，也言及进步的途径，他说："语言学必须将经验转化为清醒的意识，才能取得真正的发展。"所言何意？因为若要将经验转化为意识，也必须依靠理论。奥夫雷希特大概想说，若要拯救语言学，必须清醒地意识到语言学是实证性的。那么我们要问，语法难道不是历来就是实证性的吗？现代语言学难道不是依靠理论才得诞生吗？该理论难道不就是哲学对语言本质的深刻认识吗？难道比较语法的鼻祖葆朴[①]是梵语研

① 弗兰茨·葆朴（Franz Bopp，1791—1867）是 19 世纪历史比较语言学的创立者，著有《论梵语动词变位系统，兼与希腊语、拉丁语、波斯语、日耳曼诸语言比较》(*Über das Conjugationssystem der Sanskritsprache in Vergleichung mit jenem der griechischen, lateinischen, persischen und germanischen Sprache*, 1816)。该作的最大贡献是第一次将印度日耳曼语言之间的相互关系作为科学研究的对象，不仅是历史比较语言学的标志性著作，更使得语言学成为一门独立的科学，因此，1816 年被视为西方语言学历史上具有划时代意义的年份。——译者

究之第一人吗？难道在历史语法鼻祖格林之前就没有人懂得古德语和另外两种古典语言吗？——奥夫雷希特接着言及“先验性理论”——有这样的理论吗？——认为“它们并非促进了科学的发展，而更多是在数百年间经常阻碍科学的进步”。这确是事实，但仅此一例！理论在哪里获得了蓬勃发展呢？难道不是在实验的基础之上吗？难道不是生理学家在实验中发现某种特殊的生命有害于身体吗？难道不是哲学家提出某种思想才使得有些问题得以排解的吗？

XVI 最后，奥夫雷希特如果理解批评的真谛及其基本元素，就一定会提出一个问题：那些错误的理论为什么能够持续数百年之久？奥夫雷希特先生若不是那样抽象，亦即片面地看待事物，不那样具体，亦即追求绝对、全面地认识事物，就应该看到，那些错误的理论并非科学停滞不前的原因，而是科学停滞不前的事实，过去和现在尽皆如此。他应该设问，哪些事实需要解释，但又不能通过理论去寻求解释，因为那无异于同义反复（idem per idem），掩耳盗铃。

如果要以自然科学家为榜样，就必须对他们有比奥夫雷希特更为深刻的理解。生理学家约翰内斯·米勒（Johannes Müller）无疑“将生理学经验转化成了意识”，他说（《人类生理学手册》[①]*Handbuch der Physiologie des Menschen*，第二卷，522 页）：“诸自然科学最重要的真谛既不仅仅在于分析哲学提出的概念，也不仅仅在于经验，而在于某种思想经验……在于某种哲学经验。所有科学都有概念，它们是真正现实存在的普遍性，不再为感官所感知，而是为精神所抽象……然而，一种科学中只要出现概念，无论它们从何种现象推理得出，这种科学就具有哲学性。”对此，奥夫雷希特却视而不见。

还有施莱登（Schleiden）。许多人虽然奉其理论为圭臬，但却远未真

① 该著第二卷只有一版，我写作本书所引用其第一卷为第三版。

正理解他。他说（《植物学》*Botanik*, 1849, 第一卷，7 页）：“现在，自然科学反过来又要从哲学汲取营养。”——“不确定、有缺陷的抽象歧义重重，其背后隐藏着实验的无能和无奈。抽象的歧义性还有待哲学去解决。”（8 页）只不过不一定非要由弗里斯–康德哲学（Friesisch-Kantische Philosophie）来解决不可。 XVII

无论从先验还是后验，我们都已经超越了理论和实验的对立。——奥夫雷希特先生认为谈论语言哲学为时尚早，这其实说明他没有意识到语言哲学的必要性，更不能理解之，遑论满足之。且不论如何说明语言哲学的必要性，不论该必要性所涉及的范围和意义，以及如何努力实现的可能性，我们首先要提出的一个问题是：是否要依奥夫雷希特先生之意将语言哲学束之高阁？

有人如果信誓旦旦地说：“我不会自以为是，先知先觉”，就需要反思浮士德对这个问题的态度。他说：

> 你们带着轮、齿、辊、环等器械，
> 你们啊自然会将我讽刺讥嘲：
> 我吃了闭门羹，想拿你们当钥匙，
> 尽管匙齿已掰弯，门闩却拔不掉。
> 在光天化日之下，大自然绝不肯摘去
> 它神秘的面纱；它不肯对你显露的你
> 休想强求，不管是用钳子拔还是用杠子撬。[①]

若要理解歌德，就请谨记他的“遗嘱”。

施莱登先生新近又一次明确指出，科学的一切纷争都源自于方法问

① 译文节选自《浮士德（上）》，杨武能译，北京，商务印书馆，2022。——译者

题，一旦在此问题取得一致，便永无纷争，皆大欢喜。方法无非两种：好方法和坏方法（“院子里有两只羊，一只黑的，一只白的”）。他认为，好方法就是自然科学的方法，坏方法就是历史学的方法，前者是独立思考，后者是权威崇拜。

XVIII 但是，所谓“独立思考”其实更多是一种自我审视和反躬自省，难免教条。炼金术士们可能会否认美洲和拿破仑的存在，因为并非亲眼所见。

他们缺乏心理学和历史观的基本常识，自以为是，以为只需成为深刻的思想者即可，在某个明媚的早晨静坐自语：我要独立思考，我要怀疑。于是，什么太阳、月亮、星球，便都灰飞烟灭，天空和大地也都暂时退避三舍，以便人们重新获得认识——而且是通过独立思考的方法！

这些先生如果对历史稍有了解就会知道，培根和笛卡尔以降，人们已经超越了怀疑论，就知道自那以后世世代代的人们都在高喊：“批判！批判！我们强于我们的父辈，不再崇拜权威，我们生活在批判的时代，中世纪早已不再，我们来啦！”每个时代都如此高喊着，都振臂谴责上一个时代缺乏批判性。

我们要与这种可笑的态度划清界限！我们知道，每个时代的思想都有其可能性和局限性。对于批判而言，仅凭怀疑一切的意愿并不能解决任何问题，人们由此既不可能获得认识，也不可能澄清任何思想混乱，因为一切思想混乱都是独立思考的产物。批判者知道：“思考乃难事”，而完全的、绝对的思考更不可能！批判者需要谨言慎行。如果将此称为怀疑，则需要特别强调的是，人们首先要怀疑自己的怀疑。然而，那些怀疑论者从来不会想到最值得怀疑的其实是他们自己所提出的怀疑。

有人问，对怀疑进行怀疑难道不是否定之否定吗？难道不是对教条主义的肯定吗？——这是要向我们灌输一种诡辩术。怀疑绝非如此！怀
XIX 疑是否完全彻底？是否有价值、有内涵？是否促成真正的思想？亦或只是一句空话、只表达一种抽象的意愿？我们需要首先对此提出质疑，唯

此，才有益于严谨的研究，亦即有益于批判的开展。

难道怀疑就是那么轻而易举吗？说出这个词当然易如反掌。然而，有些以批判者自居的人却提不出任何合理的怀疑，因为他们不掌握怀疑的任何前提条件。凡是不能理解的定理，他们都提出怀疑。我们需要知识广博，善于思考，思想敏锐，才能发现值得怀疑之点。个人无论天赋多高，都受到所处时代的局限，对某些事情无法提出质疑。关于辩证法，我们在本书有足够的机会论及，这里一笔带过。而怀疑必须符合辩证法，必须有益于批判，否则，一文不值。

我们要认识人类思想活动的本质，研究客观事物和普遍范畴的本质，亦即研究心理学、形而上学和逻辑学。我们还要学习历史，汲取教训，摆脱错误思想，远离虚妄自负，摒弃稀奇古怪的想法，迎接新鲜事物及其所蕴含的真理。历史告诉我们，所谓独立思考之所得大多在千百年之前早已有之，而且思考更为深刻和全面，后来又为人所推翻。

本书是要兑现两个承诺。第一，我向波特先生公开许诺（参见拙论《论文字的发展》*Die Entwicklung der Schrift*，19 页），要详细论述语法和逻辑的关系；第二，拙著《论语言的起源》（*Der Ursprung der Sprache*）是一个无声的承诺，现在自然要完成其中提出的任务。本书将上述两个承诺置于同一个目标之下：阐明语法的原则。为此，本书对上述两个问题 XX
展开一定深度和广度的论述。关于语言的起源，本书采取了简化的方式，集中一点，避开其余，尤其是那些本质上属于其他领域的问题。此一谨慎处理十分必要，起码可取，因为，我认为其中还存在诸多难以逾越的障碍。我只能满足于适时提出问题，并阐明其本质之所在，不奢望一蹴而就，完全解决之。对此，我请求大家的宽容和理解。有人可能觉得“请求”不大符合我的一贯风格，但我的确期望得到大家的宽容，理解我论述问题的独特性，看到我的严谨态度和良苦用心，感受贯彻本书的思想：路漫漫其修远兮，吾将上下而求索。

本书从他人的著述获得营养和启迪，但只注明了其中一些文献的出处。承蒙年轻的同仁们信任，这里要向你们特别推荐的是洛策[①]的著述。他堪称当代伟大的思想家。只可惜，迟至本书交稿付梓之际我才看到他的大作《形而上学》(*Metaphysik*) 和《逻辑学》(*Logik*)。尤其是本书关于逻辑问题的一般性论述，如果能够借鉴洛策的思想则定会更加精彩。

给予我最大启示的是洪堡特关于“内在语言形式”(innere Sprachform) 的概念，本书其实只是对该概念的阐释。我始终认为洪堡特是此概念的创造者，虽然我对他提出过批评（参见拙著《语言的分类》*Die Classification der Sprachen*），并且也不想收回自己的观点，因为我坚信，他在语言
XXI 哲学任何根本问题上都未能提出明确的见解，给出清晰的概念。但另一方面也必须承认，他所提出的内在语言形式不仅为学界所普遍认识，深刻影响了新近在比较词源学广泛和深入开展的词汇研究，而且也促进了历史语法领域的语义研究（Bedeutungslehre)。赖西希（Reisig）首开所谓语义研究，所论其实就是内在语言形式，只不过内容非常局限，只涉及词的意义。他的后任哈泽（Haase）正在整理出版他的著作，我希望他能够卓有成效地继承老师未竟的事业。哈泽需要完成的任务是，阐述语义学真正的本质和范围，在理论上、概念上或者通过实例说明其所涉及的各种关系，将语义学真正建立起来。对于赖西希的学说，波特和本纳里(Benary) 欣然接受。本纳里扩展了语义学的对象，将词形的意义也纳入研究。但是，我并不觉得他们对问题有了正确的认识，可见，他们并未正确地理解洪堡特关于内在语言形式的概念。语义学绝不可能是先验性的，绝不能与逻辑混为一谈。语义学首先是个体的和历史的，是拉丁语

① 鲁道夫·赫尔曼·洛策（Rudolf Hermann Lotze，1817—1881)，德国心理学家、哲学家，对 19 世纪后期和 20 世纪整个西方哲学产生深刻而广泛的影响，文德尔班（Windelband）和李凯尔特（Rickert)、胡塞尔（Husserl）和舍勒（Scheler)、弗雷格(Frege) 以及英美分析哲学家等都深受其益。——译者

语义学和希腊语语义学，等等，另外，在普遍性方面以心理学一般规律
为基础。因此，我们不仅承认语义学和内在语言形式之间的相似性，而
且认为，真正的语义学其实就是对内在语言形式的阐述。虽然如此，我
们仍然倾向于洪堡特的概念术语，因为相比较赖西希和本纳里，洪堡特
的概念更为清晰和先进，尤其重要的原因是，“内在语言形式”这个称谓
及其内涵代表着一个概念体系和称谓体系，其上位概念是“语言形式”， XXII
正如本书所述，体现了洪堡特对每一种语言所具有的个性化原则的理
解。一种语言的个性一方面体现于其语音结构，另一方面体现为由诸多
想象及其相互关系所组成的系统——正是基于这一原则，语言成为一个
统一体、有机体，其中每一个单元都被打上某种特殊的烙印，并因此而
与整体相联系。而这一切及其所有相关性和因果性，语义学都未给予清
晰和明确的体现，总是与逻辑存在纠缠不清的牵连。我认为还有一点需
要强调指出，目前对语义学的本质界定还不够明确。人们将语法分为三
个部分，即词源学、语义学和句法。我对此很不理解。语义学不属于词
源学和句法系列，既不能与它们并列，也不能被视为介于它们之间的一
个发展阶段或者二者之间的过渡。我们不妨将“语义学”替换为“内在
语言形式”，这时，不仅上述三分的缺陷暴露无遗，而且三者之间的关系
也尽得显现。语义和内在语言形式既存在于词源，也存在于句法，语音
形式同样也存在于二者。语法的词源部分和句法部分之间的区别明显在
于，前者涉及具体语言元素，后者涉及语言元素之间的结合。在二者之
前，应该首先研究另一个部分，即语言机理（Sprachtechnik）[其核心应
该是语音学（Lautlehre）]，或称一种语言形式构成的手段，例如语音演变
（Lautwandel）、音节重叠（Reduplication）、语音结构，等等。第二部分，
即词源学，应该研究上述手段如何被用于生成真正的形式。最后，句法
应该说明所形成的形式如何相互结合。对语言机理的研究，不仅仅是研
究形式的基础，也是句法研究的准备，因为，不仅有词语机理，也有句 XXIII

法机理。如此，语言机理与词源学和句法的关系，相当于物理和宇宙学的关系，也就是说，它要说明的是主导语言创造和语言活动的抽象力量。但是，在所有三个部分，即语言机理的抽象研究、词汇研究和句法研究，都要在外在形式或称语音形式之外对语义或内在形式进行研究，因此，对语言机理的研究涉及双重意义上的组合，即语音和意义，但是，组合同时涉及词源学和句法。在抽象性地明确了语言的语音和内在本质之后，词汇学要在语音和内容方面说明完成时的具体构成，最后，句法说明相关形式在句子和句子组合中的应用。在句法中，外在形式和内在形式很难区分，但严格意义上也可以区分，因为，将一个特定的形容词形式附着于一个特定的名词形式，只是一个语音过程。而这种语音组合说明定语或谓语关系，则是内在形式或语义学的问题。可见在语法中，语义学并非一个与词源学和句法并列或介乎其间的部分，而是一个完全不同的方向，贯穿于语法始终，既涉及词源和句法，也涉及语言机理，而后者与前两者却不处于同一层次。在语法的这 6 个部分中，每一种语言都有其特殊的原则，而且，是语言原则，而非逻辑原则。这一切，“语义学”
XXIV 无法涵盖，只有“内在语言形式”能够完全承载。人们对语法各部分关系的混乱认识充分说明恰当称谓的重要性。

我在这里对语义学只是进行了一般性和概念意义的论述，还需要深入的研究。哈泽先生致力于以传统的方式对语义进行专门的研究，值得期待。他在 1838 年发表于《哈勒文学报》(*Hallesche Literaturzeitung*) 的文章中，反对逻辑教条的语法观，承认语言的个性，这与我不谋而合，殊途同归。追求真理，路途多多，条条大路通罗马，我们要摒弃教条思维，功成不必在我，但求功成有我。

相比较我以往出版的图书，本书的论述更为清晰明了，无论是详细深入的程度，还是论述的方式，都更胜一筹。不过，大家不能指望用普通凡常的口语或家庭用语论述最棘手的哲学问题。同所有科学一样，哲学也有其独特的表述技巧，同时，概念的缜密推导、心理学现象的精准观察和仔细区分，都总是依赖于读者的努力。有评论家草率地责怪我的论述晦涩难懂，批评我“喜欢用繁缛的哲学八股论述简单的事情”。我奉劝此君设身处地想一想，试试能不能用简单的词语将自己不明白、不理解的事情说清楚。蒙田（Montaigne）提出过一个问题：难道真的可以叠字成文吗？（Ne tient-il qu’aux mots, qu’ils n’entendent tout ce qu’ils trouvent par escrit?）我们还能要求这些评论家什么呢？应该承认，有的思想和论 XXV
述超出了他们的能力，与其说“用简单的词语表达”，不如说“最好什么都别说”。

我在本书 157 页提到我关于汉语的一篇论著，本应该已经发表，但无奈因故搁置，估计应该在年内与读者见面。

感谢出版社和柏林的朋友们对本书进行了很多修改，但仍难免疏漏，恳望读者指正。我将已经发现的错误及勘误附录于后，并借此机会将拙著《论文字的发展》中的疏漏一并予以更正。[①]

1855 年 1 月，巴黎

① 鉴于勘误表中的内容均为德语语法错误，且与本书关系不大，故此版本中不再保留。——译者

第一部分　逻辑语法

A. 贝克尔

1. 贝克尔原理的缺陷

1 纵观贝克尔的语言思想，最为重要的一条原理是：无论从起源，还是从内在机制及其全部关系看，语言都是有机的（organisch）。他将此原理视为自己语言系统论的出发点、目标和核心，并且认为借此已经建立起一种新的语言科学。那么，我们就来深究一下该原理的内涵。我们首先需要弄清楚贝克尔对有机体究竟作何理解，然后再看看语言有机体的特殊性何在。

(a) 贝克尔有机论概述

§1 基本原则

贝克尔在其《语言有机体》开宗明义，详细论述了上述原理。他说（§1）："自然生命体的基本特点是，每一个行为都表现于一种材料之中，每一个思想都表现于一种躯体之中，并且其构成都受到躯体的局限。"这是其有机论的基础。对此，贝克尔在（§4）的表述更为明确："普通的自
2 然生命体成为一个有机的生命，且有其特殊的表现形式：作为普通生命，每一种有机物都有其特殊的躯体，同时也是关于自然界的思想的躯体。"显然，上述两句话表达了同一个意思，区别仅仅在于，第一句说明了自

然界的一个规律，第二句将整个自然界视为一个统一整体。在贝克尔看
来，自然界，更应该说是宇宙，是一个生命体。这里，我们可以直观想
象一种宇宙生命（All-Leben），其中包括精神，亦即精神生命。但是我们
觉得贝克尔没有将自己的观点表达清楚，例如他说“普通生命成为一种
有机的生命”，难道普通生命本身原本不是有机的吗？是后来才变成为
有机的吗？难道一种精神生命、一种行为原本外在于肉体和材料？是后
来才进入到肉体和材料之中的？看来贝克尔没有说明。但我们不担心被
迷惑，我们的理解如下。无论从上述两个并列的句子还是从后一句，即
“作为普通生命，每一种有机物都有其特殊的躯体，同时也是关于自然
界的思想的躯体”，都可以看出，贝克尔所谓自然界的普通生命就是相对
于我们的认识而存在的关于自然界的思想，存在于自然现实之先，或者
说，自然在其实现之先就已自我思考。贝克尔称自然界的普通生命为有
机体，那一定意味着，该生命本身只能是有机的，且有其特殊性，而其
特殊性必然在于其特殊的躯体化（Verleiblichung）。但是，为了理解自然，
我们需要观察躯体化的过程，将之想象为当前正在形成的过程，而在此
之前，自然界的生命仅仅在自我思考（Sich-Denken）而已，亦即对自然
的思考。依贝克尔之见，这一思考发生于自然创造之先，其有机性在于，
关于自然的普遍性思想细化为具体的思想，而这一细化本身同时就是思
想的躯体化，亦即对自然的创造。没有这样的躯体化，就根本不可能形 3
成对自然的各种具体思想，同时，不细化为具体而不同的思想就根本谈
不上自然界的普通生命和关于自然的普遍性思想，这就是自然界（亦即
宇宙）的有机性的本质。因此，贝克尔认为，关于自然的普遍性思想的
有机性建立在躯体化的基础之上，同时，为了完成思想认识，此思想本
身又先于躯体化而存在，如此，可以想象此思想起初处于一种无机状态，
可以说，只有经过躯体化才变成为自己原本的状态，即有机状态。“自然
界的普通生命会变成为一个有机体”，贝克尔这句话的意义我们应该理解

为："自然界的普通生命是有机的"。这一改写虽然微不足道，但不无意义。贝克尔的表述包含着含糊之处，对此，我们后文再议。

§2 其他特点

如果贝克尔将其原理表述精确，我们就没有必要分析他在接下来的段落（§4）对有机体特点的进一步论述，也无需对上述第一句话以及对两句话的互文性进行阐释和引申。贝克尔的论述相互排列在一起，有时使用连词，例如"如同……一样""因此""但是"等，有时没有，但即使有连词也还是看不清连词所意味的关系。贝克尔紧接着说："在特殊的有机体中得以表现的仅仅是一种普通的生命，因此，一切有机的东西在构成和发展方面都表现为特定的类型，并在其中体现出某种共性。"他紧接着又写道："一方面是某种共性，另一方面是每个具体有机体的诸种特殊器官，它们都承载着一种因有机体概念而规定的类型，亦即类型特性。我们后文还会对此深入讨论。"他还说："但是，特殊的器官由整体承载，其存在和意义只能在整体中得以体现。同时，整体只能形成并存在
4 于诸特殊器官的联系之中。因此，在一切有机体中，所有特殊的东西既是手段也是目的。""目的"这个非常重要的概念竟然如此随意地被引入！仅仅用了一个"但是"，而且那么简短一句话就了结了！贝克尔接下来的论述仍然缺乏逻辑连贯性。他说："在有机体的生命功能（即概念）中已经原始性地存在着生命功能的一切特殊性，在整体之中也已经存在着一切特殊的器官。有机体并非通过作用于诸器官的外力整合而成，而是内在发展的结果。动物整体及其各种器官已经预先孕育（vorgebildet）在卵子之中。"——但我认为应该是"被植入的"（eingebildet）——这些表述隐藏着多少含糊之处啊！贝克尔的论述依然忽视逻辑性："在有机体的特殊生命功能（概念、特殊属性）和有机对立（如运动和感觉、肌肉和神经）中，功能细化为特殊功能，并且包含着有机体发展的规律，因此，每一

种有机发展都有其内在必然性。”其实，贝克尔这样对有机性的论述本身就缺乏有机性。

§3 贝克尔有机论的无限性

其实，如果贝克尔能够充分说明有机的特点，来形成一个清晰和明确的概念，以至于能够说：此为有机，彼为无机，我们就可以心满意足。但事实却完全不是如此。我们不仅无法知道有机的对立面何在，因为只有通过那些对立概念才能界定当前概念的范围，而且，我们也无望从贝克尔的论述得出任何结论，只能陷入尴尬。因为，如果自然界，亦即宇宙，是有机的，则一切皆有机，如此，天上地下再无非有机者，“有机”即等于“自然”。但是，无处非自然，甚至“痴人说梦，胡言乱语”也不是非自然的，而只能是关于非自然、非有机的胡思乱想。

当然，贝克尔对于有机性的本质有一个比上述更为明确的认识，但问题是，或者对自己所提原理做出明确解释，或者任由原理在所有方面陷于无限，这难道无所谓吗？这里，原理问题是论述的焦点，但却 5
无法明确界定，那么，又该怎样通过对特殊性的阐释来实现原理的具体化呢？要知道，此刻需要注意的是一个更大的认识范围。这谈何容易！于是，只能指望机会的惠顾，使原理的某个方面得以解释。严格而言，如果孤立地解释具体某个方面缺乏合理性，脱离开与其他所有方面的联系，无论如何，任何方面都不可能成立。我们需要完善贝克尔的有机论。

§4 有机与人为的对立

贝克尔附带性地（§6）提出最为重要的一点：“有机产品并非随意而来，而是内在必然性发展的结果。语言也是有机产品，但有别于人类发明和艺术的任何其他产品。艺术品并非因生命自身的内在必然性而成，而是产生于某种外在刺激，满足外在的需要，其构成和发展的规律并非在于自身，而是来源于创造者的才智，其机制是可变的，取决于艺术家的需要和认识。”由此我们得知，如果有机的就是自然的，则与之相对立的就是任意创造的东西，亦即人类的发明和艺术。这里暴露出贝克尔原理所隐含的某种破绽。对立论究竟有什么合理性？精神生活属于宇宙，是普通生命的一种特殊的生命功能——这里怎么突然冒出了非有机的东西？作为自然性的对立面，任意性何以可能？有机的宇宙中何来“外在的需要”？艺术品构成和发展的规律并非在于自身，而是来源于创造者的才智，然而，如贝克尔反复所言，才智也是有机的。艺术品是一个以物质为躯体的概念或思想，因此也是有机的，只不过，“源自于生命的内在
6 必然性”，亦即产生于人类的精神生活。艺术家和思想家都是自身历史的产物，同时，他所创造的作品、所犯的错误和所具有的品德也都不是任意的。索福克勒斯不会像莎士比亚那样创作，亚里士多德不会创造出黑格尔那样的体系。“需要和认识”的形成和发展也是有机的。如此，如果这里要区别艺术品和有机的自然现象，则必然要基于毫无准备的、因此也是缺乏合理性的界定，如我们所见，这也是贝克尔根本无法清楚和明确完成的界定。贝克尔上述对有机体特点的论述只有一句话，即“有机体并非诸器官在外力作用下整合而成，而是内在发展的结果”。这似乎不能说明有机和人为的区别，因为人们根本不知道，活生生的、有机的宇宙中何来“外力”，而且，即使认可这句话，也无法将机器与有机体相区别。贝克尔一方面认为，机器也是源自于思想内在的发展：它由一种思想所创造，由一种思想赋予灵魂，每一个轮子的形状和关系都来自于概念，来自于作用于机器的功能，在机器中获得躯体，形成相互对立的特殊构件，机器中的所有特殊构件都源自于统一的整体，亦即，部分在整体之中获得意义，而整体只有通过部分才能实现，所有部分都处于对立统一之中，被思想内在地设计为某种同质的类型；但另一方面又大谈特

谈有机体的内在必然性和内在发展，有机体的发展和保持只是需要从外部获得适当的材料。这难道是说，有机体可以脱离开空气、营养和光亮，遵循其内因而发展吗？

贝克尔要将精神的或人为的有机体与自然的机器区分开来——从上
述看，贝克尔并不反对我们使用“自然的机器”（natürliche Maschine）这 7
个表述——仅仅把自然的机器视为有机体，而认为精神有机体为非有机，对此，我们着实无语。

这样，关于有机体我们获得了一定的确定性，但还很不充分。贝克尔还应该给我们说明自然和人工作品之间的界线。我们站在一片繁茂的稻田之前，看到的是自然还是人工作品呢？是有机的还是非有机的？这里，我们不要忘记，在一百年前或十年前，这片土地还十分贫瘠，不能生产，不能使种子成熟发芽。就像在许多情况下那样，这里是文化所创造的自然。那么，被贝克尔视为非有机的柱形雕像会与我们这里的情形完全不同吗？其所涉及的也是一个躯体化的思想，一切都存在于一个统一体中，每一个部分都源自于整体，我们的艺术家因此可以根据现有的部分通过演绎将一座古典雕像缺少的部分补充起来，——贝克尔和特伦德伦伯格认为如此演绎乃是有机性的一个本质特征——抛开这一切，难道那块大理石不是“预先”蕴含着阿波罗吗？难道艺术家也可以用流沙或朽木去造型吗？难道石头、锤子和凿子不是遵循必然的内在规律而发挥作用吗？亦即遵循各自的内在必然性？简而言之，文化、艺术——这里借用培根的术语——可以不遵循自然而采用其他的方式控制自然吗？艺术可以强迫自然或者艺术可以让自然必须根据其内在规律发挥作用吗？

其实，贝克尔的意思大概是，自然之物的产生和存在只有不掺杂人类意图才算是有机的，树林、荨麻和荆棘丛等完全是有机的，稻田则不是有机的，因为人耕过、施过肥、播种过，但是之后种子因雨露和阳光而生长则是有机的。那些柱形雕像因为凿刀等器具根据内在规律而发挥作用之后就变成为有机的东西，但如果艺术家的手发挥了主导性的作用则不然。因此可以说，“有机的”和“自然的”这两个概念在范围和内容
8 上相重叠，并且必然地和规律性地与“自由”相对立。对于我们而言，将精神视为非有机性的始作俑者，视为一种外在的东西，由外在侵入自然生命内部并干扰之，是奇怪而又难以接受的观点；精神是普通生命的外溢，但也有其必然的、不自由的、受制于人的一面，对于我们而言，明知此一面而将精神视为有机，明知精神的本质和功能，明知其自由性而视其为非有机，是奇怪而又可怕的。科学、艺术和品德是非有机的，但荨麻是有机的！贝克尔应该对此做出解释！

§5 自由

那么，自由何以可能？这个问题从各个方面看都十分重要，我们听听贝克尔怎么说。对此，贝克尔并非在《语言有机体》，而是在关于词的专论[①]中展开论述。他说（255页）：“有机体的发展根据某种内在必然性，具体途径是，诸多特定的力和行为根据特定的内在规律相互刺激、相互制约，进而共同发挥作用。同时，相关有机力也根据相同的规律共同作用，所形成的产品总是表现出某种共性，这就是各种类型有机体的统一。但是，有机体中诸多力和行为之间的对立越多，尤其是有机体与其他物体的相互作用越复杂多样，则相关力的产品就越复杂多样。这些力遵循相同的规律，因此，在诸多有机体中同类个体之间的区别是复杂多样的。”——何来“因此”？绝无此关系！这里有一种假象，关键在于“复杂多样”这个词的意义飘忽不定。如果诸多复杂多样的力作用于复杂多样的关系，则这些力的产物的内在结构就会非常复杂，如贝克尔所

---

① 贝克尔：《德语构词》（*Die deutsche Wortbildung*），法兰克福，1824。——译者

言，“表现为一个复杂多样的东西”，因为，所有相关的力在所有相关的关系中，都必然会反复出现于相关产物之中。但是，如果那些力根据一成不变的规律发挥作用，则一切就会永远保持自我，没有丝毫差异。例 9
如，诸多最复杂多样的力在诸多最复杂多样的关系中协同作用，培育出动物的卵子，那么，这些力在成熟的动物胚胎中就会重新出现，而且与在父母体内完全一样，在任何一个胚胎里都没有丝毫不同，哪怕那些力所遵循的规律以及所处的相互关系是可变的。但是，贝克尔将胚胎组织的复杂性描述为个体差异的复杂性，这具有欺骗性。这样，贝克尔的整个论述对于我们而言就失去了意义，但我们仍然有必要对之继续深究。“同类物体表现的复杂性最终根源于诸多力的内在关系和相关物体之间外在的相互影响”（这里对“内在”和“外在”的区别是多么的不幸啊！似乎物体不是由内在力的相互作用而产生！），“因此，相互影响其实同样十分必要，但是因为所表现的都是一种复杂的东西，且表现形式的复杂性也相互作用，虽然我们根本不知道表现形式复杂性的根源何在。所以，我们将诸多有机力的统一体所表现的复杂性称谓如下……”读者可能猜不到有机体形式的“如下”称谓是什么。我们且看贝克尔怎么说：“我们举个例子来直观说明。从矢状到近乎圆状，常春藤叶子的形状表现出丰富多样的差异性，虽然它们都是同一种植物的叶子，而且其结构，例如叶脉的数量和位置，保持不变。”我们现在试想一下，这种毫无意义的形式变化根本不能说明问题，所言每一种变化都完全是偶然的！贝克尔称之为“有机的自由”！他说：“有机生命的等级越高，物体或功能中的对立和关系就越复杂多样，有机自由度就越高。”“我们这里将生命表现的复杂多样性称为有机自由，如上所述，人的有机自由高 10
于动物”，动物高于植物，晶体的自由度最低。而在人身上，“呼吸、血液流动和进食属于植物性生命活动，它们的自由度远低于身体的随意运动。而当有机生命上升为精神生命，亦即发挥思想功能，则其自由度达到最高，虽然思想并不完全（或如上所述‘并不真正’）脱离有机必然性”。

这是一种亵渎！对此，我们不予置评，而只是指出来，供贝克尔考虑。对于我们而言，科学的伦理关系非常重要，甚至最为主要。斯宾诺莎（Spinoza）否认自由，让自由消失于无尽的物质实体之中。自由是伟大的，而此伟大凸显出人的渺小，因而也是崇高的。希伯来人首创了“自由”概念，认为人和宇宙在耶和华面前不值一提，人是耶和华的化身；与之不同，希腊人将他们的神视为人的化身。相比较之下，希伯来人对自由的想象更为崇高。如此看来，有人否认自由的方式是斯宾诺莎式的！有人标榜自由，但实际上却否认自由。有人承认自由，但仅仅视之为诸多毫无意义的形式的交替变化。这是一种亵渎。

§6 死亡

一个人如此“轻松地”对待自由问题，怎么能够敬畏死亡问题呢？贝克尔已经把死亡从其所生活的宇宙中、从其宇宙生命中彻底一笔勾销了，那么，“死”（der Tod）又何在？“死亡”（das Sterben）何在？这个问题会令他十分难堪。正在死亡的动物躯体不能被称为“死的”，因为，如同水、氨等一样，物质在其中也是以完全自然的、规则的方式形成，有其内在必然性，与卵子一样，在有机体中依靠内在力量发展而成。根据贝克尔的观点，生命就是生命，世上只有生命，且只有一种生命。而我
11 们称之为死亡的事情，只是生命的方式由一种变为另一种。死只是生的一种表现。如此，贝克尔的自由论成为一种永生论。

§7 有机概念的形式属性

我们再回到贝克尔关于有机体的基本观点。其基础是，贝克尔在宇宙中发现了一种躯体化的思想，认为自然具有服务于某个目标的自我确

定性，具有目的性。对于贝克尔这种观点，我们不想也无法反驳。它并非任意主观，而是遵循自然的客观事实的结果，因为，贝克尔认为关于自然的思想先在于自然，根源于自然的目的性。从概念上看，目的性赋予每一个器官特殊的形态，而动物种类的目的性就在于所有具体的器官（如牙齿、爪子等）特定的类型。在贝克尔看来，关于有机体最为明确的定义应该是：一个有机体是一个由自然设定并实施的目的。无论这一自然观具有怎样的合理性，或者完全抛开合理性不说，因为它对我们的目标无关紧要，需要强调指出的是，贝克尔关于有机体的概念建立在目的范畴的基础上，完全缺乏物质内容，只具有形式内容：他没有指出有机体的物质特征，而是指出对有机体的一种观察方式。这不是一种包含基本要素的基本概念，而是一种方法论概念。这种有机观从目的视角观察自然。诚然，它触及到了问题最主要的核心，亦即，将自然置于动态的关系之中，但并没有什么新意和实质性内容，只是对现实关系的一种新的观察，只是对相同东西采取了不同的视角，用新的方式对待相同的特定因素，并没有新的、不同的发现。与目的论观察相对立的是因果论观察。如上所述，无论目的论还是因果论，相关因素都是相同的，但因素之间的关系发生了变化，取决于创造性因素是因还是果。目的永远只能通过原因得以实现，而且超不出原因的范围。发挥作用的自然力构成a
点，其结果现象构成b点，认识从一点到另一点。从a到b是因果观；从 12
b到a，并且b先于a，然后从前置的b经过a再到b，则是目的观。从a到b在这里也不可避免。但是，贝克尔错误地理解了有机体的本质，所提出的有机体概念其实是物质的。物质论是贝克尔错误的根本，其方法论缺陷因此也在所难免。下面，我们就剖析他的错误。

这里首先需要注意的一点是，贝克尔论述的是有机体，并将有机体与非有机体相区别，但是，他对有机体的观察只采用了目的论。因果观和目的观并非分别有自己特定的对象范围，二者涉及的都是宇宙，只是各自观照的视角不同而已。我认为，现在我们已经能够更清楚地看出，为什么贝克尔不可能说明，通过哪些非有机体来界定有机体王国，不能说明非有机体何在，因为根本不存在非有机体，而只有对事物的非有机观察。

§8 对有机特征的歪曲

我们还看到，贝克尔将有机体的概念局限于自然。我们不反对他将目的观用于自然，但问题是，这样就缩小了目的观的适用范围。希望人们能够理解我们这一温和批评的用意。如特伦德伦伯格的目的论所清晰阐述的那样（《逻辑研究》*Logische Untersuchungen* 第二卷，第八卷），有机体体现自然的目的性，而机器是人为目的的实现。这本来也是贝克尔有机体定义的意涵，说明目的性是有机体的普遍属性，而自然是有机体的特殊性的体现。但是，贝克尔对有机体的界定以自然的普遍生命为出
13 发点，歪曲了普遍性和特殊性的关系。他认为自然是有机体的普遍属性，而目的是其特殊属性。其实这样的歪曲无法一贯到底，因为目的至少具备与自然相同的普遍性，这就是为什么贝克尔无法清晰界定有机体，同时也导致对有机体概念本身的扭曲。有机体本来因自然而获得明确的特殊性，现在却因自然而获得普遍性，并因目的性而获得特殊性，因此，贝克尔所谓的有机体并非像自然那样有其特殊性，而只是自然的一种特殊表现，是自然的一种方式。

如上所述，这种歪曲无法贯彻始终，而且与另一种完全相反的歪曲自相矛盾。目的比自然更为普遍，但却被视为有机体的特殊特征。这导致什么结果呢？结果是，有机体比自然的范围更为广泛，自然成为有机体的一种特殊形式。贝克尔如此错误当然会表现在其论述中。我们现在不妨细读其著之（§4），看看那里究竟说了什么。肯定不会既说有机体是自然设定并完成的目的，同时又反过来说自然是有机的。贝克尔没有使

用“又”字，因为那样就与第一种歪曲相违背。两种歪曲相互反制，其结果是，有机体和自然相等同，不仅范围相同，而且内容也相同，这一点在整个（§4）中显现无遗。但是，二者的区别无需细究便一目了然。特伦德伦伯格认为，自然是有机体的特殊属性，有机体遵循目的的普遍性。相反，贝克尔认为有机体是自然的全部本质，是自然的充分定语，是对自然概念的阐述。贝克尔的有机体充满不确定性，并且始终无法克服。同时，导致双重扭曲的根源也清楚地存在于第一个错误，即用一种 14
纯粹形式界定的概念来说明问题。贝克尔用“有机体”这个词所指称的通常是自然界某种特定的领域，这是第一种歪曲导致的结果。一种纯粹方法论式的概念适用于一切事物，结果导致与上述歪曲相矛盾，因而自相矛盾，自食其果。于是，贝克尔只能看到充满讽刺意味的结果：他的目标是定义有机体，但却只论及作为有机体的自然界，说明主导其中的思想和目的。这里，我们再次提醒注意此前讨论过的那句话：“普通生命成为一种有机的生命。”他可能是觉得把“成为”换成“是”来表达宇宙归属于有机体范畴会有武断之嫌吧，另一方面，使用“成为”也可能是出于潜意识中隐隐作祟的双重意图。第一个意图是想说明，普通生命并非本身是有机的，而是在特定条件下才是有机的，因此只是部分有机，其潜台词是：并非整个宇宙都是有机的，而只有部分是有机的。——这应该是第一种歪曲的结果——第二个意图大概是想通过“成为”突出有机概念的普遍性、方法论形式属性，是想说明宇宙并非自身是有机的，但会在贝克尔的视角下变成为有机的，如此尔尔。从其潜意识深处隐隐作祟的活思想可知：贝克尔受到上述三重顾忌的驱使才使用了“成为”这个词。

在上述两种相互矛盾的意图的作用下，贝克尔得出了一个折中观点，结果，有机体与自然就等同了。如此一来，对有机体王国任何清楚界定便都不可能，更遑论定义。因为，对有机体的界定需要有机体的特殊特

征，亦即自然性。但是，自然在定义中不能既是普遍的又是某种被定义
15 的对象，从而从任何方面看都不是特殊特征，即使按照折中观点也不可
能，因为它已经与有机体一起成为被定义的对象，不能被用于定义。概念的解释性特征被抽去，转而成为被解释的对象。如此概念何等混乱！更何况这样的概念还要服务于对原理的阐述！

§9 有机突变为其反面

前文，我们只是认识了贝克尔原理论述中的模糊性和不确定性，指出其错误在所难免，但尚未论及突变的问题，亦即其错误之根本。不确定的东西不可把握，而一个概念的界定和确定只能通过其对立面。如果不能通过对立面实现界定和确定，则概念会突变为其反面，因为二者十分相似，甚至根本上是等同的。贝克尔关于有机体概念的本质是目的论，亦即与因果观相对立。后者的范畴是因和果，力和表达，其中尤其重要的是必然性和规律性的确定性。斯宾诺莎只强调原因，因此也只强调必然性，而必然性因其可变性而可被视为规律。但是在贝克尔有机体的特征中只有必然性和规律性两种因素，因为自然性这个因素等同于有机性，是空洞的，而目的性在贝克尔的观点中除了极少数只言片语和空洞的套话之外，也了无踪影。这样，我们看清了贝克尔的观点：有机体得自于人的发明和创作；人的发明和创作取决于任意性，而有机体则取决于必然性。

另外，当目的很不明确，或者非常微弱，很难甚或根本不能排除原因零散而盲目的影响，这时，贝克尔所运用的因果观必然是片面的。原因的影响需要全面深究，才能明白原因发挥影响的方式，进而明确目的
16 实现的根源。不弄清楚原因独立发挥影响的究竟，又怎么能清楚原因作
用于目的的方式！

物理和化学，还有数学，是研究自然界的因果关系的科学，不论及

自然的目的性。这些科学的本质特征之一就根源于因果观，要求自然界的元素尽可能简单，尽可能具体和纯粹，避免因其他力而致使作用受阻、偏向和走样。这是这些科学的非有机特点，其抽象或分析非常复杂，将诸多具体力从自然形成的相互交织中剥离或析取出来。通过对现实中的元素进行物理和化学分析，人们获得了研究成果，再用之去认识现实，去理解诸多力相综合的情形。用这些科学可以研究所谓的地球有机体（Erdorganismus），即有机的星球系统，或者研究植物和动物世界的生命王国，即狭义的生命，其间存在非常显著的区别。天文学、地质学、气象学所面对的基本上甚或完全就是自然给定或解决的机械性问题，物理和化学研究与在实验室的实验、用量尺和圆规等解决的问题之间的区别仅仅在于对结果描述的宏大与否，那些基础性、非有机科学的成果被直接应用于实验，体现出对现实的解释性。这时，具体力各自发挥作用，尚还处于纯粹的因果关系之中，尚未受制于目的，因为相关目的尚未成形，尚无需相关力为之服务，因此，相关力的作用各自发挥，如此，与目的的关系尚不明确——因为目的还是独立的，而对不明确东西的认识也只能采取不明确的态度——所以，这里出现的现象和关系需要抛开纯粹因 17
果观来理解。为了满足目的观的需要，并使之成为可能，则需要吸收一些超越当前对象的新的因素。例如地球的构造，其中固体和液体元素的关系、土壤和水的关系、山脉的形状及其形成、地层的情况，等等，所有这一切及其相关的其他现象，都可以通过因果观以及物理和化学观察得以理解，这样，我们不需要提出关于目的的问题。但是，我们不妨再从历史的视角看，把一种新的、从当前对象还不能产生的因素考虑进来，就会形成目的观。我们大概可以问，土地必须具备怎样的状态来满足人们耕作之需？世界历史的发展取决于土地的条件，地中海沿岸国家所经历的特定历史进程，也会发生在中非、东北亚，或者美洲。欧洲地理科学的先驱是那些富有思想的骑士们，他们最辉煌的一面就是运用目的观观察地表构造。同样，人们也可以运用目的观探究地球和宇宙，视之为有机现象。因此，这种观点与对动物和植物等狭义生命的观点之间的区别，在科学层面和普遍意义上都十分巨大。对于地球有机体而言，目的是超越于外的，外在于有机体，因而并不能自己指向有机体；而对于活着的生命体而言，目的则是内在的。从历史视角观察地球构造，会发现地球构造的目的性。眼睛的目的是看，无视这一点，就不能观察和认识眼睛，因为“看”对于眼睛是内在的，没有“看”则眼睛什么都不是。

我们前文讨论贝克尔的观点时，否认他的有机体概念能够实现对对
18 象的某种区分，因为他的概念是方法论层面的。这要求我们提出关于区分的断言。首先，提出有机体的形式属性并非基于对有机体属性的主观认识，而是基于有机体的客观特点。仔细来看，我们前文其实并没有把对象区分为有机和无机，而是区分为必须运用目的观和只能间接运用目的观的对象。现在我们要说：有机体内在地直接指向一个内在的目的，否则就是非有机的。它们分属于不同的类型。相对于有机体，亦即狭义的生命体，目的观和因果观根本不同。物理和化学的成果不能直接用于有生命的植物和动物，而需要转换变通，才能解释有机体。因为，有机体中的诸多力根本不像物理和化学分析中那样各自独立发挥作用，也不像在地球和行星系统中那样，而是复杂地相互交织，致使其作用不仅偏离原来的路线，且作用的方式也发生变化。因此，自然科学充分认识到有机物和无机物的区别，强调生理学和物理学、有机化学和无机化学的不同。对自然界的有机物和无机物的这种区分，不仅是方法论层面的，而且也基于事物的客观和因果关系，不仅得到科学的认可，也为大众普遍接受。这一点是导致上述贝克尔观点中第一种歪曲的真正根源。至此，我们希望读者认识到贝克尔观点中潜意识深处隐隐作祟的意图的根源所在和根深蒂固的程度。读者还应该看到，贝克尔的观点的确含糊不清，
19 相关因素混淆。他在潜意识中将自然界视为无机部分和有机部分的对立，

导致如下真正根本性、毁灭性的错误。

贝克尔的观点模糊不清，抹杀了自然界有机物和无机物、死物和活物的区别，认为整个宇宙都是有机的、有生命的，如此，实际上并非赋予一切以生命，而是杀死了一切。我们看到，贝克尔把死从宇宙一笔勾销，毋宁说，把生命一笔勾销，因为只有会死的才是活着的。如果他认为整个宇宙都是有机的，则他关于有机体的基本观点、对有机体本质特征的认识根源于一个共同点——对一切都基本上从“死”的一面去看，这难道不是将生命都划归于死吗？——如果贝克尔将目的视为有机体的基本属性，那么，如我们前文所述，他的概念既太过宽泛，又太过狭窄，置他于无比的尴尬和混乱。我们后面还要进一步论述贝克尔概念中的根本错误。我们前面还看到，贝克尔甚至将必然性和规律性这两个特征也用于因果观，而自然性这个特征又太过狭窄和宽泛，失于空洞。但是，我们在这里要特别关注的是对立性这个特征，将之视为贝克尔上述毁灭性错误的根源。因为，我们现在明白，这个特征本质上源自于地球有机体，其中，诸多力完全是片面地、各自地发挥作用，服务于目的，而此刻却并非目的观的舞台，而纯粹是因果观的天下。相关基本力的组织结构的特点是极性（Polarität），因此，对立（Gegensatz）是特殊分化的最基本、最抽象的形式。我们只能将这种叉形对立称为特殊分化，而不能称为结构分支或发展什么的，那是我们专门留给狭义生命（例如精神）的称谓。但是，这种极性和对立，在贝克尔那里却是特殊分化的唯一方式，恰恰导向一切有机结构及其发展的死亡。——贝克尔将对立视为有机生命的特征，结果流于空洞。他在（§7）开首写道：“所有特殊的和具体的 20
联系组成一个有机整体，其根本是基于有机差异性的相互关系。在自然科学中，所谓有机差异性涉及一些相互对立的行为和材料，它们因对立而相互依赖，构成相互关系，在此基础上，a 是 a，当且仅当，a 与 b 相对立，反之亦然。在自然界，这种有机差异性因有机物的类型而呈现出不同的形态，例如地球有机体体现为正负电子的不同、南北极的不同，等等。”——酸和碱等化学差异性亦如此，难道不是吗？——“在动物有机体则体现为紧缩和膨胀的对立”——这种关系也出现于无机物，即热胀冷缩——“体现为同化和分化、肌肉和神经，等等。”日常生活和科学都承认自然界死和生、无机和有机的对立，我们认为，忽视此种对立，无异于无视动物和植物有机体的所谓差异性。如果还不明白其中的内涵，且看下文。即使逻辑学鼻祖亚里士多德在论述有机体王国的时候，例如关于动物部分的论述，也坚决反对二分法，认为二分法割裂了有机体。为了使肌肉和神经处于对立之中，就要将之从由骨骼、血管等组成的有机联系中、从整体性躯体中割裂出来。这简直任性至极！

死是自然界普通生命的一种现象，是自然界僵凝静止的一面。从概念上讲，有机体，亦即生命的价值和意义只能存在于与自然界非有机、死的部分的对立中。在自然界，非有机部分永远服务于有机部分，
21 从而，后者能够利用前者，因之保持自己，从中获得营养，获得材料和力，去平衡和把控后者的极性影响，并且同化之，化为己用。反之，如果有机部分失去了把控无机部分的力，就会成为后者的牺牲品。其实，有机王国的规律与无机、机械自然界的规律无异，二者由相同的基本材料构成，这些材料所拥有的力也相同。但是，自然界的普遍规律，在机械机理和化学机理中简单而独立地出现，而在有机体则非常复杂地相互交织，以特殊的方式相互制约，因此，其作用相互牵制，脱离原本的轨道，变得面目全非。通过这种相互影响，那些纯粹机械的力也可能得以增强，就像是持续得到非有机自然界库存的增援，而增强的力复又加入到自身所处的统一整体之中，同时，新的力的独立性被消减，其作用也被纳入有机体诸力整合所生成的轨道。这样，有机体的敌人不再处于自己周围的非有机体世界之外，而是内在于其中，因为，有机体的所有力及其相似性和相互引力，就像在对立中一样，

相互节制和相互阻滞，各自独立的作用相互否定和抵消，都受到压制，不能充分发挥作用。同时，这些力也会在克服上述阻滞和各自的“有机差异性”（贝克尔语）之中形成统一。但是，对立的张力会削弱相互阻滞的力量。如若诸多力不断追求各自极性作用的自主性和影响力，则有机体瓦解。

看来，贝克尔称之为差异关系、对立关系的，其实是非有机体中极性、矛盾作用的方式。贝克尔在使用这些称谓时偶尔也没有定语“有机的”，以迷惑自己和读者，使人产生“所言意指有机体”的错觉。如果没有那个定语，那些称谓极易而强烈地使人想到非有机性。那个 22
漂亮的定语麻醉了贝克尔自己以及粗心和理解力较弱的读者的良心。我们现在就是要提醒读者注意有机体存在的基础，淡化主导非有机体的对立关系，排除化学相似性或差异性现象的干扰。对立关系中的相关力量只有保持自己的独立性才能发挥对立作用，而一旦被有机整合起来，被某个统一体所包容，就失去了发挥作用的独立性，就不再支配自己所包含的内容，而只能在统一体中发挥作用，既要在统一体中接受改造，又要改造统一体。甚至可以说，相关力的这种变化、其发挥作用轨道的转折，是自觉遵循自然规律的行为，否则，何来有机整合它们的力？

区别有机和无机是一项十分艰巨的任务，不是我们这里需要完成的。看看那些激烈的争论就知道，无论夸大差异性还是共同性，都容易陷入危险。我们不得不提到洛策的经典论文《论生命和生命力》（Leben und Lebenskraft）。它是鲁道夫·瓦格纳（Rudolph Wagner）《生理学词典》（*Handwörterbuch der Physiologie*）的序言。我们同时要提到洛策的《普通生理学》（*Allgemeine Physiologie*）。其实，贝克尔也可以引证亚里士多德的观点（《论动物部分》*Über die Teile der Tiere*），来说明对立分裂何以瓦解有机体。

对于我们而言，重要的是指出，相较于差异分化为对立这种非有机的基本方式，有机体的发展或分化涉及诸多基本力的联系，方式更为多样、复杂，关系更为交织难解。有机方式是非直线的，根本不是线性的，
23 而是网状的，全方位的；不是平面几何的，而是立体几何的；不是静止的，而是永动的，全方位循环的。因此，有机体呈现出最高程度的复杂多样性，需要最全面的观察视角，无所谓静止的上和下、前和后，而是同时涉及一切，从具体的立场和具体的呈现样态只能认识一点。一切都形成于某个突破口，而一旦形成，就不再有什么核心和周围，而是处处为核心，处处为外表。没有哪一点产生于另一点，一切都相互交织、相互关系，或者更应该说是相互交融。总之，只有对立，但对立不是简单的，而是统一复杂和全面的，永远相互斗争，永远相互包容——这是永远的游戏。

（b）有机机制

贝克尔在其著作的第一页就对有机机制进行了定义。但是，其方法糟糕透顶，阐述含混至极，完全偏离了对有机体定义的方向。难以想象，何以在定义有机体之前还要定义有机的机制！不过，我们还是看看他是怎么说的："有机机制是有生命物体的诸多机制之一，必然地源自于相关生命本身，同时以该生命为目的，因此，该生命只能通过此机制体现并保持自己独特的方式。"或者，此定义的前提是，相关生命，亦即有机体，已经得以定义，但事实并非如此，因此令人完全无法理解，结果，其有机机制的定义空洞而毫无意义；或者，作者的意图是，通过定义有机机制而完成对有机体的定义，成一箭双雕之美。但这必然是一种可笑的同义反复，彻头彻尾的自说自话。我们在界定有机体时遇到很大的不确定性，而贝克尔的定义无论如何丝毫不能消除该不确定性。按照贝克

尔的意思，用“诸多机制之一”应该可以区别有机机制与非有机机制，
但是，非有机机制又何在呢？贝克尔只字不提。因为，首先我们在前文
看到，根据贝克尔的观点，严格而言不存在非有机的东西，也就无所谓 24
非有机机制。其次，他也无法说明，有机体何以能够拥有一个非有机机
制，而这对于上述定义尤为重要，因为其中暗示了有机体的非有机机制。
这里，我们又回到了贝克尔前述之“有机自由”（organische Freiheit）。诚
然，相关力及其相互关系的多样性导致有机自由的发生，但也并非完全
任意，而是有章可循，所以，自由只能在机制之内造成多样性，但绝不
能推翻机理的整体有机性。常春藤叶子的形状体现出很大的有机自由性，
但并不能因此认为它们是非有机的。贝克尔也论及语言。语言是一种有
机机制，虽然现实言说中相关民族和个人的特点拥有很大的自由度。同
样，思想、才智具有有机必然性，虽然同时又拥有很大的有机自由，但
仍然是有机的。因此，何来所谓的非有机机制？同理，既然无所谓非有
机机制，又何来非有机体？人类的精神生活是普通生命的一种形式，具
有有机性。科学和艺术活动，还有日常劳动，都是智力和社会文明活动，
都“源自于精神生活本身，有其内在必然性，同时，又以精神生活本身
为目的，因为，精神只有通过这些活动才能体现并保持自己的独特性”。
但是，根据贝克尔的观点，我们一方面必须把河水的流动称为河流的有
机机制，认为尼罗河发挥灌溉埃及的有机机制功能，因为，谁会误判这
些关系之中包含的那个由诸多因果效果复杂整合所自然生成的目的呢？
另一方面，贝克尔认为有机体原先是一种非有机机制，他的读者可能也
会如此理解。但他的读者可能也会像我们一样不那样理解，而是认为每
一滴雨水、每一片雪花，都源自于自然界的普遍生命，因而都是有机的，
雪的消融也是有机的机制，相反，拉奥孔群像则是非有机体。 25

如果像上述所言，一切都遵循原理，那么，该怎样阐释原理呢？从
贝克尔如此含糊不清、多方面偏离方向的概念可以阐释吗？——概念的

确定性在于概念的形式，是物质的，所以贝克尔的阐释偏离了概念的价值和意义。首先是外延的偏离，无论根据实际还是根据贝克尔的意愿，概念的界线在自然界之中，在使用上与自然界相吻合，但在贝克尔的论述中却又超越了自然界；其次是内涵的偏离，贝克尔概念的基本规定性在于目的性，而概念的特征却来源于因果性和非有机关系。——对贝克尔的概念我们深感担忧，但还是要先认真检验之，希望贝克尔自己会有所纠正。

（c）语言作为有机机制和有机体

§10 语言的名词性定义

贝克尔在其著作篇首写道："人们对语言的理解是……"——这预示着一种词语解释，是一个名词性定义（Nominal-Definition），其目标一定是说明将要论述的对象是什么。这种开始不仅完全可行，而且大多数情况下值得推荐，十分必要。数学是最严谨的科学，经常采用词汇解释的方法开始定义。词汇解释并非毫无滥用的风险，哪怕无心而为。根据词汇解释的逻辑原则，只能说"对这个词的理解如下"，不能再含有其他内容。词汇解释不能说出事物的本质，不能成为现实定义（Real-Definition）——这正是风险所在——事物的本质是需要在后面才去逐步证明的。词汇解释是取得理解的手段，取代对事物的物质指示，但不能、也不允许说出真理、认识。对词汇的解释体现相关作家特定的语言习惯，仅此
26 而已。人们现在经常鄙视形式逻辑，所以更需要提醒注意逻辑规则。

我们还是听听贝克尔的说法："语言或者被理解为言说本身，是一种机制，以便于人表现思想、相互交换思想并形成整个族群精神生活的共同体；或者被理解为说出的语言，是人性的产物，其中体现和承载着由

人的精神生活所创造的世界观。”这难道就是所谓的名词性定义吗？这更像是一个现实定义，已经预先宣告了后面整个工作需要证明的东西。如果语言被理解为贝克尔预先宣告的东西，则人们就不需要他的阐述了，他的工作也就是多余的了。——阐述是什么呢？就是把道理逐步告诉读者，最终让读者坚信所阐述的道理，而不是将道理一股脑儿丢给读者，任由读者满腹狐疑，甚至产生恐惧。

为什么在第一句话中就把语言最深刻的内容和全部本质说了出来，而且还采用了那样的方式呢？当然是将之视为某种无需任何准备即可把握、只需说出来即可服人的东西，结果，定义充满了不确定性，在所有方面都模糊不清，全无界定，太过狭窄又太过宽泛，总之，内容空洞而毫无意义。面对这样一句话，人们完全可以耸耸肩以示批评，而且实际上耸耸肩即足以批评。我们下面只需要将耸耸肩翻译为语言。思想，亦即纯粹观念性的、非物质的东西，通过任意一种机制即可表现出来，语言即是这种机制，对此，人们乍一听不能理解；人们也许理解“相互交换思想”，但也需要通过解释才行；“整个族群精神生活的共同体”简直夸夸其谈；还有，被说出的语言是“人性的产物”也是一个含糊的表述，而且众所周知，历来广遭摒弃；此“人性的产物”“体现并承载着由人的 27
精神生活所创造的世界观”更是自相矛盾，因为，精神怎么能够在自然的产物中留下什么东西呢？最终，关于语言的两个意义，亦即“机制”和“产物”，也相互矛盾。于是，人们不明白，该怎样用一句话将两个相互矛盾的概念或问题联系起来，才能既形成认识，又无本质缺陷。总之，贝克尔关于语言本质的第一句话令人费解：本应逐步阐释的问题，却直接宣告给读者。

如果将最终观点一开始就预先说出，而且不予阐释，充满不确定性，无异于断送了将此观点证明为一系列无可争辩或相互支持的原理的最终结论的可能性，更无望使读者清晰理解观点的涵盖面及其核心因素。前文我们担心，贝克尔关于有机体的概念，亦即他的有机论原理，内涵不清，充满混乱，因此不可能清楚阐释。我们现在又有理由提出新的担心，而且与之前的担心相关联。原理的含糊不清与最终观点的预先宣告有机关联，灾难效果叠加。

首先，除了上述矛盾，贝克尔论述中的每一句话其实都隐藏着新的矛盾，新旧矛盾叠加，无以自拔。“被说出来的语言是通过言说机制而形成的一种产物”——这与“语言是一种产物”形成矛盾。因为，通过一种机制所形成的就是被制作的（gemacht），不是产物（Produkt）。所谓产物不是被制作的，而是自发形成、衍生的。另外，语言是自然的一种产物，因此不是通过机制才形成的，相反，言说机制只是对语言的使用，即对自然产物的使用。——“每时每刻通过机制在形成之中”——这如何可能？这里，这些目的究竟是否为事物本质客观使然，根本无从考证。
28 因为，它们在贝克尔的论述中并非矛盾，何来解决和尝试解决。贝克尔自己也不明白这些矛盾，他甚至没有意识到矛盾所在。古人云：“一切皆在流动中”（Πάντα ῥεῖ），谁人不知“已经形成的每时每刻还在形成”？那么语言在这方面又有什么特点呢？语言之中的确存在“正在形成”和“已经形成”的矛盾，且比贝克尔所言所见要深刻得多。——我们继续看贝克尔的论述：“在特定语言中能观察到的已经形成的东西只能是转瞬即逝的思想现象，‘转瞬即逝’乃语言本质使然。”——但是，遵循本质观察到转瞬即逝的东西，又无损本质，这何以可能？何以想象？我们将语言理解为已经形成的思想现象，这难道是真的吗？这句话究竟什么意思？——“它（即被说出的语言）其实永远是已经形成的言说机制”——这与“刚才发生的”有什么不同吗？但是，如果被说出的语言“只是观察到的已经形成的言说机制”，则情形就不像刚才所言，是“由此机制而形成的产物”，因为那样的话，它就根本不是客观的、真实的，而只是我们如此这般观察到的，亦即我们内省式主观创造，其可能性、合理性和必然性都有待于证明。

贝克尔所述的真伪无法考证，但其方法论方面的混乱已确证无疑。论述不清导致方法论混乱，反过来使得所述更为含糊。我们最后还需要补充如下说明。本来应该给出一个名词性定义，但结果却是一个现实性定义，其中的句子不仅各自充满矛盾，而且相互矛盾。不仅现实性定义非常失败，甚至名词性定义的基本任务也没有完成，没有说明阐述的对象是什么。那么，怎么才能够认识对象呢？人们更应该想到写作和写出的文字，还有图画文字和记事的绳结，因为，贝克尔所谓之机制和产物的区别以及二者的统一性其实与语言关系不大，而更接近书写和文字的区别，这里至少存在“永远是已经形成的东西”。 29

如果像贝克尔那样，把本应该最后说出的观点倒置于开始抛出，从而彻底断送了阐释的机会，结果，所谓阐发当然只是一种假象。论述并非步步为营，而是原地转圈，纯粹同义反复。我们前面已经看到过贝克尔关于机制定义中的同义反复，后面还会看到他整体论述和细节论述中的同义反复。同义反复就像魔咒一样纠缠着贝克尔。

§11 有机体的第一个特征，以语言为证

我们前文讨论了贝克尔著作的开篇，也讨论了他紧接着对有机机制很有价值的定义。贝克尔想以此说明语言也是一种有机机制。这一目标不难达到，因为根据他的定义，一切可能的东西都是有机的。难的是证明它的反面，即死的东西和自由。贝克尔没有做此证明。那么，他是怎么做的呢？另外，他所界定的语言有机机制属于哪种类型？我们下面应该就此展开讨论。

贝克尔的定义包含两个特征：根源于事物生命的必然的形成过程和反作用于生命自身的目的性，两点都通过语言给予分析。他说：“言说机制内在必然地形成于人的有机生命：人在言说，因为人在思考，言说机

制随着思考机制而形成。有生命自然界的一个普遍规律是，自然界的每一个行为都表现为一种材料，每一种精神活动都有一个躯体，其范围和形状也在此躯体中得以确定。思想的表现也必然遵循这一规律，并且在语言中成为躯体化的思想。语言只能是表现出来的思想，内在地看，二者等同。”这难道也是遵循上述那条规律吗？语言是一种材料吗？有一个躯体吗？假设是，则那条规律意味着，躯体化的东西即是体现于躯体中的精神？材料即是体现于材料中的行为？例如，石头即是体现于石头的运动或热度？铁即是体现于铁的磁性？另外，思想和语言“内在地看是等同的”，那么外在地看不等同吗？“内在”和“外在”在此做何解释？材料和行为难道内在地看也是等同的吗？我们且继续看贝克尔的说法。“思想也是由此而获得形态、得以完成，从而成为被说出的思想。”[“完成”（Vollendung）在此是否隐含着什么意思？前面只是说，精神在躯体中获得“范围和形态”，那么，“完成”的意思是“范围得以界定”吗？]“首先是感性直观的客体引发了人精神中的思考机制，思考机制反作用于精神，使客体成为精神所认识的客体，于是，感性直观的客体成为概念，在被说出的词语中与精神相对。”现在我们知道，为什么贝克尔（有意或无意）用“完成”替换“范围界定”了吧？如果感性直观只能通过语言而成为概念，则思考也只能通过语言而得以完成，但绝非通过语言而获得范围界定，因为，相比较在语言中被表达的、具有普遍性的概念，感性直观的形态恰恰更为确定，范围更为明确。如此看来，我们这里发现贝克尔将有机体这一普遍性概念用于语言似有不妥之处。因为，与躯体化不同，通过语言所生成的，并非感性的形态和确定的具象，完全相反，是感性的下降和抽象的上升。然而贝克尔所言并未传达此意，而是说明感性直观通过精神自身活动而成为概念，而概念只有在词语中才获得范围和形态的界定，词比概念更为具体和感性。对此，我们还会论及。现在的问题只有一个：在精神的反作用下感性直观成为精神认识，那么，

何谓“精神的反作用”？是指概念构成的过程吗？另外，是什么驱动精 31
神将上述精神认识付诸词语？假设某位作家在著作中阐述两个内容，即将思想躯体化为词语和概念的构成，那么，他在开篇该怎样用一句带有连词“和”的话来解决这两个棘手的问题？贝克尔从来没有使用“解决”这个词，但却反复传达“解决”的意思：“语言是表现出来的思想，而词是通过语音而躯体化的概念。”看来，贝克尔有一种担心挥之不去，害怕人们不相信他的观点。他的担心其实根源于自己没有理解问题的本质。为了说服自己，为了使自己的观点得以接受，贝克尔反复表达刚才那个观点。

§12 语言有机体的第二个特征

经验告诉我们，思想只有在言说中才得以实现，这也是贝克尔观点的出发点。我们后面再讨论此经验，现在先看贝克尔所论述的有机体的第二个特征，即目的性，看看他如何通过语言来证明。如果说，通过语言，即通过精神活动的躯体化，可以比较容易地说明语言形成的必然性以及语言与人性的有机关联，那么，说明目的性更为容易。贝克尔只说出结论，即人只有思考才成为人。而没有言说则不成思考，因此，语言不仅仅内在必然地源自于思考，而且只以思考为目的。思考是人身上真正赋有人性的东西。但贝克尔的论述并非如此。尤其是越接近上述结论，结论越是简单、不言而喻，结果却越是遥远，越凸显出贝克尔无缘于结论、纠结于其他的必然性。对此，贝克尔或许有意或许
无意。在潜意识的引导下，内省活跃于人的思想活动中，这是一个不 32
争的事实，但也需要得到心理学家的证实。若要提出反驳，最主要的是揭示潜意识在思想中的引导性——这项工作危险重重，但危险并非不可避免，甚至有可能克服。上述结论其实只是个表象，贝克尔对此似有预感，因此投鼠忌器。其结论毫无创意，三个句子表达了同一个意思。

我们指出贝克尔关于有机机制定义中的问题，这里，又一次看到他定义中的同义反复，只不过涉及更广、问题更严重。他将尚需定义的概念反复使用，更有甚者，两个特征完全等同。一种机制内在必然地源自于一种生命，或者，一种机制以相关生命为目的，两种说法有什么区别吗？因为，一种机制必然产生于某种生命，那么，如果那种机制不源自于相关生命，则该生命就不称其为该生命。为了满足该生命是自己这个条件，那种机制必须源自于该生命，或者，那种机制的目的是使该生命成为该生命。——看来，这只是一种空洞的逻辑游戏，其中，机制既是结果又是手段。

如此，二者皆是，因为二者皆非：在主观、诡辩的视角下，机制只是一种假象，是任意的存在，既是此又是彼，但是实际上，在纯粹抽象的意义上，机制更是诸多方面之一，诸多方面共同构成多面生命的整体。例如，呼吸既不是生命的必然结果，也不是生命的原因，既不是生命的目的，也不以生命为目的，而是生命存在的一个方面。现在我们看清了贝克尔的定义如何同义反复：不仅两个特征等同，而且与定义对象
33 重叠，结果，就只能说：某种有机机制就是那种有机的机制。根据这种定义，一切当然都可以被证明是有机的，例如，河水的流动是一种有机的机制，因为流动源自于河流生命的内在必然性，并且以河流的生命为目的。

贝克尔迷失于同义反复的高谈阔论之中，不仅对此全然不知，竟还提出有机体的第二个特征，并通过语言验证之。对于贝克尔而言，向往无边，所能无边！寻找它，便发现它！且看看贝克尔发现了什么："言说以生命本身为目的，而且是人最核心的生命……因为……"——与上述结论无缘，从空洞到空洞，脱离了"机制"问题——"因为，与动物的生命不同，人的生命不仅仅满足本能而群居，以保持种属，还要求一种思想的社会性告知，个体的思考要统一于一种大众共享的世界观，由此，

个体的精神生命变成为整个种属的精神生命。在动物群体中，诸个体通过本能机制以身体方式相互联系成为一个种属。在人类群体中，诸个体通过语言以精神方式相互联系成为一个种属”。这里，贝克尔突出的是语言的另一面，即作为思想告知工具的一面，同时，他关于有机机制定义中的两个特征都分别对应于语言的两个方面，但两个特征的差异性只是表象而已。

这虽然并非贝克尔有心而为，但却的确是诡辩。如果他的定义中肯，则两个特征就要全都适用于定义对象的所有方面，因为所有方面都存在于一个统一体之中。我们上面的结论就符合这个条件，具体讲就是：语言是有机的，不仅在与思想的必然联系方面如此，而且在思想告知方面亦如此。这是语言成立的条件——体现语言产生的内在必然性；——语言 34
的目的在于精神生命所必需的告知，亦即在于精神生命本身——这体现出有机目的性——这样，条件得以满足，但形式却是空洞的，难免使人想到蓝宝石（Saphir）[①]。贝克尔未做如此推论，他竟连这样的推论都未做！不仅仅贝克尔推论的方式是诡辩，更有甚者，本质上径直背离了有机观。因为，将语言视为告知的工具，亦即洪堡特所谓之 ἔργου，就是将语言视为东西，是非有机的。如此一来，语言就只是一种工具，如同手势语言、图画文字等，甚至是任意的符号。贝克尔自己也说过，语言不仅满足外在需要，而且为精神生命所必需。这也适用于文字和印刷，甚至也适用于某些服务于“思想的社会性告知和将个体思考统一于大众共享世界观”的社会机构，如学会、茶话会等。

我们最后还要将贝克尔定义中的表象消除掉。他在（§1）用了将近四页的篇幅，似乎是某种循序渐进的阐释，似乎将概念细化为元素，或者一系列相互衍生的思想，但其实所有内容都体现于第一句话：“语言就

① 蓝宝石主要用于装饰，在此表示徒重外表。——译者

是言说，是人的一种机制，由此，(1) 思想得以表现，(2) 思想的相互交流得以实现，整个社会精神生命共同体得以形成。”排除掉“有机的”这个词，我们从整个段落还能看到什么吗？我们又一次看到同义反复的问题，而且更为严重。

35 ## §13 被说出的语言

我们前文讨论了语言的一个方面，亦即言说及其机制，但语言的另一面，亦即被说出的语言，又怎样呢？贝克尔在（§3）里说：“但是语言是群体的机制，因此，词语不仅仅是说者、或者说者和听者个体思想的表达，而且是整个群体思想的表达，甚至也是未来群体成员思想的表达。正在形成的东西必须被视为已经形成的东西，有机机制转瞬即逝的现象被视为持续存在的产物。这时，我们不再将语言理解为言说的机制，而是机制已经形成的、持续存在的产物，如此，就有了被说出的语言这个概念。”这里，我们不知道，言说的机制怎么就是一种已经形成的东西，一种产物，更不知道为什么机制就要变为产物——不仅要生成某种持续存在的东西，而且自己也要成为产物，就因为词语是全人类的吗？我不能理解这里的因果关系。另外，词语又为什么是全人类的？我今天为什么不能像古希腊人一样说话？因为贝克尔说，语言是群体的机制！他还说：“具体被说出的词语也表达了群体同伴和未来成员的思想，由此，被说出的语言是个体间思想告知的普遍媒介。”请注意这里的阐述！两个句子不是用“因为”（weil）相连接，而是用“由此”（dadurch dass），如此，原本是原因的，现在成为了结果。这大概算是贝克尔式思想阐释的有机进程！贝克尔在刚才所言之后用了一个冒号，继续说道：“它（即被说出的语言）为大家所理解，因为它是整个群体共享世界观的表达。”而之前的说法是，人们通过语言才形成共享世界观。如此论述方式，如此一对充满矛盾和神秘性的句组！谁又能想到，它出自于“新语法”大师

贝克尔之手！我们又该怎样理解洪堡特的相关雄辩和推论！[1]两位大家的 36
观点有什么共性吗？语言永远正在形成又永远已经形成，流动不居而又保持稳定，是个体的而又是社会的，创造个体又创造群体，是人性的而又超越人性，为人所创而又非人所创，这些语言本质中的矛盾，洪堡特是怎样“与之搏斗”的？人们不仅要去阅读这些矛盾，还要与它们“同感”，因为概念、雄辩和推论也需要人们“同感”，然后才能对贝克尔提出批评。

§14 语言的形成

我们检验了贝克尔的基本思想，发现其中充满了内容空洞的同义反复。在继续论述之前，我们还要评阅一下他关于语言形成的观点。对于这个问题，我们在讨论语言的第一个有机特征时已经有所涉及，但没有什么收获。这个问题非常重要，我们必须尝试在另一点，即“精神的有机躯体化”，展开详细讨论，看看能否发现问题的要害。在其论词汇的著作中（252 页），贝克尔写道：“在人的有机体中，有机机制在于精神生命和肉体生命的统一。人的生命机制组成一个链条，每一个环节都补充性地发挥有机功能。语言同样也是一种有机机制。认识到这一点，关于语言起源的问题就应该涉及人起初是怎样发挥其有机功能的。器官具备一定的有机功能，而有机功能的能力则取决于相关器官组成的系统，例如，呼吸能力取决于呼吸器官组成的系统。但是，有机功能的实现则需要器

① 关于语言的“产品性”和“创造性”“个体性”和“社会性”等问题，是洪堡特语言观的重要议题。例如，在《论人类语言结构的差异及其对人类精神发展的影响》（商务印书馆，1999）中，他说：“语言绝不是产品，而是一种创造活动。因此，语言的真正定义只能是发生学的定义”。（56 页）“在语言中，个别化和普遍化协调得如此美妙，以至于我们可以认为下面两种说法同样正确：一方面，整个人类只能有一种语言，另一方面，每个人都拥有一种特殊的语言。”（62 页）“所有的讲话行为，包括最简单的讲话，都是个人的认识与人类共同本性的结合。”（68 页）——译者

官系统以外的某种普遍性规律，需要某种外部刺激作用于器官，促使器官运动，例如，周围空气刺激呼吸功能，食物和饮料刺激消化功能。同
37 理，在语言功能方面，说话能力取决于说话器官系统，问题是，现实中作用于这些器官的外部刺激是什么呢？刺激器官运动的是精神活动，精神刺激通过神经作用于器官，使之运动。语言器官属于自由运动器官，因此，作用于器官运动的刺激只能是精神活动。语言器官与其他自由运动器官的区别在于，后者的活动取决于欲望（意愿），而前者的活动取决于想象（思想）；一个表现为意愿，另一个表现为思想。在人的精神统一体中，感受和意愿与认识和思想难分彼此，同样，在语言器官的功能中经常也出现感受和意愿，同时，其他自由运动器官也成为语言器官，例如在表情语言和肢体语言中。人在周围空气中必须呼吸，同样，人因为思考而必须说话。呼吸是内部组织过程的外在表现，器官自由运动是内部意志活动的外在表现，同样，语言是思想的外在表现。”

我们从贝克尔的阐述中看到了什么呢？竟是与呼吸的类比！更何况他的类比漏洞百出，缺乏一贯性！将关于呼吸的相关发现迁移用于语言，以解释语言的起源，这何以可能？类比只具备启发性和示意性，永远不具备解释功能。贝克尔的做法无异于对类比的戕害。

38 生理学家告诉我们，呼吸器官会接受外部刺激，发挥功能，但却是遵循其他规律，而且，空气也只能刺激呼吸器官。贝克尔没有告诉我们，思想怎样成为启动语言器官活动的刺激源，语言器官又是怎样接受思想的刺激的，从而使得语言器官的活动具有明确的方向性。生理学家告诉我们，肺和胸腔的构造以及空气和血液的物理和化学特点决定了呼吸的过程，同样，贝克尔也应该告诉我们，思想和语言器官的特点和构造怎么能够共同作用生成语言。贝克尔在一个从句中断言，刺激和对刺激的感受“取决于精神生命和肉体生命的统一”，同时又反复说，“精神有机地体现于语音”。这只是提出说法，却不予解释，最多只能算是解决问题

的开始，指出了道路，但却不付诸实践。我们不否认贝克尔的功劳，因为以前人们也追问思想和语音这两种东西是怎么走到一起的——那是一个无解的问题，因为是一个错误的问题——贝克尔认识到这个错误，并且明确说过：这些东西并非先前是分开的，后来才走到一起的，相反，它们原本就是一起的。认识到设问中的错误是很大的功劳，但也只是解决问题的开始，因为人们要知道，思想的本质怎么决定了思想必须与语音相结合才能发挥作用？贝克尔回答道："那是一条普遍规律……"用这样一句普遍性的话来解释特殊现象，无异于诡辩。

我们仔细观察呼吸与说话之间的类比，可以发现，此类比很不充分，无法实现。因为第一，呼吸的时候，呼吸器官和发挥刺激功能的空气处于诸多物理力的同一位置，相反，说话的时候，发挥刺激功能的思想和受到刺激的语言器官处于完全不同的地方。呼吸是物理过程，完全处于 39
材料运动的范围，被使用和生效的规律与说话完全不同。人们根本不知道，思想与发音器官有什么关联，处于什么关系，使得前者能够刺激后者，使后者发声，进而刺激口腔和舌头将声音分节发出。贝克尔如此草率谈论肉体之中的精神现象，诡辩至极。

上述还告诉我们，被类比的两种现象也不一样，包括刺激的方式，刺激源进入相关过程的方式以及结果，所以贝克尔的类比不能成立。空气作为刺激源进入肺，与血液接触并发生变化，之后被排出——这一切都遵循通常规律。那么，思想进入语言器官，发生变化，然后再被发出，其方式是一样的吗？思想和语言器官的活动及结果之间的关系，与空气和呼吸器官的活动及结果是一样的吗？在贝克尔看来，外在影响、意愿完成、用符号描述某种看不见的东西，等等，都可以类比。

贝克尔还有一个问题最为严重，不仅使其类比沦为诡辩，更使其语言有机论陷于毁灭。刺激呼吸的空气，刺激消化的食物，在进入肺和胃之前就已经存在并能够发挥作用，只待与相关器官相接触。例如孩子进入空气，空气就会进入他的肺，就可以把食物送进他的胃，但是，刺激该怎么进入语言器官呢？难道必须通过语言器官活动的刺激，即思想，才能出现？贝克尔说：“精神中有概念，并刺激语言器官，就会有词语表现。”概念的刺激功能是早先就有的吗？是语言器官活动之前就有的吗？“词语随着概念而生。”这就是说，概念可以不是语言器官活
40 动的刺激源，但根据贝克尔的观点却是，这意味着概念存在于词语创造之前，就像空气之于呼吸一样。如此，贝克尔就倒退到了非有机论！我们现在再提那个问题：现有的概念如何与语音符号结合？按照贝克尔的说法（257 页），不会是偶然的：“有机必然性使得概念获得语音躯体，但是特殊语音的选择遵循有机自由原则。”贝克尔认为语音和概念同时产生，但这里又突然让既有的概念去选择语音，这等于脱离了自己的观点，是一种倒退，整个语言有机论及其内在必然性由此灰飞烟灭，因为，人可以为概念选择语音，或者概念先于词语而存在，那么，人也可以不做此选择，从而拒绝称谓概念，或者拒绝通过语音称谓概念。贝克尔的观点模糊不定，自相否认。他虽然反复强调有机论，但实际上并没有认识到词语和概念的有机性以及词语对于概念形成的必要性。他认为概念先于词语而存在，这一错误、陈旧的认识，我们前文（30 页）在讨论语言有机性的第一个特征时就已经看到。因此，他的错误不仅在于对“词”的认识，也在于对“有机体”的认识，而根本则在于他的有机观。他认为，语言有机性在于思想有其躯体，但思想却先于躯体而存在。

§ 15 结语

我们前面讨论了贝克尔关于语言的基本思想，从中可以看出，贝克尔为语言有机论所做的努力值得肯定，但他没有达到目的，完全陷入了
41 非有机论，再加上内容空洞的说辞。下面，我们进一步讨论贝克尔的原

理思想及其结论，会更清楚地认识到他的错误。

2. 贝克尔语言观的非有机性

我们已经看到贝克尔语言观倒退到非有机论的情形，并在许多具体问题上进行了批驳，但还需要进一步揭露这一非有机语言观的本质。我们只需去解读贝克尔的论述，那些他自认为具有有机区别性的特点，其实恰恰是非有机的。我们前面已经指出，贝克尔通过所谓的“对立”只是说明了诸多非有机力的基本区分，下面对这一点展开深入分析。

(a) 对立范畴和统一范畴

§16 特伦德伦伯格论对立

首先，什么是对立？我们看看特伦德伦伯格怎么回答这个问题。为什么引证他，我们后面再说。这位哲学家告诉我们（《逻辑研究》第二卷，2 页），否定和矛盾都完全是逻辑性的，而“现实中有‘另样’（Andern）或‘不同’（Verschiedenen）等‘对立’的过渡性概念。但是否定和对立并非等同。纯粹的否定基本上体现于对立，但因为个性而普遍性不足。同一概念的肯定和否定相互排斥，互不相容。与之不同，对立，无论什么程度的对立，本质上都拥有共同的东西，即共性可以使相关东西处于对立。”这里，特伦德伦伯格对“对立”的表述比较宽泛，很不精确，其中包含了“不同”和“另样”，否则，要体现“对立”与“不同”的区别，严格而论，就应该把“可以”换成“一定”。“另样”不需要共 42
同点，但也是对立，特伦德伦伯格说：“在具体情况下，‘对立’这个概念很清楚，但要一般性把握却比较难。……首先，一切对立都在更高层面拥有共同点，例如在某个目的的统一下，统一性决定相互关系的程度。没有任何共同点的概念不可能相互对立。相互协调的颜色形成对立，在对立中相互协同，就是很好的例子。——拥有共同点的诸多概念各不相同，聚在一起，相互比较则自相分别。这些概念形成秩序，相互之间差异大小不同，根据相互共同点和差异性的大小而相互吸引或排斥，这样，在内容上形成系列概念。一个家族（Geschlecht）中相距最远的概念构成对立。”这里把对立仅仅界定为不同，颇为宽泛；另外，对立与另样似乎只是量的区别，取决于共同点的多少，而量的多少又很不确定。人们要问，在一个类型中，差异性最大的两个概念是否也构成对立？还有一个秩序中两个类型的概念呢？前者似乎不再是，而后者又尚还不是。另外，应该怎么区分“家族”、“类型”（Art）和“秩序”（Ordnung）呢？但这不是特伦德伦伯格所关注的焦点。根据他的观点，量的差异，即拥有共同点的多少，与对立概念并不相关，关键是两个概念处于“某个更高共同层面”的两端。共同层面无论多大多小，是一个类（Klasse）或型（Art）。——特伦德伦伯格接着说：“首先比较一个系列中相关概念静态的内容。第二个视角是它们发挥作用的方向，例如相吸和相斥、聚和散、
43 对抗和退让、联结和分离，等等，发挥作用的空间方向构成了衡量对立的尺度。物质的一切表现都遵循此法，因为一切都源自于运动，这也大概符合人们的印象。认识运动是模仿性和创造性思考的第一步，同样也是理解概念的第一步。——据此，概念之间的差异以及发挥作用的方向构成了对立的特点。”我们用一句话来总结此特点：不同概念的分界不是静止的两个点，而是差异性从一点到另一点的运动。

特伦德伦伯格感觉对立的界定非常困难，人们也要看到，这个概念对于许多哲学家而言都非常棘手。他没有明确自己的基本思想，其阐述还需要完善，我们现在还不能将对立（Gegensatz）与明显的对抗（Widerspiel）和尖锐的不协调（Disharmonie）区别开来。

§17 贝克尔论对立

贝克尔从来不惧困难，面对一切问题都似乎胸有成竹，轻松自如。我们已经领教了他对对立的界定（《语言有机体》§7）："相互对立的行为和材料之间存在有机差异。"（难道还有非有机差异吗？贝克尔认为没有。）"它们因对立而相互依赖，构成相互关系，在此基础上，a 是 a，当且仅当，a 与 b 相对立，反之亦然。"前文我们讨论了贝克尔关于有机机制的定义，与之相比，这里同义反复的问题更为严重和突出：通过对立来定义差异。这里有个假象，似乎差异只是对立的一种形式。另外，定义"有机"似乎要说明对立只是一种差异，即有机差异。前文我们批判了贝 44
克尔有机体概念中混淆了普遍性与特殊性，在两者之间摇摆不定的问题，这里又出现了同样的问题。与前面的问题相同，这里概念论述中的矛盾也最终将"差异""对立""有机"等概念混为一谈。"目的"这个概念更是彻底无缘于贝克尔所谓之有机体，只是在关于思想躯体化的含糊论述中有所提及。对立是有机体的本质，哪里有对立，哪里就有有机体，反之亦然，二者在内涵和外延方面都一致。

另外，贝克尔关于对立的定义似乎有一个非常明确的思想基础。他认为，两个行为或材料相互对立，当且仅当，它们的作用、存在相互对立。因此，没有一方，任何另一方都不能存在和不可想象，任何一方必须依赖于另一方。我们可以认为这就是贝克尔的对立观。正如我们前文所言，贝克尔的定义其实根源于电和磁之类的非有机对立，所以，他所谓的有机体必然是非有机的。相反，我们前文说明，有机体虽然以极性对立为主，但极性并非二元那么简单，而是每一种东西都与许多东西处于多元对立之中，只有认识到多元关系的统一，才能认识有机的本质，孤立多元对立的具体方面，就是破坏有机的本质。当 a 与 b、c、d 等处于相互关系之中，如果单方面将 a 视为 b 的极性对立面，并从中认识 a 的全部本质，那将是怎样可悲的认识！而这正是贝克尔对待有机体的态度。

贝克尔关于对立的定义太过狭窄，甚至不能涵盖这个词日常使用中的含义，例如我们不能根据其定义理解颜色的对立。其原因显而易见。
45 电的正负对立、南北两极对立，呈现一线两点或者一点两线；与之不同，颜色的对立则呈现一种三角关系。但贝克尔从红色和绿色、红色和紫色、绿色和蓝色的关系中只看到简单的对立（66页），结果，定义由太过狭窄骤变为太过宽泛。他只看到线性对立，所以，虽然“极性”这个定语终不离口，但还是不能将简单不同所形成的对立和平顺地融合为统一的和谐与尖锐的不和谐相区别，一切皆是不同，一概而论，陷入机械比较，区别便毫无意义；a 和 b 相互不同，这就是贝克尔的有机论。贝克尔认为神经和肌肉不同，亦即神经不是肌肉，虽然没有说神经不是石头、空气等，但却忽视了神经也不是大脑、血液、骨头、皮肤、头发等。在多元对立的统一中抽取一种对立，并夸大为极性对立，这无异于瓦解了统一。而随着统一的瓦解，对立不仅徒有其名，对立关系也沦落为一种仅仅包含两个因素的关系，只表明不同而已，其中每一种力不再有益于另一种力。贝克尔所论即是如此。他说（66页）：“否定完全属于思想，具体讲属于判断，不属于概念。当人们说 a 不是 b，只是在判断中否定了 a 的类型归属，而关于 a 和 b 所处的关系则只字未提”，对 a 和 b 的本质更丝毫不论。——贝克尔所言即是对自己的批判。

46 §18 逻辑二分法

我们看到，贝克尔的对立观不仅导致有机体沦为非有机，而且对立本身也没有达到应有的高度，而降级为一种普通的关系。此外还有一种后果，有机关联被瓦解，取而代之的关系只能是思考、判断中的因素，其中任意一个成分都可以成为比较的出发点，以此只能对概念进行人为分类，不能做出符合实际的阐释。按照特伦德伦伯格的观点，诸多概念因差异性而形成秩序，因共性和殊性而相吸和相斥，这样就形成“家族”，而位于家族端部的诸概念即构成对立。这时，诸概念差异的出发点和尺度无论是有机而现实的，还是人为选定的，也无论其中体现着怎样严格的逻辑性，都无关紧要。如此形成的对立在逻辑上无懈可击，但却毫无意义，因为是人为的逻辑，同时，现实对立也为逻辑二分（Dichotomie）取而代之。

我们看到，贝克尔非有机语言研究的特点就是概念的逻辑二分。对此，需要深入讨论。

§19 统一

贝克尔也阐述了统一的本质。他认为，有机体的要素相互不同，相
互对立，这是有机体统一的唯一基础。他说（§7 篇首）:“语言中一切具
体而特殊的东西通过相互关系而相互联系成为一个有机统一整体，与所
有有机关系一样，此处的相互关系也以有机差异性为基础。”这意味着，
概念上的统一以诸概念的对立为基础，两个相互对立的概念因相互关系
而相互联系起来。但贝克尔在（§11）又说:“在思想中，差异性由此而
被联系成为一个有机统一体。”——差异性本身构成联系，成为有机统 47
一体形成的动因。这是否意味着差异性还需要另一个条件才能被联系成
为统一体？这里潜藏着贝克尔的自我批评。因为，他所谓的不同成分并
不能构成有机统一，而会非有机地相斥，需要一种外力阻止它们各自发
挥作用，才能相互联系起来。那么，诸相斥成分如何成为统一体？他说
“由此”（dadurch），但何以可能？对立的两个因素并列相对，这如何使得
一个附属于另一个？它们相互排斥，又如何使得一个接受另一个？“有
机附属性使得不同的东西联系成为一个统一体，在思想概念中，这种联
系以非常复杂的方式再现，人们可以称之为思想的逻辑形式，或者思想
中概念关系的逻辑形式。”这里，贝克尔将有机统一解释为逻辑统一，但

它并非现实事物的逻辑统一，而是用一种任意的逻辑特征将两个概念置于一种关系之中。前面，我们看到贝克尔将对立降级为简单的差异性，这里，我们看到他用同样的方式将统一问题简单化。因此，可想而知，贝克尔的二分构想不可能得到严格贯彻，因为他所需要的只是两个概念处于任意逻辑关系。

（b）语法与逻辑

§20 逻辑形式主义

上述说明，贝克尔语言观的非有机性其实就是逻辑形式主义，对立即是二分，统一即是逻辑关系，因此，完全偏离了自己既定的轨道。他
48 本想将语言视为自然产物，提出自然（生理学）语言观，但事与愿违，他的语法充斥着逻辑对立和逻辑关系。贝克尔没有认识到自己的错误，因为他认识不到其中的矛盾，反而视之为符合实际的和谐。贝克尔偏离了有机自然观，陷入机械逻辑论，犯了两个方面的错误，而且误将错误视为真理。第一个错误是贝克尔认为有机体的本质就是对立，逻辑二分是对有机体的真实写照。这是一种抽象的现实主义思想，然而贝克尔却浑然不觉，因为他缺乏对现实的认识。第二个错误不仅仅是形式的，不仅仅是对逻辑概念的模糊和错误认识，也是内容方面的，也因此更加剧了逻辑方面的错误，赋予逻辑形式主义合法的内容，造成了形式和内容相统一的表象，阻断了贝克尔反思自己语言学思想中形式和内容有机性的道路。贝克尔只有认识到第一个错误，才能认识到他所谓的和谐中自相矛盾的真面目。在他看来，语言的有机性和逻辑性不可分割，实为等同，其中任何一个的肯定和否定都离不开另一个，因为语言是思想的有机躯体化，所以是逻辑的，语言的形式本身即是认识和思想的逻辑形式。

如此，不仅贝克尔关于语言学的阐述是逻辑的，其内容亦然。错误的网络将贝克尔牢牢困住，未留任何出路。

§21 贝克尔论语法与逻辑的统一 49

我们前面通过两点剖析了贝克尔的错误，尤其第二点更值得注意。下面我们继续分析贝克尔的观点。关于语法和逻辑的关系，他说（§10末尾）:“如同语言与思想一样，语法与逻辑之间关系十分密切。抛开词源观察不论，各种语法研究总是在逻辑学中获得滋养。在古希腊时期，语法与逻辑学形影相随，携手共舞。只要人们关注思想和语言之间的遗传学关系，就会发现语法和逻辑二者的天然联系。一方面逻辑是思想和概念的形式，另一方面语法是词及其组合的形式。如果把它们视为已然给定的东西，同时把这些形式的区分视为自己的主要任务，则无论逻辑学还是语法学都会陷入僵化。逻辑学教科书和语法教科书形同陌路，老死不相往来，另外教科书中的逻辑也不是语言的逻辑，因此语法不能从逻辑获益。西卡尔（Sicard）对聋哑人的实验说明，教科书所讲述的逻辑与语言的逻辑各行其道，且程度惊人。西卡尔用一种给聋哑人特别设计的符号语言进行测试，让聋哑人根据逻辑学排列概念的规律来使用给定的符号。结果发现，聋哑人在平静放松的时候会根据完全不同的规律排列那些符号。迄今为止，教科书所讲述的逻辑学没有给语法带来什么益处。人们不禁要问，究竟是语法需要学习逻辑，还是逻辑需要学习语法。逻
辑学给了我们认识思想和概念的遗传学关系的钥匙，使我们认识到二者 50
的有机联系，因此，它也会启发我们认识语法学的规律。语法体现了思想和概念在语言中的特殊关系，以及它们在语言中的遗传学发展和躯体化的特点，因此，语法是使得逻辑能够认识精神活动的内在机制。思想的一切形式，也只有思想的形式，有其语言躯体，因此，语言可以成为逻辑学值得信赖的调节器。对于人类精神发展的历史而言，语言是最古

老、最可信的证书。从语言现象可以发现群体和个体心智的有机发展。”(此论何其宽泛！)“因此，无论对于语法还是逻辑，回归二者的天然联系极有意义，前景可期。”

贝克尔在其著 1841 年再版前言（XIV 页）里有一段话：“显然，作者（贝克尔）关于语言逻辑的论述并不关涉任何流派的逻辑体系。……如果现在可以从许多方面提出‘语言和逻辑彼此毫无关系’的论断，那么，任何流派的逻辑体系都可以在语言中找到印迹，都可以直接用于语言，这一论断也就既可以被肯定也可以被否定。但是，如果断言或否认思想的普遍形式规律也再现于语言，则不仅否认了语言的有机自然性，而且也否认了思想的有机自然性。纵观语法学和逻辑学的历史即可对这种断言提出质疑。亚里士多德首开逻辑研究，即是与语言紧密联系，从语言着手。学院派主要研究语法，例如斯多葛派，但都以逻辑性训练著
51 称。如果说亚里士多德以降逻辑学乏善可陈，陷于僵化，则主要根源于脱离了语言。诚然，语言不是逻辑之母，但却是思想之表现，因此，思想的规律呈现于语言，得以躯体化和生动直观化。特伦德伦伯格（《逻辑研究》）特别清醒地认识到语言和逻辑的这种关系，并卓有成效地将之运用于逻辑研究。”

“知道什么是言说，就一定明白逻辑与语法的必然联系。如果语言是思想的有机躯体，则其中必然再现了思想的规律。不能把任何逻辑模式强加于语言，也不能先验地明确要在语言中发现什么。人感知事物和形成认识的普遍性思想规律和认知形式必然存在于每一种语言中，任何其他语言观都会破坏有机体这个概念。人们现在普遍认为语言是一种有机体，摒弃了语言是人的发明创造的观点——作者（贝克尔）在第一版前言还赞同此论——细究之下，那些反对在语言中发现思想规律的人恰恰根源于上述那种被摒弃的观点。因为，词不是死的躯壳，而是有生命的表达思想的躯体，人们不可抛开词的内容去观察词本身。”

§22 特伦德伦伯格论逻辑和语法的关系

有人向我们提到特伦德伦伯格，那就不得不深究一番。其实我们非常乐意讨论特伦德伦伯格的观点，因为面对那些具体科学，哲学家大多持消极反对态度，而他是态度积极的少数哲学家之一。我们不妨看看他《逻辑研究》前言里的一段话，不仅为哲学界普遍认可，而且对其他领域的学者们而言也同样大有裨益。他说（VI 页）：“逻辑学应该关注那些具体科学 52
所使用的方法，并予以推理论证。因为以认识世界为己任的精神活动给这些方法留下了深深的烙印。那些具体科学成功实践了自己独特的方法，但有些还不尽如人意，因为它们的注意力主要集中于研究对象，而非研究方法。因此，逻辑学应该予以观察和比较，将无意识的上升至意识，在普遍本原中理解殊性。”这里特别强调指出逻辑学的实证科学本质。逻辑学的确具备实证性，但无需在实证化转变中丢弃哲学和历史学的二元论。特伦德伦伯格继续说：“不认真审视那些具体科学的方法，逻辑学就没有一个明确的对象去安置自己的理论，就不能达到自己的目标。另外，逻辑学应该认识到那样做的必然性何在：从某个方面讲，在于事物的原理。这样，逻辑学获得诸具体科学的支持，进而从它们的出发点和结论深入到自己概念的核心。”我们希望通过本书以及前人的努力，能够推动逻辑学的发展。

我们再看贝克尔所引用特伦德伦伯格的那一段（314 页）：“逻辑从语法学习了许多。两门科学是双胞胎，就像兄弟姐妹那样，从第一步开始就相互支持。这里我们想到古典时期，那里是逻辑学的发源地。例如柏拉图的《申辩篇》(*Sophisten*)，其中，对话中观点的坚定与灵活、静与动，都体现出逻辑与形而上学的统一，而且活灵活现。还有亚里士多德的《范畴篇》(*Kategorien*)，零散的句子中似乎充满论证；他关于判断的论著中甚至使用了‘论表达’（περὶ ἑρμηνείας）这样的词语。在斯多葛派那里也是逻辑学与语法形影不离。之后，逻辑学陷于僵化。在逻辑研究 53

中，看似孤立的因素被整合用于理论阐述。E. 赖因霍尔德（E. Reinhold）就在前不久特别关注逻辑与语法的关联，将语法观察纳入逻辑研究。一个时期以来，语法学百花齐放，硕果累累，也推动了逻辑学的改造。二者的协同不无意义……逻辑学和语法学的关系越来越紧密。”云云。

贝克尔对特伦德伦伯格的引用正确吗？特伦德伦伯格只是指出二者的并存关系，以及二者在阐述中相互支持、相互借鉴的“紧密关系”。贝克尔则信誓旦旦地宣称逻辑规律主导语言，但却无从确认。特伦德伦伯格也未从确认，他所谓二者在阐述中的紧密关系是针对对象的。特伦德伦伯格一定也注意到逻辑和语法的某些契合点。对此，当今语法和逻辑研究也有印证，说明有些现象本质相同。特伦德伦伯格问道（321 页）：“毫无道理地将语法观察和逻辑观察一刀割开，意义何在？”那不仅没有意义，而且有害，因为那是错误的。特伦德伦伯格深入研究过语言的本质，不过认识模糊，因为缺乏语言学的观照，否则该会获得清楚的认识。我们后面还会讨论这个问题，现在只想强调指出特伦德伦伯格下面这句话（318 页）：“逻辑范畴和语法范畴之间应该始终存在某种差异。”——贝克尔应该能够理解这句话——本书的目的，就是将这种可能性提升为现实性，从语言的本质来推论和描写语法与逻辑的本质区别。

54 不仅贝克尔经常引证特伦德伦伯格，特伦德伦伯格也经常引用贝克尔。语言学家不能依据哲学家解决语言学问题，但哲学家完全可以依据语言学的重要结论说明自己的问题。但需要指出的是，迄今为止，语法和逻辑的跨界论述对双方都总是有害无益。我们下面继续分析贝克尔的观点。

§23 逻辑学和机械论

我们讨论了贝克尔语言观的非有机性，它无论形式还是内容都具有很强的逻辑性，所以错误根深蒂固。我们这里的目标不是继续分析贝克尔将逻辑植入语法的方法之误，指出其本质错误所在，以及如此方法下逻辑对于语法的破坏性——如果上述没有说明白的话——而只想质问贝克尔，听听他自己的辩辞。他认为语言是思想的有机躯体，蕴含着“思想的规律”，甚至说：“思想的一切形式，也只有思想的形式，有其语言躯体。”根据贝克尔的这种语言观，语言的形式和内容其实并不是有机的，而是逻辑的，亦即非有机的。因为，逻辑的非有机性在于，一方面如同在一切非有机体中那样，逻辑对立至为重要，诸多概念的对立被视为诸多力的二分；另一方面，二分对立只是某种更为深刻的相似性的一个结果。虽然光、电、硫等物理和化学研究对象的特点几乎全部也出现于有机体，但我们称它们为无机科学，因为，这些科学对对象的观察是孤立的，是实验条件下的分析和抽象。一切逻辑形式虽然也都出现于有机思想中，但就像逻辑对立，是对意识中具体事物的抽取，是孤立的，因而是非有机的。亚里士多德使用逻辑分析这个称谓，本身就预告了逻辑学 55
和机械论的相似性。

我们这里只是想要初步说明，贝克尔的语言观未能将语言称为一个有机体，他所谓的语言更多是逻辑的，因此是非有机的。但语言实际上是有机的，因此是非逻辑的，只不过我们现在还不能说明其中之究竟，那还需要对贝克尔进行全面彻底的批判。这一点十分重要，所以，我们要进一步详细分析他的论述，同时说明他与早前语法学的关系。贝克尔对早前语法研究的理解是错误的，这不奇怪，因为他对有机的原理认识模糊，进而误导了他对语法学历史的认识。

（c）贝克尔语言观的逻辑机械性

§24 贝克尔向陈旧语法学的倒退

既然贝克尔将语言称为有机体，那肯定就是要努力说明语言是人类本质的一种自然产物。一般而论，这是他积极的一面，也因此高于他的前人。古代先哲虽然断言语言是自然产生的（φύσει），但却从来没有提出真正的认识，从未将语言视为制作而成的东西（Gemachtes），也从来不认为人创造了语言，或者语言形成于人。直到赫尔德（Herder）和哈曼（Hamann）都没有这种认识。关于语言的起源，贝克尔（《德语构词》，254 页）说道："关于语言的起源，人们也不能认为，人寻找并发现了语音和词，来称谓那些已经存在于精神中的概念。自然的东西必然存在，其存在的有机条件也必然明确。有机条件生成一种东西，这是
56 一个必然的过程，于是我们说'某种东西诞生了'。词随着概念的诞生而诞生，并非为了某个已经存在的概念才被发现。"人们以前没有认识到语言诞生的这种必然性，一厢情愿地将语言的物性（φύσις）归为语言的机制性（θέσις），这样，问题归结为：此机制起源于人还是起源于上帝？

但是，贝克尔的有机体概念缺乏明确性，没有达到应有的高度，更有甚者，没有理解自由这个人类的本质属性，因此，努力不能成功，结局近似于古人：他也倒退到非有机论，只是充当了旧语法学的终结者，却未能如愿成为新语法学的创建者。人们只需看刚才引用他的那段话便一目了然，那是他最中肯的论述。按照他的说法，岂不是污浊沼泽里恶臭的空气也要成为有机物？所以，审视贝克尔的有机论，可以断定，他属于旧派语法学，不属于新派。他声称语言是有机的，但他的阐述却基本上坠入逻辑机械论，与早前那些语法学家无异。对此，我们还要在讨论语言的词汇和语法的章节予以详细论述。

§25 概念和语音在词中的统一

无机和有机的区别，不仅在于简单的对立，而且主要在于对立成分在统一体中相互关系的方式。正电和负电、南极和北极的对立方式与肌

肉和神经、运动和感受的对立方式非常不同！同为有机关系中的成分，肌肉和神经之间的对立与南极和北极之间的对立，根本不可相提并论。贝克尔一厢情愿地将肌肉和神经相对立，因为血液和淋巴系统以及骨骼系统相互关联。二分法必然瓦解有机体。我认为，相比较无机对立的双 57
方，有机关系中的成分具有更大的相对自主性，因此相互作用更为积极，或者说，有机关系的成分相互作用，无机对立的成分相对而立。化学关系体现一个事件、一种过程，相反，真正的机械装置体现出一种相互无关的并列存在，机械统一只是成分之间的一种相邻黏着，不仅在附着关系（Adhäsion）中，甚至在内聚关系（Kohäsion）中，各部分互不相关。

综上所述，我们看到在自然王国中，相互关系的本质和构成事物诸因素的统一呈现出梯级性。成分之间、成分与整体之间互不相关，此为最低级统一；其次是一种机械力的两面；较高级的是化学联系中的等价成分或原子，最高级为有机成分的统一。

大家都说，词是语音和意义的统一，贝克尔也这样说。但“统一”在此有何意义呢？是两个部分、方面、原子或成分的统一吗？大家一致认为，词是语音和意义两部分的机械统一，两部分只是外在地相互粘连。这一点十分清楚，因为人们将词视为指称认识的语音符号，例如亚里士多德和黑格尔以及所有旧派语法学家所言。符号能指和所指永远机械并存，不仅仅对于人们心里将双方联系起来的纽带而言，而且对于创造相关符号的原因、思想之间的联想，亦即机械的心理机制，皆如此。一切都蕴含于符号概念，即一物代替另一物。此另一物是外在的，本质上与代替物不可比。两个如此不同的东西绝不可能构成一个严格的统一体，只能在我们的想象中紧密联系，借此，在我们的意识中一个唤起另一个。语音和概念是两个完全不可比的东西，在相互联系中并存，但并非像南 58
北极那样不可分离。后者是同一种力从一个统一点发出的双向射线。还有数学中的正负概念，也是同一个值在相反方向的表现。语音和概念与此不同。

语音和概念如此纯粹而普遍的机械并存也被贝克尔理解为词的统一性，我们经常看到他的断言：此统一乃有机统一。我们要审视一下贝克尔在此问题上的最重要的两处表述。第一处在（§4）末尾，他说："语言属于有机体。如同人体有机体、眼睛等人体器官一样，语言面对两面，即内部，就是心智的一面，和外部，亦即现象一面。从前者看，语言是思想，从后者看，语言是许多复杂多样的语音。我们称前者为语言的逻辑面，后者为语言的语音面。但在真实语言生活中，二者合而为一。人是精神和肉体的统一，同理，语言是概念和语音的统一。"我们在这句话中看到某种轻率和虚假的东西，需要指出两点，予以反驳。首先，眼睛何以有两面？它所面对的内部心智和外部现象何在？我的手臂、躯体何以有如此两面？人身上的一切都是外部的或躯体的，眼睛亦然。它是一个视觉系统，服务于心智，但无所谓内面和外面。第二，"人是精神和肉体的统一，同理，语言是概念和语音的统一。"既如此，我要问，人何以是精神和肉体的统一？难道一目了然，不言而喻，只需指出即可吗？它更是个谜，迄今无解，难道不是吗？假借最难解之谜求解另一个谜，这难道不是轻率和虚假吗？难道不是滥用词语、麻痹科学精神吗？

59 如果我们把概念和语音的统一理解为机械的统一，甚至认为它不具备诸元素间化学联系那样的水平，那就要说明，词作为概念和语音的统一只是二者相加之和，没有任何与二者特点相异的第三者，没有任何因二者统一而生、不再包含二者的东西。例如水是氢和氧的化学统一，但不仅不同于二者，而且也不同于二者的机械之和或混合，两种元素不再存在于水。由此，水拥有了自己的特性，经历了变化，构成了关系，而且都只是自己独有的，与它的两种元素都毫无关系。其他情况的情形也是如此。两种东西，可以分开各自食用，但如果化学组合后食用则会致命。语言不是此意义上的思想和语音的统一，相反，语言的这两个方面、两个部分，需要分别观察，二者之和即是语言整体。某些变化涉及语音，但不涉及概念，另一些则涉及后者，不涉及前者，还有一些情况下概念变化和语音变化并行不悖，但是，词的任何变化、任何特点都不能既不涉及概念，又不涉及语音，也不同时涉及二者。因为，词不是它们二者的产物，是不同于它们的东西，而只是它们之和，亦即机械统一。我们必须揭露贝克尔论述中的假象。

§26 词汇的分类

贝克尔的《语言有机体》专门论述了词，另外还有一部专著《词的有机演变》(*Das Wort in seiner organischen Verwandlung*)。他的论述给人一种假象，似乎词作为概念和语音的统一不仅是一种加和，还有其他内涵。他说（《词的有机演变》24 页）："词是语音和概念的统一，对其演变的分析因此分为三步。"（何来"因此"！"统一"远未说明，就如此急于得出结论！）"第一针对语音演变——语音关系的演变——然 60
后针对逻辑演变——概念的演变——最后针对二者的统一——词的演变。"第三步似乎告诉人们，词是某种既不同于语音、又不同于概念的东西，是从二者衍生的第三种东西，它经历演变，而此类演变既不针对语音，也不针对概念，而只针对作为二者统一体的词——词类演变涉及作为整体的词，不涉及词的部分。假如贝克尔能够说明这些，则词不是机械统一体，不是其部分的简单加和。但我们再看这第三步，并且将之与前两步相比较，就会发现，后两步以分析为基础，前一步以综合为基础，或者说，后两步涉及语言词汇发展的普遍规律，前一步则涉及词汇对相关规律的实践。因此，正如我们前面所言，除了语音演变和概念演变之外再无第三种演变可言，词汇演变的规律分化为语音演变的规律和概念演变的规律，根据这些规律，词汇系统分为不同的类（Klassen）、秩序（Ordnungen）和型（Arten），也同样经历语音和概念两方面的分化。我们看到，贝克尔即是如此论述的。这样，人们可以将词汇分为类型，或者根据词所指称的概念，或者根据称谓概念的语音，也就是说，先根据语言所指称的概念分出一个类，不考虑语音，再根据词的语音分出一个类，不考虑意义。一般按字母顺序编排的词典基本就是后一种分类，而印地语词典，以及后来的印度语言的词典，还有汉语和满语词典按照所谓的材料编排，则主要体现前一种分类，还有德语用于背诵的词汇表也如此，其中收录了亲属称谓词、仪器称谓词、表时间的词，等
61 等。例如，有人首先不考虑语音，只根据概念将语言的词汇分为12个类型，例如表示（1）gehen（行走）、（2）leuchten（发光）、（3）lauten（发声）等意思的词，然后不考虑意义，将词分为：（1）全部由元音组成；（2）首音为元音，尾音为软腭音；（3）首音为元音，尾音为舌音，等等。在贝克尔的第三步分析中，我们又看到前两步反映出他逻辑的、非有机的二分法。贝克尔正确地认识到这两种分类法是人为的，但却没有分别进行，而是相互渗透，似乎是遵循一种有机自然的理念。他首先根据意义将所有词分为12个类型，亦即纯粹以逻辑和形而上为依据；但每一个类型又根据语音再行次级分类。这里，他没能超越两种分类法的机械组合，也没有超越词是语音和概念的机械组合的思想，因此，不是一种有机的分类，而是两种逻辑的、人为的分类法的混合，结果只能是，两种分类原则的任何一种都没有得到有效的贯彻，既得不到相近的概念，也得不到相近的语音，充分暴露出贝克尔概念和语音机械并存的思想。

§27 语法形式

我们刚才描述了词汇研究的情况。迄今为止（包括贝克尔），语法对

词形研究的状况也大致相同。人们将概念形式，亦即概念的一般关系与范畴相对应，将话语成分与屈折形式相对应，同时将概念相互对照。词的内面是概念，那么，词的关系和形式在此内面怎么会不同于概念、逻辑以及形而上的关系和形式呢？语言的形式就是思想的形式。客体、质量、运动、存在，等等，都是形而上学和逻辑学最基本的因素，人们将 62
它们引入了语法，同时说明每一个概念形式的语音形式，提出了相应的模式。我们看到这里的二元对立更为紧张，因为，有一面，即概念方面，为古希腊哲学家所创，且早于亚历山大语法学家的语音对应模式。但在此后，对概念形式的观察却又脱离了语音形式，被单独视为普遍语法和哲学语法的范畴。

§28 贝克尔与旧语法学

看来，按照语法学迄今为止（包括贝克尔）的观点，语言就是语音和思想的机械混合。贝克尔断言，语言中存在认识和思想的形式。他自以为这是什么新的发现，结果贻笑大方，因为此观点不仅柏拉图和亚里士多德早有明确表达，而且各个时期的语法学家都承认并表达过。他认为语法学一度与逻辑学相割裂，直到后来才又重归统一，并带来语法学的变革，这充满疑点。斯多葛派学者司各脱（Joannes Duns Scotus）的《思辨语法》(*Grammatica speculativa*)，还有斯卡里格[①]的《拉丁语的因果关系》(*De causis linguae latinae*)，都体现出鲜明的逻辑特点。后者肯定出自亚里士多德学派学者之手，思想内容丰富，师承印记明显，例如关于话语构成有如下表述：希腊语有“存在”概念，但拉丁语没有。“存在”有静态和动态两种形式，前者被称为名词，后者被称为动词。我们这里

① 朱利约斯·恺撒·斯卡里格（Julius Caesar Scaliger，意大利语 *Giulio Cesare Scaligero*，1484—1558），法国意裔人文主义学者、诗人和自然科学家。——译者

不去评判贝克尔和斯卡里格关于名词和动词的定义孰优孰劣。他们的理念与其他人一样都是逻辑和形而上学的，斯卡里格所谓“流动和持续”
63 （Fluß und Dauer）与贝克尔所谓“行为和存在”（Tätigkeit und Sein）本质相同。

笛卡尔开启了哲学新时代，培根的有机论推动了逻辑学的革命，因此，对逻辑学和普遍语法的思考在法国特别突出，《波尔·罗亚尔逻辑》（*La logique de Port-Royal*）[①] 和《波尔·罗亚尔普遍语法》（*Grammaire Générale et raisonnée de Port-Royal*，又叫《普遍唯理语法》）堪称这方面的经典之作，在思想与言说相统一理念的指导下，追求语法与逻辑的一致性。这也是贝克尔的意愿。他们认为二者不仅同根同源，而且，如同在古希腊那样，普遍语法的确是逻辑学的一章。例如书中对词如下论述：“人类将词语符号化，使之成为发音准确、单独成体的音节。”“只有先理解人的思想活动才能理解词语的含义。”

我觉得这些已经足以说明问题。贝克尔所谓的新语法十分强调语法与逻辑的关联，视其为语法最本质的特点。但这种关联论自古有之，而且从未被放弃，同时，也总是给语法蒙上非有机的色彩。

§29 贝克尔有机体举例

我们最后再通过一个例子来看看贝克尔对有机统一体、有机结构、有机整体的理解。他认为在有机整体中一切特殊的东西都“只能通过整体，并作为整体的有生命成分，获得存在和意义”。他断言（《语言有机体》79 页）：“所有在语言中得以表达的概念组成一个自然系统，其中

① 原书名为《逻辑或思维的艺术》（*La logique ou l'art de penser*），后以《波尔·罗亚尔逻辑》为世人所知。该书于 1662 年由修士阿尔诺（Arnauld，1612—1694）和尼柯尔（Nicole，1625—1695）编撰出版，遂成为欧洲 17 世纪知名的逻辑学教材。——译者

有一个原始概念，按照一定规律不断由普遍分化为特殊，分化为种类，进而分化出次类。”我们猜想这句话里有印刷错误，几个地方都应该使用“有机的”这个词，但却没有。在关于词的那本书中，他对“自然系 64
统”有更为详细的论述。词汇被视为有机的整体，每一个成分都是一个小的有机体，是对整体的复制。例如，德语 gehen（行走）这个基本概念就是词汇有机整体中的一个小的元件。关于这个基本概念的特殊性及其分化，书中这样罗列（104 页）：“schreiten（庄重地走）、kriechen（爬行）、schleichen（轻轻地、慢慢地走）、treten（踏步走）、gleiten（滑行）、hinken（跛行）、kehren（转身）、wenden（折返而行）、drehen（转向）、biegen（转弯）、wanken（摇摇晃晃地走）、winken（示意）、wachen（守卫）、regen（活动）、leben（活，生活）、fahren（行驶）、ziehen（拉，拔出）、reisen（旅行）、steigen（爬高）、heben（举起，提高）、tragen（承担，携带）、sinken（下降）、fallen（下落）、schweben（飘动）、schweifen（漫步）、ragen（耸起），等等。”这竟是所谓的有机分化！这是丢在一堆的东西！将这些词联系起来的是什么呢？贝克尔的回答是：它们都表示生命体的运动。但这个纽带只具有宽泛的抽象性，更何况贝克尔这里对有机生命体运动概念的说明是错误的，因为 gleiten、kehren、wenden、drehen、biegen、wanken、sinken、fallen、schweben、ragen，即 26 个概念中的 10 个，表示的是非生命体的运动，至少可以用来描述非生命体的运动。这里，“贯穿整体及其所有成分的力”就是抽象的运动。但这一抽象内容空洞，因为凭借那种“相反的过程”（progressio ad contrarium, lucus a non lucendo）就把 stehen（站立）、sitzen（坐）、liegen（平躺）、weilen（逗留）、wohnen（居住）、schlafen（睡）、zögern（犹豫）、träge sein（迟钝）、fest sein（牢固）、erstarren（凝固）、hangen（悬挂）等与同一个器官相关联，况且这 11 个概念中又有 5 个所描述的是没有生命的静态或运动。——上面列表最后还用了“等等”，我们理解那涵盖多个类型，大概表明贝克尔自怨自艾的内心吧。因为一旦涉及非有机运动，我们就会看到一条永无止境的线条，用“等等”很是贴切，相反，有机体自成一体，是一个整体，对此，“等等”即意味着否定。上面所列那些词即便使用对立也不能联系起来，它们只是相互不同，存在差异，就像沙堆里互不相关的沙粒。

65 3. 贝克尔空洞的形式主义

我们看到，贝克尔的有机原理模糊不清，整体阐述一片混乱，对问题认识错误，论述的内容和形式存在缺陷，再加上行文方法欠妥，用词轻率，同义反复，内容空洞。另外，我们发现贝克尔的语言观充满逻辑机械性，而且逻辑范畴抽象空洞。我们需要进一步剖析贝克尔的形式主义。

贝克尔热衷于逻辑形式，视之为语言学的必由之路，因此，自始便坠入非有机的旋涡，纠结于对立的非有机二分。总体而论，他的逻辑形式根本不符合问题的本质，说明他始终没有理解问题的内涵。形式空洞，内容不切合问题的特殊性，无异于空中楼阁，最终导致内容空洞。

语言逻辑论和非有机观同恶相济。非有机观助推逻辑论，最终自己也陷入逻辑论。那么，贝克尔有机论的内涵是什么呢？不是自然界有机部分与非有机部分的区别，不是自然与精神自由性的对立，也不是说明思想的躯体化最终成为思想的内容的目的论，而只是在简单对立原则指导下将普遍分化为特殊，甚至更为简单，仅仅将特殊与特殊、特殊与普遍相对罗列，所涉及的其实只是不同而已。以如此贫乏的逻辑范畴何以
66 阐明问题？有力的阐述需要说明普遍与特殊的统一，否则，必然是隔靴搔痒，南辕北辙，离题万里，仅凭借主观意愿追求逻辑形式，弃客观关系于不顾。偶尔一些段落言之有物，但不仅缺乏连贯性，而且涉及主观、逻辑和不切实际的关系，因而也难免错误，最终成为无的之矢。我们下

面会看到，贝克尔的论述要么内容空洞，要么错误百出，只是空洞的形式游戏。他的阐述有的同义反复，徒有表象，有的是通过逻辑形式对对立现象的罗列，缺乏真正的逻辑性，徒具逻辑形式。其原理阐述的内容其实并非对立的形式，而是凭借主观意愿将任意两个要素对立起来，没有说明问题。例如我们前面看到，为了说明极性对立，进而建立自己的有机论，他割裂了肌肉和神经与骨骼、血管的有机联系，以及与整个生命躯体的联系。

(a) 贝克尔论述逻辑的缺陷

§30 特伦德伦伯格的论述逻辑

前面，我们对洪堡特的论述逻辑表示赞赏，对贝克尔论述逻辑的缺陷提出批评。我们之所以提出批评，是因为有人为他辩解，错把他的诡辩誉为雄辩。我们需要进一步讨论科学的论述逻辑，以揭露贝克尔论述逻辑问题的严重性。这里，我们还是以特伦德伦伯格为出发点。贝克尔自己也向我们指出特氏的观点，经常在论述中引以为证，但却引用不当，反而加速了自己论述的失败，因此，我们这里应该借助特伦德伦伯格来 67
批驳贝克尔。特伦德伦伯格的论述逻辑非常严谨——我们无意将之用来建立自己的原理——足以帮助我们击溃贝克尔所依据的理论基础。特伦德伦伯格是值得学习的学者，我们需要说明的是，贝克尔向他可以学习什么，应该学习什么。我们在讨论有机体的界定、目的观以及对立问题时已经提到特伦德伦伯格，下面的问题更为重要，还需要我们引证特伦德伦伯格。在语言问题上，二人观点多有一致，但面对一门特殊的科学，一位哲学家的基本原理是否适用？对于这个问题我们认为，从事这门特殊科学的专家更有判断力，所以贝克尔应该文责自负。

在《逻辑研究》中，特伦德伦伯格致力于说明自己所在科学的任务，认为无论怎样的科学，特定的认识都必须以认识对象为出发点，也就是说，首先要意识到对象的存在，该对象充满诱人的疑惑，刺激思想深入研究，获取认识。例如生理学对眼睛视力的研究，其前提是对“眼看”的某种想象，“要理解眼睛视力，首先要对视觉问题着迷，同时，感觉目前人们对相关过程的理解存在矛盾，心存疑惑：对象怎么能够在视网膜上成像？事实与经验往往相互矛盾，人们觉得，各种对象都投射到视网膜的所有点上，导致不同成像相互抵消。人们会问，在这种情况下视觉感知何以可能？”——第二个例子是特伦德伦伯格关于认识的逻辑认知
68 的研究。所提的逻辑问题是，认识何以可能？是否需要首先意识到，思想和存在相互对立的消解就是认识的过程，人们会问，思想贯穿于存在，或者存在进入思想，二者本质不同，这何以实现呢？

§31 辩证、推理和逻辑形式主义

研究伊始先把研究对象的谜点和难点搞清楚，这是典型的亚里士多德式手法，为亚氏专家和追随者所惯用，特伦德伦伯格即是如此。根据亚里士多德的观点，质疑是科学研究的本质之一，赫尔巴特（Herbart）和黑格尔也持相似的观点。当然，科学不能满足于只认识研究对象的一种矛盾，相反，对所有矛盾进行认真而全面的研究乃是科学严肃而重要的任务，我们称之为科学研究的辩证法（Dialektik）。它必须融化为推理，亦即解决矛盾的方法。推理提供了获得认识的可能性，而辩证是获得认识的冲动。辩证的重要性不言而喻，因为，发现矛盾和提出问题是开始和结束、起点和终点，预先确定了科学研究的道路和方法。当然，明确区分辩证和推理非常困难，二者共同构成科学研究的同一种方法。推理是辩证的继续，但是，怎么知道一种方法在哪里结束、另一种方法在哪里开始？推理就是辩证的延续，只有完全弄清楚所有矛盾，二者的使命

才算完成。推理和辩证的消失意味着矛盾已被彻底解决。

如此，辩证根本不是什么特殊的东西，而是科学研究本身，是科学研究的本质，所以为科学研究所须臾不能离弃。辩证就是批判，就是检 69
验，以防止欺骗和被骗，防止诡辩，防止错误结论和空洞言辞。辩证需要解决的问题是：整篇论述是某种思想的表达还是夸夸其谈？如果提出某种思想，则其可能性何在？诸多事实是否相互协调、思想是否符合事实？

因此，辩证本质上是实用逻辑，是运用思想的规律衡量所提出的思想，是对思想的批判，伴随思想的始终。

现在，人们应该明白辩证缺失问题的严重性：它是贝克尔论述空洞和虚假的祸根。科学必须用事实说话。

另外，通过对辩证本质的认识，我们也看出贝克尔问题的根源所在。辩证要求对研究对象的特殊性进行非常认真的观察，运用普遍逻辑规则检验眼前的现象。然而，贝克尔没有深入实际，局限于抽象的逻辑。他所坚持的是对立范畴的空壳，不是范畴的内容，是统一的空泛形式，不是统一的根本。他满足于知识的躯壳。——因为没有遵循辩证法，所以，无论是对出发点，即原则，还是对目标，即阐述的方法，都缺乏清晰的认识。这里，我们也看到他的方法论错误之所在。结果，他的所有错误叠加发酵。

§32 同义反复

我们前面讨论特伦德伦伯格论述逻辑的出发点是，论述源自于科学的诱惑。为了揭露贝克尔论述逻辑的缺陷，我们仍然需要讨论这个问题。在其《语言有机体》第一版前言中，贝克尔论及语言语法对于相关民族的必要性，认为诸多方言的混合以及发达文化的影响，使得一些语言形式结构模糊，意义不清，无法理解，对此，该民族需要通过语法去认识。他的观点很正确，因为生物学的必要性在于疾病。需求无处不在，堪称 70

一切发明、建设和科学之母。但是，理论语言学的原始动因是什么？最初刺激语言学神经的是什么问题？要揭示什么矛盾？解开什么谜团？贝克尔漠然视之。

关于语言学出发点的问题，应该学习特伦德伦伯格对逻辑学出发点问题的阐述。思想和存在的对立不断消解，持续存在，这是认识的基础，同样，语言学的基础是语音和意义相互对立的不断消解和持续。认识需要回答的问题是，思想如何贯穿于存在？存在如何进入思想？同样，语言学需要关注的问题是，思想如何贯穿于语音？语音如何具有意义？我们并非说贝克尔忽视了这个问题，他的确回答了问题，然而是怎么回答的呢？应该认真研究相关对立，但他却直接说出对立的统一性，在论述的第一句就用一个词说出最终的目标：有机体。人们不禁要问，思想和言说之间的这种关联何以可能？贝克尔的回答是，言说与思想同在。这无异于将问题扔了回来。语言是思想的器官，一如眼睛是视角感知的器官；人因为思想，所以言说。贝克尔以为可以如此回答问题。关于用眼的问题，生物学家会说，视觉感知是一种以眼睛为载体的有机机制。但贝克尔所面临的问题与之不同。人因为看东西，所以有眼睛，这难道是说，眼睛就是躯体化的看吗？

我们前面已经多次看到贝克尔论述中同义反复的问题，在对有机体的原理性论述中又故伎重演。一开始就草率地说出结论，空洞无物，只是把开始提出的问题以答案的形式予以重复罢了。原理徒有形式，空泛无实。我们不禁要问，言说何以可能？是怎么形成的？贝克尔的回答是，
71 语言是一个有机的过程。其内涵并非贝克尔所言：人言说，因为人思考，而只是说：人言说，因为人言说。“因为人思考”这句话需要解释才能明了。上述关于视觉感知的回答“人看，因为人有眼睛”无异于“人看，因为人看”。眼睛和光才是眼看的必要条件，但需要予以展开阐述。——“人何以认识存在？”假如特伦德伦伯格回答：“认识是一种有机的、必然

的机制，因为人认识，所以人认识存在，认识即是认识存在”，人们会作何感想？如此回答只会为所有哲学家所耻笑，而贝克尔即如此作答。我们还需要进一步批判贝克尔。

(b) 思想的躯体化

贝克尔的论述充满同义反复，究其根本，是缺乏辩证思想，也就是说，缺乏科学的严肃性和认真精神，缺乏缜密的思考。他几乎没有表达任何一种严肃的、真正的思想，一味夸夸其谈和无端类比。我们看到他对语言起源和有机体原理的类比漏洞百出，无论类比本身还是其对语言的适用性，都毫无根据。我们下面还会深入讨论。

类比不可避免，只要深思熟虑，完全可以无害利用，甚至大有裨益。但也容易麻痹大意而犯错，因此需要严肃对待。贝克尔就是一个警示。

贝克尔的所有类比都以某种内在的外在表现为出发点，例如思想的躯体化。正如我们前面所指出的那样，“躯体化”已经成为贝克尔的咒语，似乎一切问题都就此迎刃而解，信誓旦旦地以为咒语在口就可以漠 72
视任何困难和阻力。结果，咒语必然成为空话，嘲笑一切真正的思想，反为一切真正的思想者所嘲笑。

贝克尔的有机论建立在一条原理之上，即宇宙间存在创造性思想，并得以躯体化表现，内在的东西会外化，普遍性会表现为特殊的东西，并得以形态化。语言的有机性亦遵循此道，其核心是内在的外化。但是，贝克尔对这种形而上学前提却不做阐释，甚至压根没想阐释，只是像教条一样摆在那里，而且还摆放不清。我们完全可以以其人之道还治其人之身，以教条的态度拒绝他的前提，耸肩了事——就此撇开贝克尔。他没有权利，也不想要求我们认可他的观点，只想让我们知晓。我们可以束之高阁，视而不见，但那样也就不能通过对之提出批判而阐述我们的观点。因此，我们平心静气地面对他所设的前提，提出问题：贝克尔从中得到了什么好处？如何以此为基础展开论述？

他说（§4）：“普遍生命表现为无穷多样的类型及其亚类的有机物，在某种程度上分化为各种特殊的生命功能，同样，特殊生命功能清楚地表现于某个有机物，某种程度上构成该有机物的概念，体现出特殊器官的多样性。”刚才指出问题的前提，本应对之展开深入的论述，贝克尔却已经开始了轻率的类比，频繁使用“某种程度上”“同样”等措辞，哗众取宠，缺乏科学严肃性。贝克尔如此措辞想要说明什么呢？什么都没有说明，只是将问题从“如此”（so）推向“怎样”（wie）。“怎样”本身包含
73 着问题，必须回答，否则，推延解决不了任何问题。另外，其措辞中的比较或者缺乏针对性或者流于抽象，丝毫无助于问题的确定性和直观性。这两点我们在前面关于说话和呼吸的比较中已经看到。贝克尔这里的直观性同样也是人为的、强加的，据此，特殊的生命体与普遍生命体或相关种类之间的关系，竟然就是该特殊生命体的具体器官与该生命体整体的关系！同理，老虎与动物的关系相同于老虎的胃、爪子等与老虎整体的关系！这意味着，胃、心脏等根本不是动物的器官，而是老虎的器官。这是我们对贝克尔所言的解读，而并非贝克尔论述的初衷，因为他接着说：“有机体的概念体现于每一个器官，从而，每一个具体器官体现该概念的一种特殊性。因此，有机物总是体现出类型，整体在类型中得以发展，具体器官也在类型中得以发展。一种动物，例如老虎，其特殊的生命功能——在概念意义上——体现于每一种具体器官，不仅牙齿和爪子，所有运动器官的构造、消化器官、眼睛，等等，概莫能外。这样，自然科学家从具体器官的构造就能够认识该动物的生命功能，并从该生命功能认识该动物的其他器官和整体构造。”可见，贝克尔有些偏题。老虎的概念并不贯彻于它的器官，如牙齿、爪子、胃等，而是赋予这些器官独特的构造。我们看看贝克尔的范畴何其抽象！动物与普遍生命、动物器

官与动物、器官的特殊构造与动物的整个类型特性，诸种关系竟然都用此一个范畴来把握！我们究竟应该作何理解？且看：“每一个具体器官体现该概念的一种特殊性。”——难道胃所体现的老虎概念不同于牙齿？难道它们与老虎的关系各不相同？难道它们只是老虎的不同器官？更重要 74
的问题是，我们从这些关系还能看到思想和内在的外溢吗？老虎爪子的特殊构造与老虎的动物类型特性，或者老虎的动物类型与哺乳动物的普遍形态，以及外形与内在，这些关系都是一样的吗？这些类比都涉及普遍与特殊的范畴，极端抽象且徒有逻辑形式。如此贫乏的范畴却要涵盖整个宇宙，承载贝克尔的有机论！他的有机论，他关于精神躯体化的理论，注定空洞无物，注定不是有机论。贝克尔的论述缺乏连词。他还说：“整体之中的有机对立反复出现于每一个具体器官，例如我们在眼睛里看到运动与感受、进食与排泄、肌肉与神经、动脉与静脉的对立，因此，眼睛有机体是身体整体的复制。”这里，贝克尔不仅重蹈偏题的覆辙，而且又一次陷入对立二分。这种对立在关系复杂的有机体中虽然随处可见，但那是一种表象，简单化了对立的内涵，因为我们也没有看到他关于外表与内在关系的其他论述，只论及普遍与特殊的关系，而且一如既往含糊不清。

“我们现在观察语言，发现它同样也是人类生命的一种躯体化的功能。”我们又一次看到，本来应该展开证明的东西，却当作已知的前提。我们终会看到什么是躯体化的功能，但初见这句话该作何感想呢？“即使在人类有机体中也可见普遍生命的特殊形式，但该特殊性是其他有机体无法企及的，说明人类生命的特殊性——在概念意义上——最核心的就是思想的功能。这种功能是有机的，因为它是普遍生命的特殊表现，也必然如同一切有机生命一样，得以躯体化表现。思想构成了人类有机 75
体概念的特殊性，因此也在整个有机体中清楚地得以表现，同时也在感知、运动等器官的特殊构造中体现出来。思想并非仅仅属于人类，所以，人类器官还具备一些人类与其他有机物共同的功能。只有语言属于人类生命，是最高级的思想功能。看是眼睛这种器官的独特功能，同样，思想是语言的特殊功能；看构成眼睛的概念，同样，思想构成语言的概念。……语言本身虽然并不是一个独立的有机体，但作为人类有机体的产物只能在该有机体中获得存在，不过，一种有机整体的每一种特殊功能都体现于一种特殊的器官，例如看的功能在于眼睛，同时，该器官本身在某种程度上是一个独立的有机体，同理，言说的功能在被说出的语言中成为一种持续的存在——某种程度上也是人类有机类型的一种特殊器官——每一种器官本身又是有机结构化的整体，有其部分和关系，也是对有机整体的复制：眼睛是实施看这种自然功能的器官，同理，语言是人实施思想描述和思想传达这种自然功能的器官。”贝克尔竟然把自己之前所述忘记得一干二净！将语言与眼睛相提并论，而且使用“同理”，这已经是第三次了！这无非是同义反复句子的无机堆砌，没有对观点展开阐述。人们在其全书开篇就已经知道语言是“表现思想的一种机制”，那么，全书还要告诉读者什么呢？没错，他还做了很多类比，但却很不贴切。

76 普遍生命在特殊有机体中的表现，思想这一基本类型特性在人体构造中的表现，还有一种功能通过身体的某个器官得以表现，这些都是相同的关系吗？除了贝克尔，无人说过一种功能会躯体化，会体现于实施该功能的器官！思想通过语言得以表现，这与前三种关系都不同，但如此不同的四种关系却被置于同一个范畴之下！贝克尔承认，思想的表现方式在所有人体器官中与在语言中不同，区别十分明显。但他又是怎样掩盖此区别的呢？他认为，那些器官涉及吞咽、消化等，与思想关系较少，但语言只属于思想。这是何其拙劣的观点！

另外，如此复杂的关系，如此模糊、抽象的认识，怎么可能不矛盾、不混乱！他先说：“看是眼睛这种器官的独特功能，同样，思想是语言的特殊功能，看构成眼睛的概念，同样，思想构成语言的概念。”但又说：“一种有机整体的每一种特殊功能都体现于一种特殊的器官，例如看的功能在于眼睛，同理，言说的功能在被说出的语言中成为一种持续的存在——某种程度上也成为一种特殊器官。”照此逻辑，我们大概要说，看构成眼睛的概念，同样，言说（不是思想！）构成语言的概念。但贝克尔需要考虑到一个困难：假如思想作为人的功能而在语言中有其器官，亦即功能充当器官，那就是需要一个器官，但却只是“某种程度上”拥有一个器官！

语言难道不是真的有一个器官吗？难道没有语言器官吗？那么，语言器官是言说功能的躯体化吗？类同于眼睛是躯体化的看吗？贝克尔说： 77
当然！照此逻辑，我们就得说：人看，因为有眼睛，同样，人说——并非因为他在思想，而是——因为他有语言器官。

另外，前面我们看到，贝克尔将思想视为语言器官实施功能所需要的刺激，这里又把思想视为语言的概念，类同于看是眼睛的概念，那么，看也是眼睛视觉行为的刺激吗？

看和说之间根本不能如此类比。人说，因为他思想，但并非类同于他看因为他有眼睛，而类同于他有眼睛，因为他看。照此逻辑，大概还要说：思想创造语言，同样，看创造眼睛，空气创造肺。

最后，贝克尔将大脑置于何处？大脑肯定是思想的器官，就像眼睛是看的器官。那么，如同每一种生命功能有其生理学器官，大脑是思想的器官和躯体化，但语言的情形如何呢？

我们前面已经看到，而且后面还会更清楚地看到，贝克尔将对立简单化为不同，抹杀了对立的内涵，同时，无视问题的本质，主观而形式化地设置对立关系。这里，我们又看到他将根本不同的关系一股脑儿置于“躯体化”之下，导致内容空洞。他在《语言有机体》开篇（2 页）就说：“在有生命的自然界，每一种行为都表现于一种材料，每一种精神活动都体现于一种躯体，此乃一种普遍规律。”行为与材料、思想与躯体，是两种截然不同的关系，但却用“体现于”这一空泛关系一概而论。而且，“一种行为体现于一种材料”究竟何意？难道铁是躯体化的磁？铁块是躯体化的重量？

这种“躯体化”“体现于”之类的论述极其轻率和悲催。贝克尔在其
78 论述词汇的著作中也犯有同样的错误，且有过之而无不及。关于语言的起源，他说：“呼吸是某种内在过程的外在表现，自由运动是内在意志活动的外在表现，同样，语言是思想的外在表现。”我们不禁要问，将语言与思想的关系视为内在的外化，而且类同于自由运动与意志的关系，这难道不是非常轻率、毫无意义吗？而且将两种关系与呼吸相类比，但呼吸与什么有关系呢？缺少一个关系成分呀！仅仅用“某种内在过程”敷衍了事。我要问，呼吸的内在过程是什么？这里根本没有涉及内在，即精神，而完全是外在，是化学和物理过程！另外，行为的躯体化何在？在于哪种材料？在呼吸系统吗？在血液吗？在呼出的碳吗？——更有甚者，他在距离此处不远的地方写道，意志体现于自由运动的器官，同样，思想体现于语言器官（是想说“语言”吧？但这里的类比却要求是“器官”）。与此相关，他说：“在人类精神的统一体中，感受和意愿与认识和思想密不可分，同样，感受和意愿也经常出现在语言器官的功能中。”前面三种各不相同的关系，再加上这里的第四种关系，贝克尔都黑白不分，一概而论！即使意志和感受在语言中的表现也用“人类精神的统一体”一笔带过！这一切难道不很轻率和悲催吗？严肃和认真的思考何在？

贝克尔的有机论如此悲催！

（c）贝克尔的认识论

§33 思想的任务

为了充分认识贝克尔内容空洞的形式主义，我们还必须剖析他关于认识的论述，揭露他的逻辑学和形而上学原理。他说（《语言有机体》 79
§25）：“思想的机制和实施思想的精神的真正任务在于，精神接受感官所感知的世界，然后通过有机同化将事物的现实世界转化为思想和概念的精神世界。”在谢林（Schelling）和黑格尔的论述中自然得以创造，贝克尔的论述却消灭了自然，现实消失融化于精神，融化于观念、概念和思想。上述贝克尔的断言包含两部分，假如从第一部分必然推导出第二部分，我们似乎就理解了黑格尔思想的必然性（如果谢林和黑格尔没有创造出自然，贝克尔是否就不会将现实有机地转化为精神了？），但是，从第一部分其实只能推导出，精神将感官感知到的现实——不是现实本身——转化为概念。或者，感官的感知就已经是转化了的现实？贝克尔没有明说。我们现在再看所谓“有机同化”是怎么发生的。

“但是，感知是对诸多个体对象的综合，具有无限的复杂多样性。其中，每一个对象都各自成立，同时，那些对象”（其实只能是对对象的感知）“又不是作为诸对象的综合而被人类精神所接受……进一步仔细观察现实世界会发现，那些对象并非感知印象那样是诸多个体的综合，而是有机发展而来的结构化整体，并将继续发展。”这里，我们又看到前面所见的措辞轻率问题，何谓“有机结构化整体”？贝克尔的论述尚未开始就已经结束了。当然，没有开始就更没有达到目标。才开始论及感官感知，怎么就“进一步仔细观察现实世界”？我们早已知道，不能指望贝克尔 80
进行循序渐进的阐述，亦即说明问题逐步、渐次演变形成的过程，更何况这里涉及的是认识和思想形成的问题。辩证的缺失、内容空洞的同义反复、诡辩等，此处又见一个鲜明的例子。“思想的机制和实施思想的精神的真正任务在于，精神接受感官所感知的世界……”对“任务”的论述方式也犯了根本性错误，精神和思想前提性地存在于接受和同化现实世界之前，但其实根本不是预先存在，而是在现实世界转化为精神世界的过程中才形成。贝克尔关于精神和思想的论述以其活动的过程为前提，完全略过了对精神和思想过程的阐述，这必然导致空洞无物的同义反复。“感知所呈现的只能是材料，是精神有机同化的对象。”——通过同化才产生精神！何来精神同化？正视这种问题，才是科学辩证之道。

贝克尔所谓同化是有机的，但有机的本质何在呢？难道不是思想的躯体化吗？但这里似乎恰恰相反：思想的有机过程成了去除自然的过程。人们不要忘了他说过：“人将自身以外的现实世界内化为由思想和概念构成的精神世界，由此，思想和概念在语言中获得躯体。”这一躯体化过程正是思想的有机性所在。我们必须质疑，概念“在语言中获得躯体”，亦即此刻才得形成，才有所谓的同化，然而，这也是失去自然性的过程，亦即失去了有机性，由此，语言也失去其有机性。

此外，我们还需要深入观察贝克尔所谓的世界。我们看到了什么
81 呢？“现实世界的一切皆因其他而存在，特殊的东西只是它所附属整体的一分子。整体承载着分子。普遍性皆通过丰富多样的对立而分化为特殊，每一种特殊之中都存在着对立，并因此而形成统一。”贝克尔深入观察之下的世界与精神一样，也是一种有机的存在，现实的东西相互对立，每一种东西皆因其对立面而存在。现实的东西有机对立排列，从而为精神所接受。如此轻描淡写地掩盖自己的错误，将世界视为一种简单的累加，何其愚蠢。精神尚且不知道感官呈现给自己的是什么，却要凭借内在驱动将感知转化为概念，而且，概念所对应的并非认识，而是现实事物，体现现实事物的有机性。——这难道就是“某种深入的观察”所得

吗？简直令人大跌眼镜！——细究之下，我们大可不必为此惊讶，因为，贝克尔将整体的有机秩序简单化为世界万物的对立二分。如此二分太过简单，而且，无论世界是否二分为僵化对视的两列，都与精神毫不相关。

§34 普遍与特殊，行为与存在

“在现实世界中，最高、最普遍的对立是行为与存在、力与物质的对立。其中，行为是第一性的，存在只是自相对立的——自我阻滞的——行为，同样，物质中也存在着诸行为的对立——扩张和收缩，并因此而统一为一体。”这里，贝克尔向我们展示了一种创造的历史：首先是力——或者行为，二者等同？——这种行为肯定是有机的，而且必须躯体化——一项何其艰巨的任务！力实施怎样的行为？它自相对立起来，但对立何来？行为自我阻滞？怎么阻滞？为什么阻滞？不要问，反正自我阻滞，而且，力存在于对立中。结果呢？结果我们看到受阻滞的行为、 82
受阻滞的力，而那就是存在，就是物质，这怎么可能呢？“物质中也存在诸行为的对立——扩张和收缩，并因此而统一为一体。”这又怎么可能呢？开始似乎在说，行为是第一性的，还有其中预先存在的对立，因此物质是第二性或者第三性的，后来又提及物质扩张和收缩的对立，还有它们的统一，这些都是怎样形成的呢？另外，“行为是第一性的”，但行为何来呢？“行为是第一性的，所以也最具普遍性。”这样，“最具普遍性”也先于行为。——我们并非恶语中伤。

在贝克尔看来，行为无论如何是第一性的，并且自我阻滞，同时，行为变成存在，或者力变成物质。这样，就不再有力，不再有行为，因为力和行为都用于创造物质和存在了。一切行为都受制于存在，一切力都受制于物质，除此之外，没有自由作用的力和行为。贝克尔自以为通过行为与存在之间最高、最普遍的对立就可以认识整个世界，因为“特殊事物之间存在无限多样的关系，重复着行为与存在的对立，由此，现实世界得以形成。每一种特殊事物中存在着相互对立的行为与存在，成为将事物统一起来的相互联系的因素”。但这样一来，行为与存在之间的对立就不是最高、最普遍的对立，而是唯一的、被不断重复的对立。贝克尔紧接着又说：“行为是第一性的，因此也最具普遍性，一切特殊性因此而构成整体的统一性。”这又是夸夸其谈，空洞无物！为什么“构成整体的统一性”呢？因为一切事物都重复着行为与存在的对立。“重复”恰恰是无机的，由重复构成的统一是沙子的统一，一粒沙子是另一粒沙子的
83 重复。这验证了我们前面的观点：贝克尔所论之事物相互之间并非严格、紧张的对立，而是同一对立的任意重复，它们只是不同，相对而立，亦即 a 不是 b、c 等。

即使重复——其必然性也没有予以证明——也根本不可能，因为，“特殊事物中无限多样的关系”如何形成？特殊事物又如何形成？说明现实世界形成的前提是特殊事物的存在，而且特殊事物通过行为与存在的对立而创造世界。如此阐述不是同义反复式诡辩又是什么？

普遍性之中的特殊性是最复杂、最重要的原理性问题，但贝克尔却从来不去面对，因此永远流于空洞无物的形式主义。“存在是事物由普遍分化为特殊的因素。”这是贝克尔所谓普遍性与特殊性的关系。对此，我们该作何表态呢？存在只是受阻滞的行为，那么，又如何由存在促成普遍到特殊的分化呢？

无论如何，我们承认现实特殊事物的存在。“在现实事物中，行为必然只是沉没于存在、通过存在而相联系。”反之，没有行为便无所谓存在。“一切事物皆有普遍性，亦即行为，但是，事物越是特殊，其存在因素就越占据主导。——事物的现实发展以行为与存在的普遍对立所构成的统一为出发点。而普遍性，亦即行为，则永远追求沉没于存在的特殊性之中。”因此，根据贝克尔的观点，行为自我阻滞，进而成为物质。但这并不能满足行为的要求，行为必须拥有足够的存在方式，沉没于动物、

脊椎动物、哺乳动物等生命的存在之中，最终沉没于个体的存在。——这难道就是所谓的哲学吗？

§35 概念的类型 84

如贝克尔所述，行为不断沉没于存在，现实世界因此有机形成。人的精神对此世界进行有机加工再造，这样，现实的有机发展与精神的有机发展相向而行。因为，现实发展以最具普遍性的对立为出发点，存在的特殊性不断发展，最终成为个体；“与此不同，概念的精神发展以感知为出发点。在感知中，最具特殊性的事物体现为个体，相对独立，而非构成统一的对立。同时，精神的本质得以体现，追求个体特殊性的解放，使之重归普遍。如此，事物发展中第一性的东西，于精神发展则是终极性的，反之亦然。”

“精神接受现实世界，这一同化过程的可行性在于，现实与精神具有某种共同的东西。该共同点只能是行为。它于现实发展是第一性的，最具普遍性，同时又是精神的本质。精神在现实世界中与行为相遇，并从中认识到自身的本质。”但是，精神何以具备认识的能力？行为存在于精神之中，此乃不言而喻，因为万物之中皆有行为，石头、金属概莫能外，因此，万物应该皆有认识，但另一方面令人费解的是，为什么相比较其他事物，精神的本质首先在于行为，而非存在？因为，“事物的特殊性越发展”，亦即，事物越远离最高普遍性，越远离最高类型，就越接近现实，越接近个体，“存在就越占据主导”。就存在性而言，动物甚于物质，哺乳动物甚于其他动物，个体狮子为最。在贝克尔看来，精神的特殊性 85
应该不会低于实在的石头，因此应该具有很高的存在性。无论如何，现实事物具有行为和存在的属性，它们的特殊性发展处于同一等级，即个体实在阶段，亦即最高等级。——前提是，精神通过行为而实现认识。

“但是，在现实世界中，行为沉没于存在的特殊性，而感知作为概念构成的基础则赋予现实事物以个体最终的特殊性，此刻，存在是现实事物最具主导性的因素。现实事物为精神所接受，并作为概念被同化，这时，存在以某种普遍性姿态而被置于行为之下，被理解为一种类型。”我们迄今为止只看到贝克尔所谓之“普遍性”和“行为”，而这里的“某种普遍性”突如其来，缺乏合理性说明，似乎还存在别的普遍性。我们前面看到贝克尔论及存在之中的差异性：存在即是行为的阻滞状态，或者受到阻滞的行为。但他现在又论及行为之中的差异性：未受阻滞的行为。这如何可能呢？这些都暂且搁置不论，我们不妨满足贝克尔的要求，全盘承认他的观点，那么，精神完全具备认识事物的能力，此乃精神的本质使然，亦即，精神和现实事物拥有共同点，都具有普遍性和行为。但是，贝克尔所谓认识的路径与现实创造的路径方向相反，他以感知到的个体为出发点，而现实发展则以普遍性为出发点，他向着普遍性上升，现实则向着实在性下降。

“我们认为，行为为现实世界和精神所共有，只能在现实事物中通过感知而出现于精神面前，表现为特殊的行为。”但问题是，精神为什么要等待行为来到自己面前？不是说精神包含着行为吗？那意味着，精神通过自身行为、内在运动，能够先验地、自发地建构整个世界，这也符合
86 黑格尔的绝对概念。但贝克尔却又认为这不可能，因为精神必须等待行为向自己走来，然后才能抓住它、理解它，而且首先是作为感性的行为现象。

“但是，行为的感性现象是运动，因此，运动概念是人类精神中概念发展的起点。现实从普遍和行为向着特殊和存在下行发展，诸事物因其特殊性而分化为存在的不同类型，概念发展的方向与之相反，从所感知存在的最大特殊性向着普遍性和行为上行，诸概念因其普遍性而分化为行为的不同类型。”

贝克尔这里的论述充满逻辑错误，我们需要在混乱之中保持清醒。

我们只需揭露贝克尔错误的根本。他反复指出，精神由特殊向着普遍而上行发展，但紧接着又认为，概念的发展应该是“个体和群体世界观形成”的历史，起始于运动，亦即最具普遍性的上位概念，并不断向下而行。我们可以承认他的观点，即运动是行为的感性现象，虽然我们根本不认为行为不如运动那样感性，或者运动比行为更感性，无论如何，即使运动是感性现象，但也是行为的感性现象，亦即普遍性的感性现象，亦即本身就是普遍性的东西，如此，运动永远是普遍性的存在，并非“所感知存在的最大特殊表现”，并非贝克尔所谓概念发展的起点。但问题是，该普遍性如何感性表现？贝克尔自己说，现实发展“以行为与存 87
在的普遍对立所构成的统一为出发点，与此相反，精神发展以丰富多样的具体事物的累加为出发点”，但同时却认为行为或运动的概念是最高的统一，是母概念（Urbegriff），由此不断个性化发展而形成不同类型和次类概念（71 页）。贝克尔这是黑白颠倒。

另外，贝克尔认为，行为具有普遍性，存在则是特殊现象，因此，事物因其特殊的存在而不同，而不同又在于普遍性的类型，即行为的类型，不在于存在的类型。但是，概念又如何因其普遍性而相互区别呢？贝克尔自有解释的独特逻辑。而根据一般逻辑，区别只能通过特殊性来体现，除非人们赋予普遍性以区别的力量，但那样所产生的也是存在的不同类型，并非普遍性的类型。——贝克尔的论述逻辑毫无道理。

上面我们看到，贝克尔的论述充满诡辩，“普遍性”“特殊性”“行为”“存在”这些概念很不明确，流于浮夸。根据贝克尔的理解，行为是最具普遍性的范畴，但同时，存在同样具有普遍性。他说，二者在任何事物中都处于统一之中，一个与另一个须臾不可分离，也就是说，二者具备同样的普遍性。另外，如何明确界定行为和存在？这不能问贝克尔，他对此问题既不想听，也听不懂。这些词足以引人思考，唯此足矣。——另一方面，我们也可以承认存在生成事物的特殊性，但存在因

此就失去普遍性吗？当然不！每一个事物都呈现出特殊的存在，且存在
就是其普遍态。那么，行为就能够保持纯粹的普遍性吗？当然不！行为
于每一个事物都是特殊的。行为，甚或运动，这些概念很少与现实相吻
88 合，现实永远是特殊的，并被概念涵盖。概念注重内容而缺乏外延。相
比较行为，运动很少存在，甚至根本就不存在，真正存在的，只有石头被投掷、石头落下、水的流动、空气的膨胀、磁体被吸引，等等。我们并非只是说出这些，并非要教给贝克尔明白什么，而是通过比较他的前言后语来批判他。他说（72页）：“在感知中，运动概念永远不呈现抽象的普遍性，而表现出具体的特殊性，例如人们感知到一只鸟、一块石头、一条河的运动。”这就批驳了自己的观点：运动是母概念，是一切语言概念的统一和始祖。贝克尔自己承认：“在语言中，母概念也并非能用一个‘母词’（Urwort）来表述，而是原始地体现于形形色色的词。这些词体现运动丰富多样的特殊性。”这等于承认，概念因统一性而构成，但不同于语言中的概念发展，而是诸概念的主观、逻辑组织。人们只需将这些观点记录在案，即可以批判他。

如上所述，无论行为或者存在都可以既是普遍的又是特殊的，但关于普遍性和特殊性的关系，贝克尔却罔顾不论，这等于放任对立、伪推理或其他系统泛滥！我们这里只需质疑一点。我们前面质疑贝克尔：为什么石头也有行为但却不能认识呢？为什么精神也是个体的，也以存在为主导，却能够认识？这里再提出一个新的问题：如果不存在普遍性行为，只有特殊的行为，那么，精神凭借其特殊的行为何以能够接受任意个体的特殊行为呢？

89 **§36 概念的形式**

我们继续讨论贝克尔关于认识过程的论述。他还说（67页）：“现实世界的事物因其普遍性而归于行为概念及其诸多具有普遍性的类型，而

精神对现实的同化并未因此而完成，因为事物还必须因其特殊性而被精神所接受。事物的特殊性在于”——我们不知道何在，但应该早已知道。贝克尔应该早已向我们说明，因为他已经多次论及事物的特殊性。究竟何在呢？——“在于事物普遍性的行为与事物特殊性的存在以现实的方式和最为复杂的关系联系统一，同时普遍性因此成为特殊性。”亦即，普遍性与特殊性相联系形成特殊性，普遍性通过这种联系演变为特殊性！我们很愿意尽量承认贝克尔的观点，但胡说八道无法令人认可，也无需反驳。他又说：“现实中的一切都是个体，但不能作为个体而被纳入概念。”——这种贝克尔式夸夸其谈我们十分熟悉！——“现在的问题是，具有普遍性的现实事物被归为行为概念的不同类型，之后又如何作为既特殊、又具普遍性东西，亦即作为类型，而被归入概念？”请注意：既作为特殊的东西，又作为普遍性的东西！这简直就是魔术特技。“精神进入现实世界的事物之中，并在其中认识具备普遍性的行为，而行为也是精神的本质。由此，精神在事物中认识行为的同时也认识其对立面，即存在。”这就是说，精神通过认识的方式去认识。速度并非万能的魔术，欲速不达，此乃妇孺皆知的道理。精神如何进入现实世界的事物，这需要解释，不能假设为前提了事，不仅提出对普遍性的认识，还要提出对存在的认识。如果像贝克尔那样，只有同类相识，则精神行为认识现实的 90
行为，而现实的存在完全隐而不被精神认识，结果，精神要么发现不了现实的存在，要么视之为陌生的东西，视之为非行为、非精神、非我，无从认识。存在即使只是被阻滞的行为，那也正因为受阻滞而成为无从认识的行为。再退一步而论，精神即使认识行为和存在，也应该是“被感性感知的相对独立的事物在精神感知中成为相互对立的行为与存在，并构成统一”。这就又回到我们之前贝克尔“深入观察”之所得，没有丝毫前进。“现实中构成事物特殊性的对立，在精神中以概念的特殊性重复出现，不过，这种特殊性在现实中是个体的，在概念中是普遍的。”至于这一切如何发生的问题，容后再问。贝克尔这是用断言回答争议性问题，难道不是吗？真想知道如何发生吗？且看贝克尔的回答：因为发生，所以发生。这样的同义反复还有："事物的特殊性就是行为与存在的对立统一的特殊性，不同的对立统一产生行为概念的不同类型和次类。"——这情形我们之前看到过——"我们将这些特殊的对立关系称为概念的不同形式。它们就像纽带，是类型概念的不同形式，因形式不同，每一个概念或者是一种行为的概念，例如 binden（捆绑），或者是一种存在的概念，例如 Band（带子）、Trinker（酒徒），亦或是一种行为的客体，例如 Bund（一捆）、Trank（饮料），这样，每一个行为概念中都有一种存在，每一种
91 存在概念中都有行为，每一个概念都是行为与存在的统一。概念形式的区别仅仅在于，此形式中行为为主导，彼形式中存在为主导。"贝克尔告诉我们，这些概念形式仅仅通过主导因素而相互区别，计有 16 种，由此，现实事物的特殊性被精神所接受。如此一来，事物既是"特殊的，又是普遍的"。

§ 37 概念和思想

我们批判了贝克尔的认识论。他夸夸其谈，不仅没有阐述认识的过程，甚至没有证明认识的可能性。我们还看到，贝克尔对普遍与特殊的关系缺乏认识，而该关系是我们整个论述的基础，也是贝克尔错误的根本。因此，我们需要继续予以揭露。

贝克尔说（§ 26）："认识能力自我发展的第一步也是心智发展的开始，"——只有贝克尔不去追问这第一步是如何开始的，只说是"有机的"，"也是一种认识，一种行为，从而，具有特殊性（das Besondere）的一种存在（ein Sein）在精神中被接受为具有普遍性（das Allgemeine）的一种行为（eine Tätigkeit）"——请注意这里定冠词与不定冠词的交替使用——"行为与存在的对立被统一起来。这种认识永远是一种判断，例

如 die Glocke läutet（钟在响）”。什么“钟”？怎么“响”？贝克尔突发奇想！这个例子难道不是说明行为并非比存在更具普遍性吗？因为世界上除了钟再无什么别的“钟响”。贝克尔继续雷人奇想：“在此过程中，行为概念已经成为真正的概念”——那当然，因为贝克尔认为行为具有普遍性，即是概念——“成为判断的第一个要素，也是根本性要素和核心内容。与之不同，存在在此初步认识中还不能成为一个真正的概念，”—— 92
那是什么呢？——“必须经过认识”（亦即进一步的认识）“才能成为一个概念，而关于任何存在的每一个概念顾名思义都是一个判断的产物，因此，一种存在要成为一个真正的概念，必须首先经过认识而将一种特殊的存在纳入一种行为概念，转变为一种普遍性。存在在行为范畴下被理解”。为什么“因此”？存在在成为一个真正的概念之前会是什么呢？贝克尔不想说，我们替他说：是感性认识。存在在初始认识中是感知，经过判断才成为概念，而行为本身就具有普遍性，就是概念。但贝克尔自己却说（72 页）：“在感性认识中，运动概念永远不被视为抽象的普遍性，而是一种具体的特殊性。”这就是说，运动概念在初始认识中也还不是概念。这难免让人提出质疑：存在又何以成为真正的概念？何以具有普遍性？因为存在与行为在判断中相联系，既如此，则并非一种特殊性被纳入普遍性，而是两种特殊性相联系，而且每一种都是判断的基本且核心的内容。

这里还涉及另一个问题。贝克尔自以为判断先于概念，且自鸣得意，我们刚才看到所谓“心智发展的开始”就是判断，但却在论述中将概念理论置于判断理论之前，而且将判断仅仅理解为两种概念的机械综合，即判断中的存在概念和行为概念的综合。其中前者还不是真正的概念，只有后者是。为了推卸判断无机论的责任，贝克尔虽然指出“行为与存 93
在的有机对立相互联系成为有机的统一”在判断中实现的方式，但却完全是无意识而为，因为他没有认识到，两种要素在判断中联系成为统一恰恰是一种非有机过程，只有通过判断生成概念才是有机的过程，但这要求判断先于概念。可见，贝克尔的论述是歪打正着。此缺陷还出现于另一个地方，即他关于判断起源问题的论述。两种概念的机械综合形成判断，这本应得到详细的解释，但他却拂袖而去，令读者一头雾水。贝克尔说（§45）：“在概念的有机发展中，精神将现实世界的事物接受成为自身所有，并且在有机整体中复制再生。此整体与现实世界的事物镜像吻合。但是，事物在现实世界不断变化，时时创造革新”（奇谈怪论！变化即是新生？）“所以，思想的精神世界也处于不断革新之中”。——如此不负责任的“因为……所以”！自然界的同义反复现象也远比贝克尔的同义反复之论高明许多——“精神实施思想的真正生命力在于，从那些被内化的概念中不断创造新的东西。对于精神而言，概念只是建构思想的材料，此刻，精神拥有最大的自由，但又遵循自身固有的规律”——我们已经领教过贝克尔关于自由的论调——“以此将那些观念以最丰富多样的关系相互联系起来”。如此概念组合难道就是思想的有机生产吗？概念只是僵死的材料，将之以最丰富多样的关系联系起来难道就能形成精
94 神世界吗？难道就是活生生的精神生活吗？——我们这里可以引证特伦德伦伯格《逻辑研究》第一卷 315 页批判贝克尔的话，还可借用第二卷 143 页的论述，不过那里也捎带批判了赫尔巴特的观点。

§38 结语

我们批判了贝克尔的认识论。还有一点很重要，那就是认识与描述的区别，我们将在适当的时候给予说明。现在，我们总结一下对贝克尔科学研究原理和方法的批判。

我们现在知道，与感知不同，认识将现实事物相互对立起来。但贝克尔将对立进一步确定为普遍与特殊的对立，这样，对立被复制于每一种事物中，但事物之间互不相关，这完全掩盖了对立关系应有的张力。

另外，贝克尔对普遍和特殊的界定缺乏根据，任意模糊，导致对立消失殆尽，成为空洞无物的形式。严格而论，贝克尔的论述武断、任性，徒具形式，既无内涵，也无外延。对立经常也表现为其他形式，例如普遍与特殊、行为与存在、整体与部分、内在与外在、器官与功能、物质与力、正与负、不同化学元素、不同颜色、神经与肌肉、太阳与其他星球、植物与动物、思想与语言、根与稍，等等，贝克尔认为这些都只是一种关系：对立，而对它们的根源、本质和内涵则熟视无睹。它们处于对立之中，这就是贝克尔对它们的认识。所以说，他只需要“对立”这个称谓，只需要对立的躯壳，空洞无物，其意义比无机性尚且不如。贝克尔的对立范畴就好比黑夜，无物可辩，万物只是笼罩在普遍性的阴影之下，忽隐忽现，特殊性难以显现。认识就是类型观照（sub specie quadam 95
aeterni)，但翻译为贝克尔的语言就是，将事物置于对立的形式之下。该形式徒具空壳，即黑格尔所谓之“无”（Nichts)，不是思之思（das Denken des Denkens)，而是非思之思（das Denken des Nichtdenkens)，却被贝克尔奉为圭臬。贝克尔的科学无视现实世界，其认识论无异于死亡之舞，事物被置于对立之中，轮盘启动了，病魔群舞。谁领风骚？细胞、大脑镰或者骨骼？它们何来？贝克尔告诉我们，行为是第一性的，存在只是自我阻滞的行为。妙啊！我们看到一个死人起舞，他调动大脑镰，并传导至骨骼。《圣经》所谓“光明终会到来！”令人生疑，而贝克尔更令人费解，所幸尚未致命，最多只是使人失去了起舞的兴致。困难终被克服，生活还将继续。贝克尔满眼行为与存在相统一，并且反复不止，例如大脑镰和骨骼。行为是联系一切的纽带，大脑镰亦然。但问题是，我们如何认识这场死亡之舞？贝克尔要我们谨记：行为乃精神之本，大脑镰即是精神！

4. 语法混同于逻辑

贝克尔的语言观是非有机的——难道语言本身不是有机体？他用逻辑的眼光看语言——难道语言本质上就是逻辑的？他的阐述夸夸其谈，空洞无物，但起码应该涉及语法范畴吧？不！贝克尔的基本观点完全错误，将原本的研究对象，即语法，弃之于不顾，完全背离了语言的本质，用逻辑学代替语法学，其实是否认语法，独尊逻辑，但又自相矛盾，因
96 为他的有机论本身缺乏逻辑。前面，我们讨论了贝克尔关于语法与逻辑的统一，充分引用了他自己的原话。我们下面要说明的是，贝克尔的语法观其实根本不针对语言这个对象，所论述的其实是逻辑学的对象，且毫无新意。贝克尔想要论述逻辑和语法的关系，但却没有将二者置于关系之中，而是用逻辑学完全取代了语法学。

§39 贝克尔的原理抹杀语法

我们只需分析贝克尔关于语言的原理。如果语言是以语音为躯体，是语音化的思想，或如贝克尔所言，“语言是思想的表现”，那么，“思想和语言二者内在等同”就错了，而应该说，思想是语言的内核，语言是思想的外化。因此，语言只是外在的，但思想并非语言内在的东西，因为思想不属于语言，是另一种存在，或者说，我们将语言的内在称为思想，将思想的外化称为语言。但是，这里只有一种内在的东西，即思想，和一种外在的东西，即语音。关注语言的内在就是关注思想，形而上学、逻辑学和心理学即关注思想，且与黑格尔的现象学有关。

这样，我们就不能再讨论语言的内在了。谁说看是眼睛的内在呢？但贝克尔认为思想构成了语言的概念，一如看构成了眼睛的概念。假如对眼睛的解剖学观察相当于对语言语音产品的分析，那么，用生理学分

析“看”就只能和语言学对思想的研究相对应——语言是器官，是思想的躯体化，如此，对语音进行解剖学分析所针对的也就只能是功能，亦即思想本身。

如此一来，就所涉及的材料而言，语法与上述关于思想和概念的那几种科学还有什么不同吗？绝对没有！贝克尔试图通过词汇分类揭示认 97
识的组织秩序，属于现象学分析。他说（《语言有机体》26 页）：“思想的一切形式，也只能是这些形式，在语言中得以有形表现”，因此，观察语言形式的意义就只能依靠那种研究思想形式的科学，即逻辑学。依照贝克尔之见，思想形式的语言躯体化就是思想的有机生成，所以，对语言的分析就是完善的逻辑学，为此，无需语言范畴的任何补充和变化，否则就是对逻辑学的歪曲。逻辑学无异于语言心理学。关于日常生活的概念或思想创造了宇宙，生命体现为具体有机体，特殊概念通过具体有机体得以躯体化，认识这些概念就是认识关于自然的普遍思想的特殊表现，如此一来，语言的形式便成为人或思想这一普遍概念的特殊表现，认识这些语言形式即是认识思想的具体化和躯体化。

贝克尔在《德语构词》（62 页）说：“语言是得以表现的思想，词是以语音为躯体的概念，词的有机发展与概念的有机发展在某种程度上是同一个过程。”仅仅“在某种程度上”吗？应该是在完全程度上，因为概念只有作为词才是有机的。“因此，二者互为解释。”即使二者在某种程度上是同一个过程，互为解释也无法实现，除非同义反复。——看来，贝克尔不能说“语法学与逻辑学处于内在关系之中”，也不能论述逻辑学与语法学的联系，因为关于思想只有一种科学，人们习惯称之为逻辑学，如此，就没有语法学的研究对象了，或者，就要将语法学的历史倒退至亚历山大时期之前的古希腊，亦即局限于对阅读和书写的了解，或者对 98
语音和词形组合的初步了解。

我们批评贝克尔抹杀语法学，用逻辑学取而代之。越是这样，我们就越是要注意，贝克尔是否发现了语言的某种特点，能够说明语法学与逻辑学的区别，凸显语法学的特殊性。

与此相关，我们首先需要指出另一点。各个时期的语法学家都承认不同语言语法或大或小的差异性，但果真如贝克尔所言，语法即是逻辑，则不同语言语法的差异性便不复存在，所有语言的语言形式也意义相同。这样，人类思想的概念就只能以唯一一种规则有机地得以具体体现，同时，有机自由性也只能体现于语音表达方面，所谓“只有一种逻辑学”就意味着，一切语言的语言形式意义相同。所以，我们必须认真审视贝克尔所谓的语言一致性。

§40 贝克尔语法原则的缺陷

贝克尔在其著前言的一些说法就值得质疑，例如（XIV 页）：“语言以感性认识为出发点，并且将思想以感性认识的形式表达出来，因此，真正的思想规律并没有什么特殊的表达方式，都表现为认识的形式。”贝克尔多次指出，语言“原本以感性认识为出发点”，以此为语言中某些反逻辑现象做辩解或解释。我们要质疑贝克尔，语言对思想进行有机躯体化表现，结果，认识表现为认识，但是，概念和思想的形式也表现
99 为概念和思想的形式吗？语音能承载这一表现吗？他认为，思想器官不是将具体表现为具体、将抽象表现为抽象，而是用抽象代替具体，进而产生“形式的交替过渡”，这是怎么回事呢？难道人的眼睛要等待光学发展到一定水平才能完成视觉成像吗？另外，贝克尔还说（154 页），即使语言不体现思想形式和认识形式，“语言经常用表达概念类型的形式来表达思想之间的关系”，这又怎么可能呢？仅凭相关事物的相似性不足以成为将它们混为一谈的理由，遑论辩解。总之，思想中的一切都必须在语言中通过语音而得以条分缕析的躯体化——除非语言是个怪胎。所谓怪胎，就是相近而又明显不同的器官混为一体，本应是一个器

官，却被分裂为多个。——同时，我们也不能相信，在人的原始自然状态，思想的形式没有意义，而是后来才具有了意义。因为一方面，人类的语言意识并无所谓感性认识的形式，那仅仅是语法学家的概念，另一方面，思想形式已经存在于最简单的思想中，甚至动物的思想中，因此也应存在于原始语言中，例如，人类活动不可能离开因果范畴和目的范畴，这些范畴因此也应该在语言中有其纯粹或真正的、专属的形式。例如，有的语言没有表达时间关系的语汇，而代之以空间表达的词汇，虽然如此，自然、普遍生命在使用某些东西和器官之前就已经创造了它们。例如，儿童没有生育能力，难道他们因此就没有性器官吗？所以， 100
既然语言是普遍生命的有机产物，就必须拥有它所需要的一切。人们可以说，儿童尚还没有性器官，至少还没有成熟的性器官，但性器官的成熟是自我完成的，无需外力。此说不无道理。针对新生命而言，自然会自己查漏补缺，自我完善。那么，既然语言是有机自然产物，人类精神萌生新的思想形式之时，语言就已经创造了相应的语言形式，拥有思想形式的器官。

至于另一点，即语言的差异性，贝克尔也表示承认。理由何在呢？他说（XVII 页）："另一方面，本书作者最讨厌的观点是，所有语言针对普遍性思想规律都发展出完全相同的形式和表达"——这有可能——"思想规律的普遍性不仅可能需要数以千计的表达形式，而且必然如此。"这里，问题的尖锐性因模糊性表达而钝化。逻辑规律及其范畴应该具有普遍性，界定明确，躯体化形式单一，但又拥有一定的有机自由度，就像常青藤的叶子和人的眼睛。但逻辑学及其范畴不容许差异性。——更为严重的是，贝克尔认为（XVIII 页）："必须承认，语音材料似乎在某种程度上摆脱了思想规律的束缚，开始自由发展，甚至反作用于逻辑。"我们的质疑是，这何以可能？难道老虎的物质材料能摆脱老虎概念？真是怪胎！难道眼睛能摆脱看的主导性？我可以闭上眼睛，我可以闭嘴、睡觉，眼睛可能会瞎——因为疾病或先天不足等偶发原因，人会哑、会死——
101 这种事发生在语言中，难道就意味着思想有一个病态的、畸形的器官吗?如此说来，普遍生命的特殊性岂不是软弱无力，只能以畸形示人！人的眼睛一般是健康的，而语言却永远是病态的！这是何道理！

§41 认识和描述

除了前言，贝克尔在其著作中再没有论及语法和逻辑的区别，而前言的论述又缺乏理据，所以，我们又看到贝克尔违反科学阐述的顽疾，显然缺乏对基本原理及其本质和适用性的清醒意识。认真起见，我们需要借用贝克尔关于认识与描述的区别来阐述语法和逻辑的区别。人们可能觉得逻辑是关于认识的科学，语法是描述性科学，但我们只是为了探寻二者的区别。贝克尔的目光聚焦于二者的机械统一，结果恰恰失去了对统一的认识。这里需要指出，贝克尔对认识与描述相区别的论述并非以语法与逻辑之分为目标，他根本没有认识到认识与描述的区别中蕴藏着语法的可能性和现实性。贝克尔不仅论述了“语音的有机构成”，而且还论述了“词汇的有机构成”和“句子的有机构成”，之后，在阐述复杂句时才论及认识和描述的区别，所以，对于贝克尔而言，这个问题并非语法问题之首，而是其中之一点，并且二者具有同等的语法意义，亦即更多属于逻辑学。这验证了我们之前对贝克尔观点的谨慎猜测。

102 贝克尔说（154 页）:“狭义的思想在语言中表现出两个方向相反的过程：个体被纳入普遍和普遍回归个体……个体被纳入普遍是精神的创造活动，由此，现实事物成为精神产物，成为概念和思想。这种精神创造就是狭义的思想，也可称为认识。作为个体，现实事物被观察（anschauen），而非被认识（erkennen），个体只有被普遍所接纳，现实成为精神，才能在普遍之中、在类型之中被认识。当人们知道了事物的类属就说认识了事物，例如说某物是某种动物、植物或石头。这种认识使得现实成为精神财富。人们通过认识而将现实内化据为己有的表现就是给事物命名。称谓说明了事物的类型。没有认识事物，没有将事物纳入某个类型概念，就不能命名。只有存在本身是个体的，因此，只有存在可被认识（被某种普遍性所接纳）；而行为本身已经是普遍性的，”（只可惜贝克尔只字不提对普遍性的理解，为什么“狗”是一种个体，而“吠叫”具有普遍性！）“因此，行为不是被认识，而只是被理解，也就是说，行为的类型被回归用于个体”。

他还说（156 页）：“一切认识都是由个体精神实现的，由此而获得的世界认识也是个体的，但是，思想是群体的一种机制，通过思想所构成的世界观应该属于整个群体，这也是思想交流有机必然性的根本所在。语言不仅是思想有机表达的现象，也是个体间思想交流的器官。这样，思想交流要求，通过与认识相对的过程，思想中的普遍性被重新回 103
归用于个体，并在语言中表现出个体性。在此交流中，人们理解到相关思想中的个体性，然后将之纳入一种普遍性之中……在思想交流中，类型概念作为普遍的东西而被交换，准确地说，其实并非被交换，而是已经存在于交流者的精神之中，在双方的预期中是早先已经被认识的东西。假如告知某人一个陌生的类型概念，则必须像对待感性认识中的事物那样，首先将类型概念描述为个体性的东西，然后将之纳入某种普遍性之中……现实事物的一切概念迟早都具有普遍性，成为类型概念，成为概念库的一分子，同时，只有这样的类型概念才是精神创造思想的材料。这就产生一个问题：思想的普遍性何以在描述中被回归用于个体？类型概念不可能通过另一个概念实现个体化，因为另一个概念也是类型概念。看来，思想中类型概念的个体化的唯一途径似乎是，被理解为某种类型的具体事物与思想者个体处于某种个体性关系，并因此个体性关系而与类型相脱离，例如‘这匹马’‘我的马’”。

这告诉我们什么呢？是现实个体被认识和普遍性被理解。思想既被认识，又被理解，还要被描述，但只包含普遍性。描述和理解，二者都要求将普遍性回归用于个体，而理解则需要语言告知付诸实现。这里，语言只提供包含普遍性的词。在话语中，有时普遍性被说出，留待听者去理解，有时普遍性被描述，亦即通过与思想者的关系实现个体化。由此可见，将逻辑学和语法学分别视为认识和描述的科学缺乏可能性。因
104 为，语言或者话语涉及描述，但并非一切普遍性都得到描述，只有部分普遍性被说出，并要求预先存在于听者的精神中，如此，作为描述科学的语法就应该不是语言科学的全部。

另外，我们这里还需要揭露贝克尔论述的诡辩性。他反复指出，描述就是将普遍回溯于个体，但这也是他所谓的理解。看来，人们只能将自己的理解描述出来。二者的区别仅仅在于，理解是思想者做给自己的描述，而描述是留给别人理解的。贝克尔说（157页）：“对于一个被告知给我们的思想而言，事物在其中被描述为具体的个性，并且被回溯于感性认识中的有形特殊性，越是这样，就越易于理解，被我们的精神接受就越充分。”显然，描述在这里和理解同义，如此，被描述的“重又被认识”。但是，语言所描述的、只能用语言描述的，难道就是将类型概念置于一种与思想者个体的关系中吗？就是被描述为“具体的个性”“并且回溯于感性认识的有形特殊性”吗？

这样一来，语法学与逻辑学的区分就更加困难。上面我们只是看到，语法学作为描述性科学并没有涵盖语言的全部，现在又看到，描述本质上与理解无异。可是理解是对认识的重要补充，并且与认识一起才构成思想，因此，理解和描述都属于思想，简单而言，都属于逻辑学，贝克尔也明确指出，描述是“思想”的一个过程。

不言而喻，贝克尔对语法与逻辑的区分建立在普遍性与特殊性之上，
105 亦即二者相互重合。我提请每一位读者分析下面的句子：“这指环是金质的，这仆人很忠实，这匹马老了”，并思考一个问题：什么是普遍的？什

么是特殊的？且看贝克尔（160 页）的分析：“指环”“仆人”和“马”是存在的类型，因此是普遍的，被回溯于“金子”“忠实”和“老”等具有特殊性的次级类型。但与之矛盾的是对“敌人逃跑”这个句子的分析（162 页）：“敌人”是特殊的，并被纳入“逃跑”的普遍性之中；与之不同，在“逃跑的敌人”中，“敌人”是普遍的，“逃跑”是特殊的。（160 页）另外，他在（157 页）说：“一个概念不能通过另一个概念实现具体化”，在（160 页）却说，“语言用定语将主语具体化，用宾语将谓语具体化”。究竟如何解释这些矛盾？如何理解贝克尔关于普遍性与特殊性的论述？

§ 42 逻辑形式和语法形式

与上述语法与逻辑之别紧密相关的是句子中语法形式与逻辑形式之别。贝克尔告诉我们，每一个句子、每一种句子关系都是一个统一体，而且当然是有机的统一体。有些词构成另一些词的基础，涵盖另一些词，是被关涉词（das bezogene Wort）；有些词被纳入另一些词，可追溯至另一些词，是关涉词（das Beziehungswort, Bezugswort）。前者包含上位概念，后者包含下位概念。“人们以此区分相关因素的逻辑值，相比较而言，被关涉因素的逻辑值更大。”这一逻辑从属关系构成了有机统一。贝克尔认为，正电与负电虽然和南极与北极一样，构成严格的有机统一，但相互之间却绝非从属关系，甚至，对立关系的本质也是诸成分相互并列。贝克尔的分析都以普遍性与特殊性的对立为准，而它们却处于从属关系——这难免让人觉得，它们之间的关系并非对立——因此，句子中的统一只能通过从属关系来实现，而非通过“相同因素”的联系。贝克 106
尔说（163 页）：“我们将思想统一体中诸因素的从属关系称为句子的逻辑形式。”思想的这种逻辑形式属于逻辑学。如果语法学不同于逻辑学，那么，语法与逻辑何干？

贝克尔说（§47）:“要把这种逻辑形式与语法形式相区别。所谓语法形式，就是不同类型的关系，思想在其中或者将特殊纳入普遍，或者将普遍回溯于特殊，体现次类或个体。”这意味着，这些语法形式只是逻辑形式的不同类型，而逻辑形式基于特殊与普遍之间的从属关系。因为行为与存在（=普遍与特殊）对立的不同，这种统一体现出不同的类型。“人们将不同类型的语法形式称为诸概念的不同关系，通常通过屈折形式表达出来。”这里，我们只看到诸概念的不同关系，而它们属于逻辑形式的次类，基于行为与存在之间的逻辑对立，亦即，只看到逻辑材料，而未见语法专属的东西，或者说，根本没有语法的东西。关于这个问题，贝克尔反复指出（168页）:“精神将现实事物及其关系内化为概念和思想，表达为诸多形式，逻辑学的真正任务是说明这些形式。而语言是思想的表现形式，因此，思想的形式在语言中显而易见，而且其各种特殊性首先表现为各种语法关系的形式。”这就是说，这些关系更多不是语法的，而是逻辑的。

贝克尔最后还论述“概念之间的关系”和“概念和说话人之间的关系”之间的区别，认为它们与逻辑形式和语法形式之别相重合。人们本
107 以为“概念和说话人之间的关系”涉及语法，但仍然大失所望。贝克尔在（173页）将那种关系理解为“时间空间关系，现实与非现实关系，可能性、必然性以及比例等关系”。——这些关系都不应该在语法中讨论。

上述已经说明，在贝克尔眼里，语法既没有专属的原理，也没有特殊的内涵，而完全被思维理论所吞噬，但是，他又承认语法具有独特的存在和本质。这一矛盾暴露了贝克尔缺乏理解语法本质的能力。按照他的原则，语法就是逻辑，但所要提出的却是语法原则，不是逻辑原则。贝克尔深陷于矛盾，所提出的前提或者与其结果自相否认，或者不能为其科学思想提供应有的理据支持。

B. 语法与逻辑不容混淆

§ 43

有德国人抱怨说："德国人把一切都想得很复杂，使得一切都显得很复杂。"但人们也时常看到思想简单、轻视问题的危害。我们在本书中长篇论述语法与逻辑的区别，难免疏漏，但也算差强人意，起码没有《波尔·罗亚尔逻辑》一书所展现的法国式轻松感。他们关于普遍唯理语法有如下表述："相关研究究竟属于语法还是逻辑的范畴，这个问题并不那么重要。对于艺术而言，凡是有益于艺术的都属于艺术。知识要么专属于艺术，要么也可供其他学科使用。"对此，德国人认为太过蜻蜓点水， 108
但却会以更为简短的表述取而代之，因为，道理不言而喻，此论完全多余，再简短也是浪费。有德国式长篇阔论探讨逻辑和语法相互融合的可能性，但我们赞同康德和赫尔巴特的观点，认为"对于诸科学而言，界线相互交叉并非丰富，而是破坏"。也有人持反对意见，认为"康德观点的前提是划清诸科学的界线，一如划清财产的归属。这是要将房间里的东西清晰整理排列，必然落后于聚焦不同事物之共性的发展观"。但问题在于，逻辑和语法是否具有这样的共性，或者所谓的共性会使二者面目全非，扭曲难辨。

其实，用逻辑歪曲语法自古有之，且始终伴随着语法的发展。该错误始于柏拉图，直至贝克尔。我们只有充分认识语法原理的特殊性，才能认清人们所犯的错误，评估他们的学术历史意义。虽然如此，我们这里还是可以指出几点，来批驳语法逻辑一致论，尊重语法的独立地位。我们将会看到，无论从语法还是从逻辑看，语法的独特性都不容混淆，否则不仅会抹杀语法，也会迷失逻辑的对象。

§44 类比法

我们希望能够提出一个关于语法特殊本质的基本正确的认识，在此基础上进一步明确以上讨论的方向和意义，认清前人所犯错误的根源和
109 历史意义，使得类比从贝克尔的“如同”形式回归“为什么”的本真，并努力回答“为什么”的问题。贝克尔经常将眼睛甚至其他有机机制与说话进行类比，如此，不仅应该有视觉生理学、听觉生理学、呼吸生理学，等等，还应该有“语法生理学”，是专门研究说话功能的生理学，其实，还有光学物理学、声学物理学，还有对空气所进行的物理和化学研究，还有关于视觉形式大小的科学（数学）、关于节奏、和谐和音调的科学、关于无害和有害气体的科学，等等。生理学家解剖眼睛、耳朵和肺，然后给我们做出关于看、听和呼吸的生理学解释，除此之外，还要解释光、声以及各种空气的物理特点，甚至圆和四角形的关系，八度音和有毒气体，等等，这时，人们想对生理学家说什么呢？现在，逻辑语法学正在做着这样的事情。它先是进行语言形式的解剖学，但当人们问及语言形式的生理学意义，想类比看的过程来知道说话的过程，这时，它却顾左右而言他，开始谈论思想的形式，而且，认为思想刺激说话，如同光刺激眼睛和空气刺激肺一样。所以，语法谈论思想的形式，就类似于生理学谈论光学物理。当人们终于要讨论人与物的区别，并且以思想在形而上学意义上的明确界定为前提，语法却开始谈论说话的生理学过程，并将之与四角形和圆的数学观察以及看的生理学观察相提并论。

我们这里看到两点。第一，我们看到前人所犯错误的价值。听觉生理学告诉我们，声波震动的频率生成高低不同的音，那是以听觉为出发

点，聚焦所听到的东西。同样，语法学家所论之行为与存在并非涉及言 110
说的形式，而是被说出的东西。颜色和圆都是所见的东西，但其定义以及形成不属于看的科学，同样，对立、普遍性的具体化、话语的形式，亦即思想的形式，也不属于说话的科学。但另一方面，人们也看到上述问题非常容易混淆。生理学家也谈论颜色和物体的形式以及空气的化学作用，但不是从光学和化学的视角。要想认清语言中的各种关系不仅更为困难，而且也需要像对待看和所见那样，首先将说话和话语区分开来。我们坚信借鉴自然科学的方法可以完成这一区分，亦即，区分是可能的。

类比法相当于襻带，有益于人们迈出科学的第一步，甚至不可或缺。类比不能证明什么，但具有启发性，不过需要谨慎利用。有人指出："语言是思想的符号，反映思想，包括思想的构成部分及其关系。除了专名（Nomina propria），语言中其他词的使用皆很普通平常。当语言学家界定词的意义，那就是进行普通概念研究，进入了哲学领域。"事实绝非如此！语法学家研究的只是反映在语言中的概念，并非概念本身。如果语言是凸面镜，或者有色镜，如何真实反映概念！

语言是描绘思想的图画。画家在一幅画作中描绘恺撒越过卢比孔河的情形，美学家将之分析为一件艺术品，但如果以同样的视角挖掘历史
资料，研究恺撒的生平，结果会怎样？同理，语法学家若不去研究语言 111
描述的形式，而要研究语言所描述的思想形式，结果会怎样？

站在亚历山大的柱形雕像前，我们看到了什么呢？是化为石头的亚历山大吗？这可类比为语音化的事物。词应该是语音化的思想，亚历山大的柱形雕像是用石头刻画的一位青年，他统一了分崩离析的希腊，横扫亚洲大地，建立了以自己名字命名的城市，并使之成为文化和文明的一个中心，令全世界众星捧月，心向往之。柱形雕像不是艺术家表现在石头上的思想，同样，词也不是表现于语音的概念，艺术家讲述给我们

的并非亚历山大和恺撒的生平，而是英雄的生平在艺术家的认识中的反映。因此，语法学家不应以贝克尔的方式给我们讲述思维和思想的形式，而应向我们揭示外在和内在世界反映在语言中的形式和内容。

织布机是关于纺织的有形思想，本应是技术员向我们讲解的对象。但他却大谈特谈杠杆原理、结构原理、肌肉的作用方式、骨骼的构造，甚至纺织材料。这个技术员就是一位逻辑语法学家。

可见，逻辑语法学家已经偏离了语言，所论及的只是与语言相关的东西。他在谈论思想，并且——简而言之——是逻辑学家。逻辑语法学就是逻辑学。

§45 语言不从属于逻辑

整个语言都可纳入逻辑吗？我们已经看到，贝克尔自己也承认有些不属于逻辑。贝克尔抹杀了语法学的独立性，使之完全从属于逻辑学。他认为有些语法现象偏离了逻辑学，但却无法予以证明和解释。我们批
112 驳了贝克尔，坚持赋予语法独立地位。我们强调这一点是为了指出，如果语法学有权利与逻辑学并列，拥有非逻辑的东西，甚至违背逻辑的东西，则根本只能在于——起码可以猜测——语法有其独特的生命和独立的力量，不从属于任何“主人”。如果语言是有机躯体化的思想，体现逻辑语法，语法学是以语音为有机形式的逻辑学，那么，二者不完全一致就无法解释。从逻辑学视角看，语言时而不足，时而冗余，时而不相一致，时而自相矛盾，看来——照此逻辑——所假设的语法学与逻辑学的关系是错误的。

在其著前言（XIV 页），贝克尔宣称，他关于语言中的逻辑的论述不以任何流派的逻辑系统为基础，也从未想要揭示语言中的认识形式和思想形式，而是分析所发现的语言形式的基本含义，并予以归纳和分类。他发现其中大的类别受制于少数几条思想发展规律，并自称这是一个惊

人的发现。我们很愿意承认他的观点，但他所谓“惊人发现”却不打自招，暴露了他不懂心理学，全然不知人们经常找到的其实只是自己想要找到的东西——另外，他也不懂得批评，不知道即使错误也会符合规律，尤其是在缺乏科学辩证的情况下——而且，所谓“语言形式的基本含义”也暴露出他缺乏批判性，因为谁能说“基本含义”就是真正的含义？——最后，语言呈现了怎样的逻辑？他属于哪一逻辑学流派？他声称不涉及任何流派，但有没有不涉及任何流派的逻辑学呢？难道是孤立 113
的贝克尔逻辑学吗？如此看来，语言中被躯体化的并非逻辑。

贝克尔反复指出，语言是思想的表现，思想的形式可见于语言，然后说（168 页）：“我们即使不能穷尽观察对象，但必须深入研究思想的形式，揭示它们在各种语法关系的不同形式中的表现。”如此详尽论述语言有机体的著作，理应罗列相关所有逻辑形式，说明每一种逻辑形式所对应的语法形式，证明每一种逻辑形式都有其语音表达，每一种语法形式都有其逻辑地位，严丝合缝，无有遗漏。可是，贝克尔只草草列出四种形式，即空间和时间、对立和因果，另各有一些附属形式。然而，这些范畴在语言中绝非通过逻辑的简单性和纯粹性获得体现，同时，逻辑在语法的不同表现恰恰说明语言的独立性。语言不同于逻辑，也不依赖于逻辑。

§46 逻辑拒绝语法

在语法逻辑化的道路上，有一位逻辑学家走得更远，这个人就是特伦德伦伯格（第一卷 315 页）。关于他的思想，贝克尔时有提及，而 E. 赖因霍尔德则直接论及。他是一位大人物，是一位可敬而严谨的学者。而越是严谨，则他的语法逻辑化越是不幸，越是深陷于错误的道路。他写道（《哲学心理学和形式逻辑学教程》*Lehrbuch der philosophisch-propädeutischen Psychologie und der formalen Logik*，第二版，1839，327 及以下诸页):“根据语词与有意识认识之间的关系”(意即词是认识的符号),“逻辑能够证明语法传达思想所需要的语言形式,并且突出语言形式的特殊
114 性。其余语言形式仅仅方便于思想联系和思想交流。”这清楚地表明,语法不容抹杀,不可能归为逻辑的附庸。“归为”只是成功的一半,另一半则在于语言的特殊产物,其动因就是“方便于”——“方便于”什么呢?方便于语言、赖因霍尔德或者贝克尔?这使我们想起《普遍唯理语法》中关于形容词性别词尾的一句话:“形容词名词因其性质而用途多样,词尾的多样性可使语篇更清晰、更美。我们认为根据名词搭配来创造出各种形容词是很恰当的方法。”

这里,读者也许和我们一样,觉得语言中那些非逻辑的形式对于语法而言不具本质性,因为语法的大部分都符合逻辑。赖因霍尔德继续说:“追根溯源,所有语言形式都源自于所谓的话语成分或词类,源自于词的屈折形式和词在句子及句子组合中的位置。但需要指出的是,屈折包含着背离逻辑的形式,语序也是如此,并非必然地取决于思想、并与我们的认识相关联。因此,屈折只涉及从具体认识类型派生词类的问题。”这样,屈折并非违背语法,恰恰说明语法身处逻辑之外。这符合赖因霍尔德之所谓“方便于”以及法语所谓“判断涉及词语和修饰”(juger à propos et embellissement),但有违贝克尔的有机论。

115 我们不想固执己见,暂且承认屈折的非逻辑本质。话语成分才是屈折的本质所在,但愿它们是逻辑的。赖因霍尔德是怎么论述话语成分的呢?我们只要看看他关于派生的结论(330页):“有意识的认识具备逻辑属性,由此,语言必要的构成部分依次是:(1)原始名词,(2)原始形容词,(3)由原始形容词派生的名词。”除此之外别无其他了吗?——没有了!——那动词呢?逻辑上不重要。赖因霍尔德认为系词在逻辑上也不重要,只要有主语和谓语并列即可。sein(是)是动词,是原始的时间词,将系词与时间补足语相联系。原始时间词 sein 本身包含一种关

系，如果再与形容词相联系，就会得到“派生的时间词，即通常所谓之动词。”最后，数词也“十分必要”。那么，副词、冠词、代词、介词呢？它们只是“为了满足表达之需”。如此看来，语法是逻辑的累赘。

语法学家如此看重动词，这会不会是偏见呢？我们不妨搁置动词、代词、介词、副词吧！与其大而空，不如小而精。整个语法的核心无非名词和形容词，但它们为逻辑所需要，而且建立在语言逻辑性的基础上，亦即以贝克尔所谓语言有机性为基础。这样的语法永远是有机的，我们只需要补充赖因霍尔德的一点说明：“我们思想的逻辑性所要求的是某些词类，它们是认识判断成分的语法手段。这些词类也存在语法形式方面的区别，虽然符合实际需要和语言逻辑的要求，但也并非完全必要。”

这样，逻辑不会向语法提出任何要求，而语言根据自身需要、遵 116
循自身规律创造自己的形式，体现出完全的自主性。贝克尔只知道逻辑规律，不了解语法规律。上述类比至少让我们了解语法与逻辑差异性的根本。

C. 语法与逻辑的联系

§47 贝克尔谬论

如上所述，贝克尔的语言逻辑观自古有之，根深蒂固，但是，近来新的呼声响起，要求语法与逻辑相脱离，赋予语法独立地位。贝克尔声称语法皆逻辑，这违背事实，其根源在于莫名其妙的语言人为创造说。我们从贝克尔等人已经明确看到，那些逻辑语法学家所坚持的即是语言人为创造说。现在，人们进一步了解了语言的本质和起源，认识到语言有其独特的属性，要求将语法从逻辑桎梏中解放出来。我们欢迎这种呼声，但并不完全赞同，因为不清楚所谓“解放”的内涵。我们愿意加入同志之列，为说明内涵贡献力量。

§48 特伦德伦伯格论语法与逻辑的区别

随着本世纪词源学和比较语言学研究的深入，人们对各种语言丰富多样的特点认识越来越多，于是，对语言本质的理解不断加深，发现语言并非逻辑，甚至有许多违反逻辑和事实的现象。在对这些现象产生
117 的原因和可能性深入研究之前，人们一般性地将之概括为语言的“自主性”或“特性”。人们追寻语言违背逻辑的原因，为之辩解，并试图在相关民族精神的朴素诗性中寻找答案。民族诗性赋予死的东西以生命，忽视与逻辑的差异性，违反常识的现象也获得了合理性。在这方面，特伦德伦伯格的论述最堪称道（第一卷 317 页）：“语言体现了说者的世界，

使陌生的东西成为自己熟悉的东西，因此，越接近原始，称谓的主观性就越明显，因为，原始语言的萌芽中体现着个体精神对外部印象冲击的生动回应。人称谓事物，并因此熟悉事物，从而将精神从繁多且令人迷乱的压迫中解放出来。同时，说者以自己为世界的中心，从自己的视角观察世界，就像在儿童的地理想象中自家即是地球的原点……在语言中，人是万物的尺度。[①] 精神在与主观性的持续搏斗中追求客观性。在认识中，思想也成为对象，但只涉及事物的关系和事物的形成。这也体现于语言。内省具备强化的力量，使得思想的客观性不断加强，就像在古希腊文学的有机发展中，纪实叙事后来也体现出诗性。——虽然两种趋势都可见于语言，但事实似乎是，主观或客观（语法或逻辑）范畴在逻辑上具有某种客观性，但在语言里却是主观性的表达。这可能是语法范畴和逻辑范畴本质区别的根源。”不过，这一论述只涉及一点，即范 118
畴的主观性和客观性，其实完全可以扩展至其他问题，而且也应该扩展，因为，语言的主观性以及逻辑和认识的客观性都错综复杂，这样，我们就可能认识到语法是不同于逻辑的科学。贝克尔无视语言的主观性，认为语言是有机躯体化的形态，是思想的器官，因此就是客观思想本身，不可能以主观性为主导。上述特伦德伦伯格的观点彻底打破了贝克尔思想的逻辑链条，从而，我们跳出所谓客观躯体化，深入到人性精神活动的主观领域。

§ 49 洪堡特的逻辑语法观

为了充分阐明上述问题，我们有必要引证先驱人物洪堡特的相关思想。需要指出的是，洪堡特语言学思想在其最初那篇关于比较语言研究的

---

① 古希腊哲学家普罗泰戈拉（Protagoras）《论真理》中的名言：“人是万物的尺度，存在时万物存在，不存在时万物不存在。”——译者

论文[1]中最为精彩，后来论述卡维语（Kawi-Sprache）一书[2]的导论[3]中锋芒稍有收敛。我们下面引证的并非洪堡特最先进的思想，但足以说明问题。

语言范畴绝大部分都具有逻辑性，反映普遍性的思想形式和认识形式，构成一个相对独立的系统。这一语法形式或者语法逻辑形式组成的系统是一个逻辑系统，因而根本不属于语言学，至少真正和严格意义上不属于，而是语言学的一般性基础。该系统借用逻辑学原理，为语言学所必需。这里的语法学可称为哲学语法或者普遍语法，其实还算不上语法，只是相关逻辑范畴的汇总。但另一方面，这一范畴系统也不再完全
119 符合逻辑，因其内容不仅仅包含从逻辑学借用来的原理，而且，其范畴被置于一种明确的、非逻辑的相互关系，同时受制于特定的、非逻辑的方式。这种关系和限定是语言语法的需要。这种逻辑语法学既不是语法学也不是逻辑学，而是介乎二者之间，将二者联系起来，从逻辑学看，逻辑向语言提出要求；从语法学看，语言应该有其逻辑。

这种逻辑的、唯理的语法还未涉及真实的语言。真实的语法不仅要说明，每一种语言有哪些语音形式符合唯理语法的范畴，而且还要回答，这种唯理范畴系统是否全部无遗地存在于一种语言中，而且需要明确，是唯理意义上的还是模糊意义上的，是纯粹的还是混杂有其他成分，如此，真实语法才与唯理语法发生联系。在上述方面，真实语言与唯理语法多有偏差。它们有的体现唯理性不够充分，有的在范畴含义方面非常

---

① 指《论针对语言发展不同时期的比较语言研究》（Über das vergleichende Sprachstudium in Beziehung auf die verschiedenen Epochen der Sprachentwicklung, 1820），汉译本可参见《洪堡特语言哲学文集》（商务印书馆 2011，12—37 页）。——译者

② 指三卷本《论爪哇岛上的卡维语》（*Über die Kawi-Sprache auf der Insel Java*, 1838）。——译者

③ 此导论题为《论人类语言结构的差异及其对人类精神发展的影响》（Über die Verschiedenheit des menschlichen Sprachbaues und ihren Einfluss auf die geistige Entwicklung des Menschengeschlechts, 1836），汉译本由姚小平翻译，1999 年于商务印书馆出版。——译者

模糊，还有的拥有非常独特的范畴，既不属于逻辑学，也并非语言本质使然，更非弥补唯理性不足之需，而体现出完全的冗余性。这种真实语法既有特殊的一面，又有普遍的一面。其特殊性要求人们研究各种特殊的语言，而普遍性则要求人们回答，哪些范畴普遍存在于人类语言？逻辑语法的唯理范畴被各种语言改造而体现出差异性的程度和范围如何？各种语言差异性的程度及其意义有多大？对于这种普遍语法而言，唯理语法某种程度上相当于骨架，而只有通过普遍语法才会有血有肉，贴近真实语言，才能不再是无生命的、干巴巴的骨架，成为有生命的躯体。因为，即使语言自主创造的、体现语言自主性的那些范畴，也和那些某 120
种程度上个性化的唯理范畴一样，都应该表现出唯理范畴的次类和变体。

据我所知，从未有人如此明确和全面地表述过这一观点。此论虽然不是最具影响，但却在著名学者中广为流传，洪堡特也多有论及，作为一种将语法和逻辑相联系的观点内涵丰富，值得注意。

§50 逻辑和语法不能牵强附会

然而，我们痛恨这种联系，因为如此联系即是一种歪曲，阻碍语法争取独立的斗争和取得胜利，最终妨害语法学的进步。

我们坚决反对在逻辑学框架下将逻辑与语法相联系，反对逻辑向语言提出要求，反对语言需要逻辑的观点。

按照贝克尔的观点，语言丝毫不能偏离逻辑。如此，根本不存在语法，只有逻辑，语言如何能独立于逻辑面前？如果语言只是躯体化的逻辑，又如何体现与逻辑的不同之处？另外，也不能套用逻辑范畴来体现语言的差异性。如果思想的普遍逻辑规律如此僵化，无论对于我、对于你、对于中国人、对于布须曼人，都不允许丝毫偏差，如此机械，或如贝克尔所谓之自然有机规律，无论在中国还是开普敦，都一成不变，又何须用逻辑改造语言？

121 语言具有自主性，且根源于自身，甚至对于逻辑通过逻辑语法输送而来的东西，既可以改造，也可以照单全收，所以，语言自主性不仅自给自足，并且随时随地。逻辑无权对语言提出要求，语言也没有逻辑化的需要。合理的要求不被满足，合理的需求未得实现，世间哪有这样的事情？即使我们目前了解尚不全面，但对于语言而言，肯定既无所谓要求也无所谓需要。不过我们可以采取一种美学的、唯理的态度，思考语言的理想状态。我们可以对自然提出批评，但我们可以如事实那样安排事物吗？那样好吗？眼睛是一种理想的视觉机制吗？耳朵是一种理想的听觉机制吗？肌肉与骨骼的组合达到了运动力量最大化的效果了吗？如果没有，它们是否还能服务于另一个更高的目的？等等。这样的研究容易引发主观性的危险，会误将主观需要当作标准。但人们无需甚或不能放弃这样的研究，而且必须克服主观性危险，那就需要将研究完全建立在客观认识的基础上。对事物对象提出的要求必须是事物内生的，眼睛要看，耳朵要听，我们不能对之熟视无睹，问题是，它们是否是自给自足的组织？语言何处显露出满足逻辑的义务和逻辑化的需要？难道语言在讥笑逻辑吗？谁给了我们完全用逻辑来衡量语言的特权？假定逻辑对于语言是陌生的，那么我们固守逻辑标尺岂不是置身于语言之外、过于主观吗？如果语言具有自主性，则其优越性只能在于尽显该自主性之所能。自主性的发挥是语言优越性的客观标准。假如语言有助于人类认识的发展，有助于逻辑的、知性的思想，
122 其根源也只能在于语言的自主性，并非为了满足逻辑的需要。语言的力量只能通过和根据自身独特的自然属性得以实现，而非依赖于非自然性。对语言而言，自主性是自然的，逻辑是非自然的。

总而言之，既不是逻辑吞并语法，也不是语法完全脱离逻辑。

§51 类比与反常

在柏拉图和亚里士多德的思想体系中，逻辑和语法被相提并论。这

里还要特别提及斯多葛派，他们以柏拉图和亚里士多德的基本思想为出发点，追寻大师思想的原理，逐步推进，提出结论，认为语言现象主要不是与逻辑的类比性相吻合，而是反常、偏离。亚历山大学派语法学家不屑于这样的研究，对类比和反常有不同的理解。我们这里回应的是斯多葛派的问题，尤其是克利西波斯（Chrysippos）的问题。贝克尔痴迷于类比，反对反常论，认为重拾克利西波斯的问题纯属多余。我们不想纠结于这种纷争，坚持非逻辑语法观，认为语言与逻辑既不可类比，也非反常。无论斯多葛派还是其论敌，无论类比论还是反常论，都深陷迷途，因为，谁让他们用逻辑来衡量语言？我们反对将逻辑视为语言的尺度，当然也反对如此衡量的任何结果。语言不关心逻辑，也无需接受任何逻辑规律，所以，语言并无反常。

§52 逻辑的迷障

最后一点。语法逻辑化不仅无视语法的本质，甚至对逻辑的本质也缺乏认识。对此展开论述，超出了我们的目标。但为了充分说明问题，有一点还是需要说明。如上所述，为了说明语言的逻辑经常不同于逻辑学教科书所述之逻辑，贝克尔列举了聋哑人的例子：聋哑人在自由状态 123
下所使用的哑语符号之间缺乏逻辑学意义上的逻辑。我不知道逻辑教科书里是否规定了句子的语序，是否赋予词序特定的逻辑意义。逻辑可能规定了两个概念相互联系的条件，但是词在句子中的位置顺序却无关紧要。对于逻辑而言，a=b 与 b=a 没有什么不同，正如亚里士多德《解释篇》（*περὶ ἑρμ* 10）所言。赫尔巴特是最敏锐的思想家，他也说："逻辑学不是语言学。"他的确忽略了某些逻辑学内容，但我们无需置评。我们只想澄清一切语法与逻辑相混淆的思想。

D. 洪堡特

我们前面通过批评和类比阐述了相关问题，现在应该通过正面论述来清楚地认识语言和语法的本质，及其独立于逻辑的自主性。我们的批评并非仅仅反驳其他观点，更是为了说明自己的观点。同样，正面论述不仅仅为了阐明自己的观点，同时也更能暴露受批评观点的错误。我们下面从几个方面讨论洪堡特的相关思想。

§53 贝克尔与洪堡特的思想分歧

贝克尔对洪堡特多有引证，声称在借鉴或继承发展了洪堡特思想的基础上提出了语言有机体的原理。但我们上面的批评说明了贝克尔所持哲学观点的缺陷：那是 19 世纪初流行的一种自然哲学，陈旧过时，饱受贬斥，与洪堡特的思想毫不相干。另外，值得注意的是，贝克尔所引证洪堡特的某些话语，是在特定条件下有其适用性，这也说明二人思想的一致性值得怀疑。

我们一般性地指出贝克尔与洪堡特语言学思想的不同，批判了贝克尔的论述缺乏科学辩证性，称赞了洪堡特思想的辩证性，现在，还需要强调二人之间几点本质性的区别。

贝克尔声称自己的语法系统普遍适用于一切语言，由此证明该系统的正确性。他虽然承认具体语言的语法有其独特性，但却认为“这种特殊性不会形成各种语言之间的界线”。相反，洪堡特在其关于语法形式起源的论文[①]中指出两种语言类型之间存在绝对的界线。贝克尔还说："相比较特殊性，语法更承认一切语言之间的统一性，因为，在几乎所有语言中，语法都用相同的称谓区分了相同的词形、格、式、介词、连词等，这难道不是承认语言的统一性吗？"相反，同样在上述论述中，洪堡特旗帜鲜明地反对用相同的语法范畴框套所有语言，认为那是错误的做法。——贝克尔说（3 页）："智力水平较高的民族其语言也较为丰富，更具活力；其他条件相同但智力水平较低的民族，其语言缺乏灵活性，缺乏生机和活力，比较僵化，阻碍智力的自由发展，最终导致精神发展在某些方面闭塞。"洪堡特的观点完全相反，认为相关语言的缺陷是原始的、先天的，因为民族的语言意识低弱，或者发展方向错误，所以，这 125
些语言的缺陷无法完全弥补，相反，那些原本强大但后来沦落的语言在适当的时机还会重新焕发光彩。这构成了弱小语言与强大语言之间的绝对界线。最后一点，贝克尔不承认屈折词尾附着于词根，而洪堡特认为那是印欧语言形式构成的普遍方式之一，只是在个别情况下存在其他方式。（参见《导论》§ 14 以及 CCCXCVII 和 CCCCXXIV 页）在这个问题上，洪堡特像是针对贝克尔提出反驳，似乎看穿他所谓"有机差异性"模糊不清，自相矛盾，不攻自破。另外，洪堡特（CCCXIII 页）指出，语言的发展"并非本能的发展，因此并非生理学能完全解释"。这似乎也是针对贝克尔所谓语言生理学提出的批评。

§ 54 洪堡特的有机论

显而易见，上述问题都具有本质性意义。另外，关于语法和逻辑的关系，我们不妨以洪堡特的观点为参照，首先弄清楚洪堡特的有机论。

---

① 指《论语法形式的起源及其对观念发展的影响》（Über das Entstehen der grammatischen Formen und ihren Einfluss auf die Ideenentwicklung, 1822），汉译见《洪堡特语言哲学文集》北京，商务印书馆，2011，38—70 页）。——译者

我们将会看到，在这个问题上，贝克尔也与洪堡特不同。值得注意的是，在那部论述卡维语的著作长达414页四开本的导论中，“有机”这个词及其所有派生形式，例如“有机的”“有机体”“有机化组织”等，只
126 出现了大约60次，[①]还不及贝克尔一个段落使用的多。洪堡特深入问题的本质，无需像贝克尔那样依靠那个词。更为重要的是，对于洪堡特而言，那个词并非具有原理性意义，对于揭示问题的本质并无多大的启发性，因此只是偶尔使用。这该如何解释呢？

我们先看贝克尔所特别推崇的那篇关于比较语言研究的论文中洪堡特的论述：“以感性和精神方式直接呼出（Aushauch）一种有机物，由此，语言体现出一切有机物的属性，即语言中的一切皆因其他而存在，一切皆因贯穿于整体的力量而存在。”洪堡特在“导论”中也把语言称为一种“呼出”，并且使用了状语“直接”，他说：“语言源自于人类内心深处，不能被视为相关民族的独特作品和创造。语言拥有一种显而易见的、令人费解的自主性。如此看来，语言不是行为的产物，而是精神的非任意性外溢，不是相关民族的作品，而是他们因内在灵秀而获得的馈赠。”但是，洪堡特认为，语言还有完全不同的另一面，但却被缺乏科学辩证性的贝克尔所忽视。在洪堡特看来，这两个方面都非常重要。与语言作品观相关，他认为语言也是“一种自发的生动创造”。比较“导论”与前述贝克尔那篇论文，我们发现一个矛盾。论文中将语言称为“以感性和精神方式直接呼出的一种有机物”，但“导论”则将语言几乎完全与精神相联系，称语言是“民族个性生命的精神呼出”。洪堡特指出，语言是一种
127 存在，同时发挥修正对象的功能，而且，不仅语言的本质是心理的，而

① 如果有读者认为此统计可笑，那他应该想到，我对洪堡特的敬仰可是某种宗教式的，是一种顶礼膜拜，我甚至已经像是在搜集佛经箴言，马上就可以出一部《马苏拉》（*Masora*）全本了。我想问：难道不是有学者在统计《吠陀》（*Veda*）或者《荷马史诗》的词汇吗？——关键并不在于统计什么，而在于统计的方式和目的是什么。

且其心理性贯穿于语音。“贯穿”是语言综合性的体现，是语言的创造性行为，“完全基于人的精神属性”，是“精神冲动促使身体器官发出有分节的音”。(§ 10)“促成有分节的音”不同于贝克尔所谓“概念是作用于语言器官的有机刺激”。洪堡特认为语音与语言心理性之间存在某种对立和矛盾。思想希望得到表达，而语音则形成某种阻力。突破阻力的力量不足则导致语言弱小、不完善。正如下文（CII 页）所言：“人们必须将语言的构成过程视为一种生成过程，内在精神为了表现自己，就必须克服此过程中的困难。该困难就是语音，而获得解决的程度多有不同……当然，关键取决于生成语音的精神是否强大，因为真正强大的语言意识一定会完全克服困难。”如此关于“内生语言意识”与语音相斗争的论述长达数页，与贝克尔形成鲜明对照。贝克尔认为，实施“说话”的不是精神，而是语言器官。没有人会说，空气呼吸，光亮看，而说，肺呼吸，眼睛看，同理，也不能说“精神说话”，精神只是刺激，应该是嘴巴说话。空气刺激肺，思想刺激舌头。

无需细究已然明白了贝克尔所谓有机统一的内涵。按照反对关系（conträr）的概念，他所谓有机统一应该是逻辑系统的统一，虽然他没有明确使用这个范畴。我们认为贝克尔完全缺乏批判精神和严谨性，引证了洪堡特那篇论著中模糊的表述。而洪堡特那样表述是为了进一步的界 128
定和完善。

那么，在洪堡特那篇“导论”中究竟什么是有机性？首先，语言器官是有机的，例如在（LXXXIX 页）指出一部法律的有机性，并将之解释为“源自于语言器官及其协同作用，取决于发音的难易度，也遵循语音的自然关联性”，因此与语言的精神原则相对立。这是一种尖锐的对立，“如果精神原则的影响力减退，则有机原则就会占据主导优势，就像动物的身体，如果生命原则丧失，则化合力（Affinität）占据主导。”“有机性”在这里恰恰表示语言的无机性，或者最多只涉及语言的材料因素，而材料因原子组合方式而有机或无机。氧的组合方式中蕴含着有机或无机，同样，语音的变化方式中也蕴含着有机或无机。只有在有机原则指导下将氧和其他元素组合起来才会出现有机产物。语言的情形也是如此。

有机性如此随机，这样的阐述不能算是成功。有机性不仅涉及语言的材料元素，更涉及语言材料服务于语言功能的相互联系，即语音的组合，这才是洪堡特对这个词的一般理解。他使用“有机语言结构”“有机结构”“有机语言大厦”等术语，在与被说出的思想、词汇和语法形式的对立中理解“语言本身”。同样，他把“有机地组织”理解为“建造”（bauen）、“组织”（organisieren）、“整理”（ordnen）、“塑造”（formen）等，并在阐述中交替使用这些词。他强调，“建造”“塑造”等都服务于语言的功能，因此，“有机的”也可以理解为：适用于语言的真正的、理想的本质。读者可以看到“有机正当性”或反义“不完全有机性”等表述。
129 精神也具有有机组织性，包含精神的“倾向”“习惯”“认识方式”“特点”等。该组织的效果良莠不齐，取决于精神活动的效力，例如精神活动的正确性和适当性。

这里将语言形象地比喻为一种有机体或者肢体，例如将语言称为“思想的建构性器官”（XVIII, LXVI, CCV, CCVI 页），这使人想起动物身体的腺，例如唾液腺、乳腺等，负责排泄某些汁液。如果只看到这种形象比喻，局限于此去理解洪堡特的思想，则会完全误入歧途。因为，洪堡特认为，语言并非静止、固化的躯体和器官，而是精神器官，为人们经常使用，处于行为之中，但同时又是一种必然存在的器官。这就是语言形而上学必须清楚说明并解决的矛盾，也是说明语言“有机体的生命力”的优势所在（CXCVII 页），例如血球相对于骨骼、头发等就具有更强大的生命力。

在洪堡特的论述中，“有机体”“器官”只是为了说明语言问题的形象比喻，并非像在贝克尔及许多人那里具有丰富的思想性，也不像在弗里德里希·施莱格尔（Friedrich Schlegel）那里充满神秘感。要理解这种形象比喻的意义，就需要仔细通读“导论”，才能理解其中各部分之间的关系和关联，才不至于断章取义和望文生义——这并非难事。但现在却需要一番解释，而且解释者面临困境，因为洪堡特思想的整体性已被肢 130
解，似乎需要用其他局部才能解释当前局部，殊不知其他局部也需要解释，结果可能会越涂越黑，还不如读者自己去通读全书，更何况大部分读者并没有疑惑，不需要解释。

关于洪堡特语言有机体形象比喻的意义，最重要、最有说服力的是下面这段话（CXXI 页）：“因为语言与精神力量直接关联，所以是一个地道的有机体，人们在其中不能只区别部分，而要揭示其运作的规律，或其运作的方向和目的。人们可以将此与有机人体的生理学规律相比较，那里也存在科学观察与各个部分的局部观察的本质区别。因此，这里所阐述的不是逐个部分，就像某些语法学家对语音系统、名词、代词等的分析，而是语言的特性。这些特性不仅贯穿于语言的各个部分，而且清楚地界定了语言。”这段话集中体现了洪堡特的语言观及其先进性，我们下面的论述就以此为出发点。显而易见，洪堡特在推动现代语言学的发展，而贝克尔最多只是小打小闹，在陈旧的逻辑语法中停滞不前。

仔细分析上面那段话，我们发现“语言与精神力量直接关联”解释了“直接呼出”的说法，再一次说明语言超越自然和感性领域，属于精神领域。这似乎与贝克尔的说法相吻合：“语言是表现出来的思想。”但贝克尔的话空洞无物。继续品读洪堡特所言：“人们在其中不能只区别部分，而要揭示其运作的规律，或其运作的方向和目的。”我们起码觉得贝克 131
尔纠结于部分而止步不前，当然，他通过有机差异性将部分置于关系之中。贝克尔反复强调有机对立和对立的形式，它们与洪堡特所谓之“运作的方向和目的”一样吗？贝克尔何时认识到语言的“运作”及其不同的“方向和目的”？洪堡特反对谈论语音、名词、代词等语言的“逐个部分”，而关注“语言的特性。这些特性不仅贯穿于语言各个部分，而且清楚地界定了语言”。贝克尔何时论述过语言的特性？如果我们将洪堡特所言视为语言有机性之所在，将其语言观称为生理学语言观，则该怎么称谓贝克尔的语言观？贝克尔的语言有机论与洪堡特的思想一样吗？

我们下面在整体关联中分析“语言运作的方向和目的”的内涵。洪堡特在“导论”的前6章论述人类精神发展的最主要因素、最主要的动力和特性，而且始终在语言观照之下。（§7）详细论述语言与历史的关联，但又指出其中的困难（§8篇首）：“语言通过各种各样的词、规则、常规和例外呈现给我们无尽的细节，如此庞杂混沌的现象使我们陷入窘境，所幸其中含有秩序，帮助我们将之与人类精神力量的统一体形象比较，得出判断。”值得注意的是，这段话与（§13）开头所言相吻合：“如果人们要在语音形式和思想形式以及二者正确而有力的相互渗透中寻找语言的本质”——此三点已经在（§10、11、12）予以专门论述——“则
132 需要对混沌使用的无数细节进行界定。”洪堡特始终致力于“简明扼要地总结每一个语族的特点，以便对相关语言开展有益的比较，明确语言与相关民族精神力量的关系”。“为了证明语言结构的差异性是人类精神发展的必要基础，解释二者之间的相互影响，有必要对普遍性进行分析，然后将分析所得之特殊性置于统一之中。”显然，洪堡特要在（§13）开始接续（§8）结尾的论述，也就是说，经过（§8）的必要铺垫之后，在（§9—12）继续阐述（§7）所预告的观点，正如（§13）篇首所言，“详细展开关于语言的定义”。（§13）开首总结前文。（§7）的论述至（§8）遇到困难而中断，现在找到了克服困难的手段。可想而知，相关两段中两个相互一致的观点蕴含着第三个观点，同样也与前两个相一致，否则（§13）就可以结束对前两个观点的论述，直接转入问题的核心。这第三个观点就是我们刚才所引用的那段，我们从中可以了解洪堡特的语言有机论。（§8）有一段非常简单明了，极具启发性。（§13）写道，有必要

对普遍性进行分析，然后将分析所得之特殊性置于统一之中。至此，语言的特性跃然纸上。因为语言是一个完完全全的有机体，所以，人们不仅要区分其中的部分，更要关注贯穿所有部分的语言特性。(§8):"这还要求"——这里有个前提，就是要满足一个要求，什么要求呢？——"找到这些具体特性共同的根源，将分散的特点汇聚于有机整体的图画中。"我们比较两处的说法，(§8) 所谓"具体特性""分散的特点"就 133
是 (§13) 的"细节和部分"，相反，"运作的特性和规律、方向和目的"(§13) 就是 (§8) 的"共同的根源和有机整体"。(§13) 重提了所论的前提，(§8) 预告了研究的对象，除此之外，两节没有什么区别。这样，(§8) 应该已经阐明了语言的有机性，(§9—12) 只是进一步的展开。同样无可辩驳的是，洪堡特将语言有机性称为"一幅图画"，其含义是，每一种语言都有其独特的形式，与其民族精神的独特性相吻合，体现于每一种具体因素，因为那些独特的形式属于语言创造活动本身。这种形式是"贯穿于整体的力量"，语言中的一切都因此而存在，并体现出各自的特点。因为该形式充分体现于每一种具体因素，所以可以说，每一种因素既因自己而存在，又因其他因素而存在，因整体而存在。一切皆因共同的形式而存在，因此，语言创造的第一种因素就已经被赋予某种特定形式，同时，其他后来因素被创造的方式和内容也都已经预先确定，可以说，随着第一种因素被创造，整个语言也被创造。所以，这就是形式的独特性，体现于语言运作的方向和目的，是语言有机性的源泉。

贝克尔没有论及语言的形式范畴。我们也无意详细讨论语言形式的 134
问题，只想指出两点。第一，贝克尔认为语言的有机性在于，词和概念在发展和关系方面相一致。相反，洪堡特的语言观不是基于概念，而是基于特性，即语言处理或表达概念的特性。如上所述，语言的形式可类比为生理学因素，其关键不在于概念，就像看的关键不在于光，肺的关键不在于空气。我们在这里又一次看到，贝克尔所谓语言等同于思想的观点根本没有触及语言、语言的形式和语言有机体，而只涉及概念，而且是外在于语言的概念，我们也看到他的语言有机体是怎样摇身一变为形式逻辑的。

第二，洪堡特通过“形式”这个范畴说明了每一种语言的特性，也就是说明了各种语言所体现的形式的多样性。根据洪堡特的说法，因为语言是有机的，所以诸语言的结构体现出各种差异性。相反，贝克尔认为语言的差异性并非本质性的，是“有机自由性”的产物，没有明显的理据，具有偶然性，严格而言就是无机的。如此看来，洪堡特有机论的根据在贝克尔眼里是无机的，而贝克尔有机论所依据的不是语言，而是逻辑。

我们下面稍作深入讨论，去理解“导论”关于语言有机体的界定。洪堡特在该著（§ 13—18）论述了语言运作的方向和目的，之后，（§ 19）重回“形式”这个普遍性、涵盖“方向”的概念，同时引入另一个概念，即“原理”（Prinzip）。为什么换了一个术语？我们不得而知，这正是洪堡特的风格，读者只能适应。但是，虽然“形式”这个概念意味着差异性，但却在（§ 9—18）完全沉寂，之后又在（§ 19）重新浮出，并且改称
135 “原理”，之后，“原理”和“形式”在论述中交替使用。这一方面说明两者的关联，同时也是对“原理”的进一步界定。形式和原理都被界定为“诸语言因素的统一体”。另外，“原理”这个表述对于表达“贯穿整体的力量”更为有力。

在（§ 20）中，语言的特性和语言结构的形式分别而论，之后在（§ 21）提出问题：各种语言生命力和发展能力的基础是什么？当然是原理的规律性和纯粹性，是形式的适当性，是语言有机体的完备性。但洪堡特并没有这样明确表述，而是指出，每一种力量只能在适合于自己的轨道上发展，在其他轨道上必然受阻、弱化。在洪堡特看来，语言发展能力的源泉并非语言运作的原理或形式，而是语言的力量，同时，因为

语言的运作体现于语音和概念的综合（Synthesis），亦即语言综合的力量，或称语言有机动能的力量，是语言材料的形式所蕴含的力量，是贯穿于所有具体单位的原理的力量。

我们重申，洪堡特所谓之有机体内涵丰富，是一幅图画，涵盖了语言学最主要的对象。因为他十分重视对象问题，所以，在相关论述中，并不十分在意对“图画”一词的使用，甚至用别的术语取而代之，例如“形式”“原理”“综合”等（§8、19、21），因为它们更适合于相关的上下文。

§55 贝克尔、关联论者和洪堡特

我们现在还不能对“综合”这个概念展开论述，只需要补充指出，洪堡特语言学思想的核心不是语法与逻辑的关系，而是综合。我们现在还不知道，语法与逻辑关联论是否会因为“综合”概念而无法立足，因为关联论违反洪堡特的思想逻辑，或者，关联论早于综合论，前者虽然已经被后者推翻，但却余孽不死。我们需要强调指出，至少洪堡特明确表示，相比较语法与逻辑的关联，综合更为重要，更具本质意义。他说 136
（CCLXVIII 页），为了明确语言的独特本质，最不应该关注的是语言有哪些范畴，有多少时态和式等，最不应该聚焦语言与逻辑的关系。洪堡特在这里没有告诉我们他的语言观的重要性所在，以及语言综合的力量所在。他认为，如果人们对各种语言的观察只关注梳理和比较那些在语言中得以表达的逻辑性认识的形式和思想的形式，没有进一步探究语言综合的力量，则“不够深入，忽视了语言形式化真正的内生目的，局限于语言结构的外在现象”。这一批评既适用于贝克尔，也适用于他在前言里所引证的那些美洲语言、波利尼西亚语言（polynesisch）、印度语言等领域的语法学家们。但那些关联论者也应该自我检讨，反躬自省。

第二部分　语法与逻辑

137

I. 绪论

A. 语言学概论

与其他所有科学一样，语言学的前提也是其对象的存在以及对此存在的意识。科学的对象必须在研究伊始予以清楚地界定、称谓和展示，这样，就不会在研究过程中产生疑惑。因此，我们需要从名词性定义（Nominal-Definition）开始，而将现实性定义（Real-Definition）隐性贯穿于科学阐述的整个过程之中。

§56 几个定义

语言学的对象是语言，或者说涉及语言的方方面面，包括通过分节的语音对内心、情感、精神等活动、状态和关系的有意识的表达，可细分为：

言说，亦即当前或想象为当前的语言行为或语言活动。

语言能力，一方面是发出分节语音的生理力量，另一方面是先于语言而存在、并通过语言而获得表达的内心的全部内容。

语言材料，亦即语言能力通过言说所创造的要素，它们在表达内心
138 对象时被反复使用。这些要素起初被创造也是为了日后内心表达之用，或者更准确地说，第一次表达内心所使用的特殊因素在再次相同内心表达时被重复使用。

一种语言（一种具体语言），相关民族语言材料的总和。

§57 语言学的观察方式以及语言学与其他科学的关系

仅仅上述那样界定对象是不够的，还需要说明从哪个方面对之展开分析，因为人们可以从许多关系、许多方面、用许多方式看待对象，例如，思想是逻辑学、形而上学和心理学的研究对象，但在每一种科学中却关系不同；植物是植物学和药学的对象，但两种科学各从不同的方面开展研究。人们早就知道语言学不是从所有方面对语言开展研究，例如，不能要求语言学说明是否允许出卖朋友的秘密，议会和会客室是否是十分珍贵的公共设施。但是，无论有没有人提出要求，科学都需要界定自己，需要做出解释，使得人们明白孰是孰非，明确为什么有的是该科学的问题，有的又不是。当然，科学不能、不应该从负面划定自己与其他科学和精神领域的界线，不应该说明自己不是什么，而应该从正面界定自己，说明自己是什么，以此说明与其他科学的界线。

人类理论活动包括两种普遍类型，或者基于两种精神活动，即判断和评价。判断包含一个认识，评价包含一个明确的表扬或批评。人们认识某物是什么、特点如何，而人们评价某物是否美或丑、好或坏、真或假，以及在某种程度上说明对或错、符合目的与否。因此，有的科学探 139
究现实事物及其相互关系，认识并解释存在和规律，而有的科学则研究评价的标准，以及表扬和批评的根据。

那么，语言学是认识的科学还是评价的科学？我们的回答是：是认识的科学。说出的话无所谓真和假，真或假只能是被说出的内容，亦即思想。言说在道义上好或坏，那是一种事实，属于道德评判的对象。作为语言学的对象，言说是行为，不是事实。评价言说美或丑，属于修辞学和诗学，不属于语言学。但评价言说对或错则是语言学的任务，不过是间接性的。语言学指出何为正确的说法，以此禁止其他说法，或者对其他说法提出批评。

因此，语言学的任务本质上或本源上是认识，不是评价，不是审美——人们曾经如此界定评价性科学。但语言学与评价性科学也有交集，或者在某些方面完全相同，例如格律学。不过人们完全可以将格律学从语言学分离出去，归入诗学，它其实纯粹属于艺术学。因为，语言体现格律虽然并非偶然，但语言的本质是对内心意识的表达，不是体现格律。语言是一种发声，所以也可以艺术地体现为声音形式。但此形式化并非属于语言的内在本质和目的。节奏不涉及意义，毫无意义的音节也可以像词一样产生格律效果。

语言学的任务不仅仅是观察语言本身，也不仅仅观察每一种语言的
140 元素，还要观察一种语言在所有文献形式中的使用，也就是说，语言学的对象不仅仅是一种语言的形式，还包括该语言的特点和在文献中逐渐形成的风格。语言学在这方面就是审美的。语言学这时虽然涉及修辞和诗学，但对演说和诗歌创作并无指导性，只对其中的独特风格进行描写，所以仍然是历史性的，但也因此而进入文学史。我们只能承认这么多。文学史中存在某种语言学因素，甚至是非常重要的因素，但整体而言文学史的任务和功能不属于语言学，因为它除了包含某种语言学因素之外，还包含其他的、更具本质性的因素，可能与语言学毫不相关。文学史是艺术史的一部分。艺术的表现材料是认识和思想，亦即包括语言。众所周知，这涉及六种艺术：叙事、诗歌、戏剧、历史、哲学和修辞。这些艺术的表现材料在某种程度上是语言，所以文学史需要借助语言学。但语言并非唯一的表现材料，还有思想因素，与语言学毫不相干，纯粹属于文学史。波克（Böckh）警告文学史将表现形式以外的东西也纳入自己的领域，值得谨记。凡是被表现的内容和事实，都不应该进入文学史，都属于“纪实”（Realien）的历史。柏拉图的表现形式和风格属于文学史，而他的哲学则属于哲学史。表现形式和风格并不仅仅基于语言，柏拉图的语言表达并非柏拉图风格的全部。相比较语言，风格更取决于诸多思

想的秩序和联系，那是更原始、更具意义的因素。这种视角完全属于文学史，不属于语言学。我们再举另一个例子。古希腊戏剧属于古希腊文 141 学史，包括所有相关本质特点，难道还能划归到别的领域去吗？但是，古希腊神话史本身不属于文学史，因为神话传说不是戏剧的形式元素，而是材料元素。古希腊戏剧史只研究那些传说被戏剧形式化的特点，其余留给希腊神话史。无论戏剧史和神话史有多少交集，都不能混为一谈。就神话而言，即使其中的非语言学因素也不能进入悲剧史，但它也会告诉人们某些相关内容，例如埃斯库罗斯（Aeschylos）安排两个人在舞台上说话，而索福克勒斯（Sophokles）的舞台上则是三个人，还会告诉我们后来的喜剧里没有了合唱，等等。所有与戏剧形式本质和直接相关的，都与语言表现无关或仅仅间接相关。文学史家应该了解语言学，但文学史不出现于语言学。语言学可以进入文学史，但绝非其主要内容。所以，我们要在概念上区分二者，虽然在实践中界限模糊。这种关系不足为奇，因为语言学根源于语文学。①

但是，有一个语言学领域具有审美的、评价性的特点，同时具有语言学独特性和本质意义，那就是对诸多语言的系统排序或者分类。人们不仅要根据共同性将诸语言分为类型和语系，而且要针对这些类型来划分发展梯级和等级，也就是说，要评价诸语言的价值，评价语言作为精神产物和精神发展手段的价值。

最后还有一种区分。言说是心理行为，因此语言学属于心理学范围： 142 与关于思维和意愿的科学研究思想和意志冲动如何产生一样——不是研究它们的状况——都属于心理学。人们始终承认，对语言本体和语言能力的观察纯粹是心理学的，经常在心理学教科书中专门论述。语言学完全属于心理学，但是，语言材料，亦即各种语言，是人类精神的特殊产

① 参看拙著《论关系代词》（*De pronomine relativo*，1847），观点与波克一致。

物，则不再属于心理学，而属于历史，亦即属于语言学，[①] 如同具体的意志冲动和思想不再是心理学的对象一样。但是，根据我们上面的定义，言说是现实的或者被想象为现实的语言行为，既是语言学的对象，也是心理学的对象，当然各自关系不同。在每一次言说中，语言都是已经给定的，语言材料作为既成产物被使用，因此，言说是语言学的对象。语言材料由认识构成，而且语音、发音也表现一系列心理冲动，是心理学观察的对象，但心理学观察在此不针对心理产物。赫尔巴特在《论范畴和连词》（*Über Kategorien und Konjunktionen*，《全集》第七卷 482 及以下诸页）中将语言视为心理学的研究对象，这样的心理学不属于语言学。同样，哲学家对认识颜色和认识声音进行心理学观察也不应该属于颜色学和作曲法。

对语言特殊本质的进一步认识只能依赖于深入的语言学研究，迄今为止人们在许多关键问题上还存在争议，因为，科学的特点根本上取决于对科学对象的认识。根据所探究问题以及认识水平的不同，所采用的
143 观察方法也不同。但是，人们要在语言中发现什么，语言的内涵究竟是什么，则需要语言学逐步明确——千头万绪，语言学已经开始探索。

§58 我们的任务

本书的目标是明确语言学的原理，进而揭示语言学的特点。但我们并非要提出一个语言学系统，而只是为此指明方向，奠定基础。当然，如上所述，我们只有深入挖掘语言学对象的普遍性本质，才能发现语法的原理。因为，所谓语法原理，就是语言最内在、最独特的本质，就是语言存在并发挥作用的基础，是一切语言关系之所依——因为该基础是语言行为的根源，否则，语言只是死的材料。语言材料因此基础而获得

① 本书最后还会论及这个问题。

生命，甚至因此才被创造——别无选择。缺乏对此原理的清醒认识，就只会描写语言外在的、感性的架构，即语音形态，而与语言的灵魂和生命活动、语言的内涵及其所有关系失之交臂，偏离方向，误解语言的本质。迄今为止的语法学就犯了这样的错误，无视语言的独特性，误以为逻辑是语言的灵魂。我们上面的批评说明了这一点，但还需要加深这方面的认识，揭示语言真正的本质，阐明语言的基础、语言与其他精神活动的关系、语言在精神生活中的地位和功能。

对于所有科学研究而言，最重要的是对错误的认识进行彻底批判， 144
排除追求真理道路上的障碍，因此，我们还需要继续前文所做的努力，继续批判错误的观点，进而明确正确的立场。正确的立场正是开展批判所依据的核心和信心。

我们下面的批判不再针对相关的学者，而是围绕问题的要害，以此来拷问现行诸观点的合理性。我们要聚焦语言，检验有些人的断言，看看言说和思想是否真的一致，语法和逻辑是否真如贝克尔所信誓旦旦的那样等同，语言是否以及多大程度上是逻辑的，亦即探究语言的逻辑性问题。在否定了错误观点之后，我们再从正面阐述语言真正的本质和真正的关系。

在语法与逻辑的关系中，我们心系语法，因为那是我们的目标，虽然如此，我们也不能不关心逻辑，也应该研究纯粹的逻辑问题，因为我们必须解决二者的领域之争，推翻错误的区分，回归正确的认识。究竟什么属于逻辑，什么属于语法？我们无法先知先觉，而是要去检验，要重新研究归属问题，排除疑义。我们要将逻辑从语法中清除出去，消除逻辑因素对语言学的不必要的干扰，同时，我们也不允许任何语法因素混杂在逻辑学之中，将一切非法占有清退出去，归还给语法。我们虽然也要利用逻辑进行阐述，但必须始终以阐明语法为目标。因为，如果任凭语法的因素流失于逻辑，那似乎意味着，语法必须向逻辑租借本属于

自己的、不可或缺的东西。我们要揭穿语法逻辑性这一假象。但是，所
145 有这些讨论都需要原则，同时，为了划清界线，必须首先跨越界线。这要求我们认真研究逻辑，无论情愿与否，虽然我们知道那里不是我们的家，但我们要有基本了解，才不至于无视必须克服的困难，尤其是有人已经摆放于我们面前的困难。无论何时何地，我们都要旗帜鲜明、坚定不移地表明自己的观点，并提供充分论证。这是正当之举，我们责无旁贷——不奢望博取声名。另外，对于某些科学问题而言，相比较埋头于问题，不如从旁入手更为容易。我们寄希望于另辟蹊径观察某些逻辑问题，实事求是，明确我们应该提供什么、拒绝什么、接受什么。

B. 逻辑概论

§59 逻辑学及其不同于语言学的科学性

我们前面指出，语言学是一种认识性和判断性科学，而逻辑学是一种评价性和审美性科学——二者特点始终不同。逻辑学的目标不是，至少不仅仅是对现实存在的对象和关系进行认识，而是去评价，并探寻评价的标准。逻辑学的问题是，某一思想的构成是否正确，或者，某种被称为思想的东西是否为真，因为不能正确想出来的东西，其实不是想出来的，而只是假想的。逻辑学只追问，一个思想是否是正确或是否是真正被想出来的，所以，它所探寻的标准必然存在于思想的本质本身，思想能力是逻辑最普遍的标准。

由此，需要指出两点。第一，如上所述，逻辑学如同所有审美科学 146
一样，是一种假说性科学，也就是说，思想的内容必须具备一定的特点，而逻辑学只需对此做出解释，但无需说明思想是如何产生的，人是怎么想到的，亦即，逻辑学所采取的不是遗传学的方法。逻辑学根本不关心我们是怎么产生正确或错误的思想的，因为它根本不涉及思想在思维中形成的情形。诚然，逻辑学评价所面对的是思想，但无需解释之，只评判其正确或错误，不问其在具体情况下是怎么产生的；只说明某一思想正确性的特点，不问其身世。——相反，语言学是一种关注遗传的科学，不仅研究对象的存在，也研究其形成和发展。遗传性是语言学对象的本质和内在关系，与其外在关系一样，都需要予以认识。

第二点涉及逻辑学的形式属性。因为逻辑学的对象是给定的思想，而且是思想本身，是思考的产物，所以，不仅忽略思想在思维中形成的心理学观察，而且也忽略思想与现实、存在以及思想对象的关系，因为针对后一点，逻辑学被认为是形式的。在纯粹数学的三角形分析中，构成三角形的材料无关紧要，重要的只是三角形的形状，同样，对逻辑学而言，其所面对的思想的对象无关紧要，只需对思想的形式进行评价。这是一种片面的观察方式，因此，逻辑学不能评价思想的真或假，只知道对与错，也就是说，某一思想是否满足了思考所需之条件，而不论所思是否符合事实。这是一种缺陷，与纯粹数学相同。假设，有人画了一
147 个圆及直径，对我们说，他画了一个正方形，有对角线，要证明正方形中由对角线形成的两个三角形的关系。这虽然是一派胡言，但无论逻辑学家还是数学家都无言以对。有人计算自己的财富，虽然对自己的借与贷含混不清，但计算仍然正确。虽然弄不清自己的财富状况，物质条件未得满足，但形式条件尽得满足。

这样，形式逻辑学也是一种非常片面的科学，但较好于纯粹数学，因为形式逻辑条件的满足是真值的基础，但不保证对真值的认识。思想如果不正确则必然缺乏真值。根据逻辑学的前提条件，现实中不出现违反逻辑规则的关系，因为，即使出现，也不可能被想出来，也不会被认识。违背逻辑的思想根本不会被想出来，更不能用来理解其他事物。

无论多么片面，多么缺乏真值，逻辑学的重要性毋庸置疑，因为逻辑规则的满足是真值和一切思想的必要条件。逻辑学在 19 世纪备受歧视和冷落，实属不幸。逻辑是人们获得真理的基础，应该从小学起，积习成性。

§60 为形式逻辑辩护

哲学家现在如果还用同一论那些荒诞概念来反对形式逻辑，那就太过时落伍了。这种哲学荒诞而又虚幻，已为世人摒弃。但是，特伦德伦伯格对形式逻辑的批判则需要认真对待。

特伦德伦伯格提出一个非常卓越的批判原则，以实现真正的批判。

他说（《逻辑研究》第一卷 6 页）：“我们要问，逻辑学在多大程度上能够完成自己的任务？……在查阅该科学的著述时，我们需要关注，形式逻 148 辑是否形成了一个自足的闭环？或者，它所包含的是否超越了思维的形式，触及到对象？在后一种情况下，形式逻辑就是自我评价。”形式逻辑必须接受这样的批判。同时，这样的批判显然也没有超越形式逻辑闭环的界线，没有将不属于形式逻辑的东西赋予或强加于它，特伦德伦伯格对任何越轨企图提出警告：勿越雷池（ne ultra）！我希望，形式逻辑的闭环、任务以及倾向性已经明确，当然，我们要谨慎做好自己的论述。

特伦德伦伯格一开始就对逻辑学提出苛刻要求，通过类比质疑逻辑的可能性。他说，要理解感官和器官，就必须关注其形式和目的及其所涉及的对象。要理解眼睛，就必须观察其形式，还要观察光的特点。同样，要理解思维的形式，就必须同时关注思维及其与对象的关系。如果逻辑学以为真值就是思想与现实对象的一致，那无异于“自废武功”。我们认为，果真那样，逻辑学不仅仅自废武功，而且难免有信口雌黄之嫌。逻辑学只告诉人们思想的对与错，而非真与假，生理学要认识我们的器官和感官。逻辑学没有责任解释思维，那是心理学和形而上学的任务。逻辑学只研究正确思想的特点。

特伦德伦伯格对逻辑学概念的评判应该是正确的。概念无非是特征的集合，这是非常抽象的概念理解，有待完善。而形式逻辑就是这么抽 149 象，还有那些关于物质的科学亦如此，而且需要逻辑学的监护。逻辑学不能用女人的头和乳房去评价一条鱼或一头狮子。对于逻辑学而言，“斯芬克斯”这个概念就是一组互不冲突的特征，是一个正确的概念。但是在比较解剖学家看来，那些特征相互冲突，不相协调。这时，相对于解剖学，或者相对于解剖学家的逻辑，“斯芬克斯”就是一个错误的概念。这并不是说有多种逻辑，而是说，“斯芬克斯”这个概念包含“人的上身”和“兽的下身”两个特征，在逻辑学家眼里没什么不对，而在解剖学看来，人的上身有其特定关系，动物的下身也有其特定关系，二者不相协调，相关关系构成排他性对立。逻辑学家按照解剖学要求自我纠正，就会说，“斯芬克斯”是一个违背原则的概念。如此，形式逻辑变成了应用逻辑。

这里需要指出另外一点。特伦德伦伯格指出（7页）：“人们不能摆脱事物，因为那是认识的对象，认识是对事物的反映。”他认为形式逻辑只观察思想，不涉及事物。这似乎值得质疑。逻辑学不仅仅与事物无关，而且与相关认识和概念也无关，只涉及概念、判断和推理等思想的形式。逻辑学的对象不是这个或那个概念和推理，而是抽象的概念和推理，是以它们为形式的思想。对于逻辑学而言，概念只是特征的汇集，而且，
150 每一个特征都处于特定关系之中。但逻辑学忽视这种特定关系，只关心特征的存在，不关心联系它们的纽带，也就是说，只需要概念具备“特征性”，亦即具备拥有诸多特征的属性。但是，诸概念之间的关系，哪怕是非特定关系，也是联系概念的纽带，应该也是一个重要的逻辑学范畴。例如，在加和（Summe）关系中，即使相互反对的概念也能共处。当然，在应用中，形式逻辑也要求特殊的确定性，而这种确定性又使得形式逻辑中的关系具有一定的确定性，但是，在具体评价中，形式逻辑的范畴和标准是普遍性的，两个概念之间矛盾关系的根据存在于它们的内涵之中。对于形式逻辑而言，概念的这种内涵是确定的，但却不涉及观察的客观对象，被观察的只是概念之间相反对立的关系。这种关系的根据即使存在于特殊的内涵中，逻辑学也是根据思维的一般属性而将之判断为两个概念之间的关系。两个概念不可能被同时想出来，因为想到一个就是抵消和否定另一个。形式逻辑就是要教育和训练人们做出区分，无论需要区分的对象多么相似。

我们前面指出特伦德伦伯格对形式逻辑学的批判是正确的，但同时，他对形式逻辑学也提出过高的要求，认为形式逻辑虽然以给定的思想为基础，但却无法解决其中的问题。例如他认为（11页），提出形式逻辑

的否定太过突兀，应该首先说明否定的起源和意义。我们的回答很简单：对于形式逻辑而言，否定是给定的，如同概念和思想一样，在需要的时候即可引入。否定的起源不应该是逻辑问题，而是心理学的问题。心理学的主要任务就是揭示思想的形成。

形式逻辑虽然不是亚里士多德式的，但却是亚氏所创。他是形式逻
辑的鼻祖。关于亚里士多德逻辑和形式逻辑的区分，特伦德伦伯格没有说 151
明二者的本质性差异，更谈不上指出形式逻辑相比较亚里士多德逻辑的倒退。亚里士多德以降，科学的分化和细化不断发展，逻辑学的界定也不断严格，最终成为纯粹形式的科学。亚里士多德逻辑学并非那么形式化，甚至与语法彼此不分，但形式化的趋势已然孕育，最终结出了形式逻辑的果子。我们赞同康德和赫尔巴特的观点，要求严格划清诸科学之间的界线，起码在概念上划清界限。特伦德伦伯格对歌德十分推崇，那我们就听听歌德怎么说（《雅典娜神殿入口》[*Propyläen*] 发刊词）："各种类型的艺术具有相似性，体现出一种相互统一甚至融入对方的趋势。"——与诸科学相同——"但是，正因如此，艺术家有义务将自己的领域与其他艺术相区分，这也是他的功劳和荣誉。每一件艺术、每一类艺术都要立足自我，尽量体现自己的独立性。"科学难道不应该如此吗?

因此，形式是我们区分逻辑与语法的关键。抛开话语的内容，仅就其语言形式而言，语法也是形式的。但相比较逻辑，语法更像是纯粹数学，二者都体现出某种物质性，都反映某种思想过程，并以逻辑的形式体现特定的内容。语言形式是一种材料，是逻辑形式的特殊使用和体现。所以，与其他科学一样，语法也隶属于逻辑学，同时与之完全不同。

以上是对语法和逻辑差异性的一般性论述，下面再展开深入阐述。

152

II. 语法与逻辑差异性详论

1. 言说与思想一致吗?

§61 言说与思想的所谓不可分割性和统一性

从柏拉图到贝克尔，人们认为语言是内心的表达，是心智的表现。我们同意这一观点，但问题是，不能将语言和心智视为等同，不能断言语音的含义完全就是心智和认识的产物，进而等于概念和思想。据此，语言具有两面性，即内在和外在，一如人的身体和精神，相互关联。人们认为，语言的语音方面是外在的，相当于身体因素，是内在方面的处所，心智在其中诞生、生活和居住，并由此得以表达，体现出感性。人们认为语言即思想，词即是概念，句子即是判断，只不过表现为语言，可感知为语音。照此观点，言说和思想完全有机统一,一方与另一方须臾不可分离。就其有机性而言，双方必然同时存在，因为它们根本就不是两种不同的存在，而是一种。同时，并不存在独立的语音，即有机分节的语音，语音并非语言区别于思想而存在的证明，相反，语音属于思想，是思想构成的有机而必然的条件，如同物体之于力，身体之于精神。这种观点强调言说与思想的统一，但却忽略了一个问题:“语言”这个称谓究竟意味着什么，尤其是当语音是有机思想的要素的时候。根据贝克尔的观点来回答，就只能说：语言意味着有声表达是思想的有机特点。

人们认为思想不能脱离发声，因为，即使静默的、无声的思想也是一种有目的的言说，永远伴随着内心发音——此言有理。静默的思想是思想的言说，而言说是说出来的思想。当我默诵熟记的话语或诗句的时候，也会注意其中外在的东西，模仿语音的节奏，舌头明显有轻微颤动，动作虽弱但目的性显然。这是我观察过自身所发现的情形，其他人肯定或可能也有类似的观察。赫尔巴特也有类似的观点，他说（《论认识序列的构成和发展》*Bemerkungen über die Bildung und Entwicklung der Vorstellungsreihen*，《全集》第七卷 320 页）：“显然，静默的思想是一种被抑制的言说，人们完全有理由认为那是一种行为，一种精神外化的行为，具体而言是语言中枢神经的冲动，只是其强度不足以调动肌肉运动。” 153

§62 思想相对于言说的独立性，实例证明

我们赞同赫尔巴特的观点。但是，如果认为言说和思想不可分离，则不能得出二者统一性和独立性的结论。因此，不能认为言说和思想不可分割，因为其他事实证明它们相互可以分离。而且这些事实同样可靠，甚至更为可靠。

动物思维无需言语，对此，我们还会论及。我们现在还不想证明动物的思维——那是杞人忧天，也不想证明动物不言语——那是白费功夫。我们只想指出，动物不仅有思维，生活在纯粹可感知的当前环境中，而且也有记忆，能够辨认过往——这里孕育着对过去产生意识的萌芽——甚至，还能够估测和预期未来，运算并推测结果。这甚至是先验性的。

“这是动物的情形，而我们说的是人类！”人的思维有时也无需语言，聋哑人的思想就比某些人说出来的思想更明白易懂。他们很聪明，
无需特别的训练就可以获得宗教认识。他们会手工，能成为社会有用的 154
分子。他们会讲故事，也会听故事，很会娱乐。

“这是被肢解的、无机的人！有机的人具有一切人的力量！我们就

是有机的人！”——其实我们经常无需语言而思考。我们做梦，而做梦也是一种思考。有人认为，如同无声思维一样，梦话也伴随着语言器官神经轻弱的紧张，有时能够调动语言器官的肌肉运动，生成可听见的梦话。梦幻、行为、事件等肯定并不仅仅是一种无声的讲述。做梦是一种幻想，亦即一种心智行为，而且无需词语。

“这是做梦的人，而我们要说的是清醒的人！”——清醒之人有时思考也无需词语，而且是在进行最缜密思考的时候，例如逻辑思考和数学思考。几何学家画一幅几何图及辅助线，在思想中进行复杂的运算，且不需要语言。化学家看到 $M_nO^2+SO^3=O+M_nO, SO^3$，就会想到所有相关的分解和组合。数学心理学家用 $c=b\sqrt{a/a+b}$（$M_nO^2+SO^3=O+M_nO, SO^3$）说明两个认识将第三个认识从意识中排挤出去所需的条件。逻辑学家看到如下算式，（$c=b\sqrt{\frac{a}{a+b}}$）

$$\begin{array}{cc} M\quad P \\ \underline{S\quad M} \\ S\quad P \end{array}\qquad\qquad \begin{array}{cc} P\quad M \\ \underline{S\quad M} \\ S\quad P \end{array}$$

一眼就明白其中的含义，同样无需词语。所有这些公式都不用读和说，只需看和想，当然，可以翻译为语言，且会变得通俗易懂，但不会更清楚，甚至会有损于准确性和明确性。所谓通俗易懂也只是迁就了我们的习惯，即以言语的方式进行思考。思考借助词语更轻易可为，因为我们
155 习惯于依仗这根拐棍。这样，人们可以借助语言理解那些公式，但最终的目标是无需词语去看、去想这些公式。

聆听贝多芬的交响乐，边听边想，无需词语；观赏一幅图画，观察一个人的面部表情，细看一台机器的构造，思考着如何理解，无需词语。

当我们跨越一条壕沟，上下楼梯，举起或放下一个重物，就要估算需要使用多大力量，确定用力的方向，这需要思考，但无需词语。

综上所述，观察外在或者内在图景等低等级思维不需要词语，同时，人类日常生活常见的思维活动实际上一般依赖于语言，但最终高级精神活动寻求摆脱语音的束缚，只需要借助某种感性符号，作为拐杖、支架和导线，即使最高级精神活动也不例外，或者，换一种形象说法，精神在思索概念的时候，符号就是记号，标记精神如何认识概念的足迹，这样，后来重新认识的道路就会较为平坦，脚步会较为轻快。为此，精神嫌弃词语的粗笨，选择代数符号。认识属于低级精神活动，不需要借助符号。只有中等级精神活动通常以语言为主导。词语在这里也只是一种符号，发挥符号功能，没有其他更高的价值，受过训练的聋哑人用手语和书写符号取而代之就说明这一点。聋哑人从小就学习使用一种人工手语，手指动作与思维形影不离，成为思维的必要因素，就像词语对于我 156
们正常人一样。在使用手语交际的地方，人们发现聋哑人在静默思考的时候也有手指动作，即使在梦中也经常如此。所以，聋哑人的手指动作与思维相融合，就像我们思维时使用语音，即发音。这说明，发音与思维相联系也是习惯养成的。不过我们将会看到，习惯与习惯不同，一种是自然形成和使用，另一种则只用作替代手段。我们已经指出，所谓思想与言语不可分离的断言言过其实，人并非在语音中、通过语音进行思维，而是在语音的伴随中思维。因为，一方面思想并不完全依赖于与语音相结合，另一方面二者结合并不意味着词与概念、语言与思想的一致性。

有人认为无声思维是无机的，这种说法很糟糕，背离事实。因为，首先，思想是一种认识和情景创造，无需符号，本身就是有机的。其次，在人类精神的有机发展中，代数思维是一个十分必要的阶段，亦即一个有机阶段，必然也要以有机的方式实现自己的有机性。最后，假如语音相对于思想具有有机必然性，就像身体之于精神，物体之于力，那么，语音与思想分离或者对于双方都是毁灭性的、致命的，就像把身体与精神相分离，或者是不可能的，就像把物体与力相分离。有一种奇谈怪论，认为存在无机的思想——思想似乎具有神奇的永恒性，坚不可摧。

与上述符号思维的例子相关，可以补充一种十分重要的现象。一方
面因为感官缺陷而使用特殊符号，或者为了特殊的目的而使用科学公式，
另一方面，一个民族为了表达思想而使用文字符号，例如在中国。中国
人仅凭聆听不能理解高雅的文言文。这是事实，懂汉语的人都知道。与
157 其他文字一样，古代汉语文献内容丰富，尤其对内省、情感表达和人际
社会道德关系的观察而言。古汉语较少描写性、感性和直观性，较多思
想性。中国人对古汉语的维护和学习，就像勤劳的中国农民对待土地，
两千余年未有改变。古汉语文献实际上不是语言文献，而是一种符号文
献，因为不是口口相传，听觉接受，而是符号书写，默读理解。虽然每
一个符号都有一个音，可以读出来，但读出来并非意味着理解，何用之
有？古汉语不是一种听觉符号，而是视觉符号，相应地，表现思想不是
通过语音，而是通过文字。古汉语文献是一种全世界最古老、文明程度
最高的民族的最高级精神产物。

这还不是古汉语文献的全部特点。我有过全面的论述，认为这种符号文字根源于汉语本身的特点。高级发展阶段的思想不能从汉语获得必要的支持，所以只能寻求其他支持方式。汉语与思想的关系原本松散，没有相互融合，所以，思想与语言的分离就较为容易。

这种现象值得注意。从古汉语可见，虽然人类思维是一样的，但上
述情况下思想在借助基本手段方面，即使用语言方面，与常规有所不同，
而且，这种差异性不可能不涉及思维方式本身，即心理活动，所以，心
理学在这里要面对一种非常独特的对象。因为，当儿童开始将简单的思
想与语言相联系，所涉及的是一种尚待完善的思想载体。然后，从接受
158 教育期间的青年男女，到中老年，直至死去，一直沉浸在无声的符号文
献中，对其形式和内容顶礼膜拜。人们持续不断地研习这种文献，并且

持续不断地按照其中的模式表现自己的思想，身边所有人都是如此发展形成自己的心智，无论严肃与轻松，一切娱乐消遣都围绕这样的经典文献而展开，日复一日，经年不变，就连说话也极尽模仿之能事，如此，在人们心智中思想与言语的关系固定成形，特点鲜明且不同于我们欧洲人。有人罔顾事实，称这是一种无机的关系。此论不仅说明不了任何问题，简直一派胡言。因为一个有机体必然具备有机性，永远不会是无机的。

再举最后一个例子，与汉语和汉字十分相似，但更能说明问题。一定也有许多人和我一样，只读过英语文献，但从未说过英语，这时，当他们听到英语，会迅速将所听转换成文字，然后才能理解，亦即理解相关的思想。这根源于书写与口述的区别以及总是将书写与精神相对应的习惯。我想，这能够解释为什么德国人听到英语的心理反应不是英语语音，而是英语文字，进而也能说明，思想与言说应该是可以分离的，也就是说，是不同的。

§63 思想与言语的差异性

我们前面的论述以事实为根据，下面再从思辨角度展开讨论。学会理解和说一种外语的能力起码说明我把我的思想和我的语言相分离的可能性，否则，翻译就绝不可能了。但有人认为，思想脱离一种语言，则立即受制于另一种语言，同时，所涉及的并非思想与某种具体语言的有机统一，而是与人类语言的有机统一。一切语言最终都是人类语言，即 159
通常所谓之语言。此论也许有理。关键的问题是，如果将思想与语音有机关联，则很难解释诸语言间的差异性，语言对于思想就可能成为非本质的因素。但非本质性必须达到每个人能够直接理解每一种语言的程度，因为即使按照贝克尔所谓“有机自由度”，相对于人的有机的语言能力和理解能力，任何一种语言都不可能遥不可及，无法理解。无论“有机自由度”多大，所有植物的叶子和形状都不可能无可辨认，只要人们认识相关物种。植物和动物如此，语言亦如此。无论人的脸型和体型如何各不相同，我们总能把他们认作人。同样，“人”这个概念亦如此，只要用语音得以有机表达，无论在哪种语言中，从那个词都可以直接听出那个概念。

因此，言说与思想一致性的观点不允许出现任何不可理解的语音，这意味着，不可能人为生成任何一个毫无意义的音、音节和词，人发出的每一个音都有其含义，同时，语音造词应该是概念构成最纯粹、最完善的源泉，所构造出的每一个新词必然是一个全新的概念。

贝克尔应该乐见后一条要求，并且会做出进一步的解释。他说（《语言有机体》2 页）：“对于有些概念，我们很长时间感觉模糊和不确定，而一旦谈论它们，就会立即清楚和确定。”（真正的魔术！哲学家曾经被称为魔术师，但现在对概念的阐释方式已经不再是谈论，而是质疑）“我们时
160 常感到难于正确命名一个东西，那是因为我们还不清楚那个东西的概念。但也经常有些在很长时间里感到模糊的概念却突然一下子清楚了，因为我们偶然找到了那个正确的名称。”（正确的名称以及正确的音节竟是如此锻造出来的啊！但思想家寻找的并非名称，而是整体所属的范畴以及其中各部分之间的关系，而这些都与语音相联系，至少绝大多数可以相联系。）“最后”（这意思是“第三”“第四”或“第五”吗？非也！我理解应该是“第二”。）“与上述相关，未被说出的概念和思想经常早已在精神中萌芽，只是给人不存在的感觉，而一旦被说出，就会对个人和整个民族的判断和行为发挥不可抗拒的力量。”这意味着贬低伟人们的创造力，或至少没有理解伟人们的创造力。这难道是说，人类历史的英雄只是唤醒了萌芽中的思想？柏拉图只是唤醒了萌芽中的思想？康德只是唤醒了萌芽中的批判精神？非也！他们是思想的创造者，原始创造者。“火在木头中萌芽”，此说意涵丰富。但是，实际上根本不存在萌芽中的火。人们可

以满足木头着火的条件去生火。同样，伟人在高级层面并非唤醒已经存在的、处于萌芽中的思想，而是把尚不存在的思想创造出来，他们或者对现有思想进行补充，或者对现有思想进行独特组合。这些都说明言说和思想的非关联性，因为人们用旧有的语音说出新的概念。

另外，即使儿童的语言和思想发展，也不能说明二者等同，不像贝克尔所说的那样，是身体与心灵的统一，或者如心理学和物理光学所言，二者同步发展。

不可否认，相比较其他符号，语言与思想的关系更为紧密，是一种
自然的关系。对此，我们后文将会论述。但是，再紧密的关系也不能等 161
同。这里不存在等同关系。

贝克尔说："有生命的自然界有一个普遍规律，每一种行为都体现于一种材料，每一种精神都体现于一个躯体，并且躯体局限着精神的范围和形态。思想的表现也据此规律，其躯体在于语言。语言就是表现出来的思想，二者内在地等同。"这里对言说和思想一致性的判断所依据的是与自然存在的一种普遍性做类比，其中犯了一个错误，无视一切个性化特点，企图用存在的最抽象、最普遍特点来把握一种独特存在的本质。对此，前文已经详细论述。我们这里不妨认可贝克尔类比的合理性，但问题是，难道行为体现于材料就意味着二者的一致性吗？精神存在于躯体就意味着二者是等同的吗？（精神的范围和形态从来不受身体的局限。身体如何局限精神？！）同样，思想体现于言语也不意味着二者的一致性。请注意贝克尔的用词"内在地"（innerlich），言说和思想"内在地等同"。"内在"和"外在"所指为何？这说明贝克尔的观点缺乏一贯性，也就是说，"内在"这个词使人联想到一个古老的、不乏真见的观点，但与贝克尔的基本立场相违背。我们前文已经指出，贝克尔所持观点属于同一性哲学（Identitätsphilosophie），认为一切都相互渗透，归于同一。贝克尔断言材料与行为、躯体与精神、言语与思想的统一性，那就是反对

区分“内在”和“外在”范畴，因为同一性哲学不承认这两个范畴，根本无所谓内在和外在，只有统一和同一。这样，就没有外在的言语和内在的思想，只有同一，只有“思想性言语”（Denk-Sprechen）和“言语性
162 思想”（Sprech-Denken）。思想属于语言，等同于语言，语音属于思想，等同于思想。这是贝克尔的观点，但却为上述“内在论”所推翻。

我们后面再讨论内在和外在的关系。关于这两个范畴，贝克尔对同一性的论述体现出模糊性，甚至混乱。这要求我们现在就提出一个类比，其中同样也包含一个内在和外在、一种精神和躯体，也包含一种统一性。我要说的是恺撒的柱形雕像。显然，这里有一种精神表现于躯体，类似于思想表现于语言的语音。因此有人说，语言是语音化的、在语言中躯体化的概念或思想。我以此类推：这尊柱形雕像是石头化的、在石头上躯体化的恺撒，或者相反：这尊柱形雕像是恺撒化的石头。人们对此作何感想？如果说这个类比不够严谨，我可以加以完善。假如贝克尔说，语言是语音化的、演变为语音的世界，亦即精神化的或起码接近精神的世界，这样类比就该缜密了吧。“世界精神化”是洪堡特的思想，包含问题的两个方面，但贝克尔只看到一面，没有认识到语言中精神化的一面，只看到思想的躯体化。依他之见，我们应该说，柱形雕像是我们关于恺撒的思想的躯体化，是表现于石头上的我们关于凯撒的认识，我们关于恺撒的认识和柱形雕像具有——需要补充上“内在的”吗？——同一性。这就是人们关于思想和言语统一性的真知灼见吗？！贝克尔们会否认这么说。但贝克尔们需要小心谨慎，因为按照他们的观点，柱形雕像是无机的，据此，精神和躯体相对于语言的统一性就不同于铁和磁性、气体和热能的统一性，而是将思想与艺术材料相联系的统一性，如此一来，语言就不再是有机的了。

那么，精神和躯体的统一在艺术作品中怎么体现呢？我们首先看到
163 贝克尔所谓言语与思想统一性论述中的问题，似乎根据石头和思想在艺

术品中相结合的情形，我们可以推断思想和语音在语言中的结合。但是，思想仍然是思想，而不会成为石头或语音。结合不等于同一。在这个问题上会有人赞同我的观点。

论述是否有误，让贝克尔们自己去说吧。语言的内在即是思想，是心智，这也是贝克尔所谓言语和思想统一性所包含的意思。我们继续深入讨论。假设，学生要求我向他描述恺撒柱形雕像，这似乎类似于有人想学一门语言，并要求老师向他描述那种语言。我答应学生的要求，向他描述那尊柱形雕像：材料是巴黎灰大理石，大小是真人的两倍；语言教师则要向学生讲解那种语言的语音。两个学生听着都不满意，还要求讲述大理石所传达的思想，或者相对于语音而存在的内在的、精神的一面。对此，贝克尔的语言观会作何反应？他只会向学生讲述逻辑和概念原理，亦即我们心智和思想的形式和内容。如果我告诉学生对恺撒的认识，说他是一个伟大的统帅、政治家、作家，和蔼可亲，学生会满意吗？为什么不满意呢？——贝克尔的学生不会满意，我自己也不满意。

因此，恺撒雕像的含义肯定不是我们对恺撒性格、天赋、功劳、事迹的认识，不是我们对恺撒的认识，同样，语音所传达的思想也肯定不是我们思想的内容和形式。如此，思想和言语完全不同，或者套用贝克尔的类比：人身体的内在性或灵魂不同于人的精神，同样，语音所传达的思想也不同于思想的内容和形式，据此，语言和思想并不同一。

2. 语法等同于逻辑吗？

如上所述，言说和思想不同，就像身体和精神、物体和力、雕像和我们对所表现人物的认识一样，同样，语法和逻辑也不同，就像生理学 164
和心理学、化学和物理、美学和史学一样。这些都是很清楚的结论，我们只需要强调二者相互的差异性。我们在对贝克尔提出批评的时候指出，语法相对独立于逻辑，语法学拥有与逻辑学并列的地位，因此，二者必然各有自己的本质和内涵。那么，言语和思想的差异性究竟意味着什么呢？对此，我们需要展开深入讨论。我们可以逐个审视语法的所有范畴，阐述语法的非逻辑性。

§64 词和概念的差异性

古希腊智者高尔吉亚[①]早就知道，词并非现实事物的等价物。但是贝克尔却说，词与概念，亦即语音化的概念，等值。于是我们发现同义词不存在了，也就是说，不可能用许多完全不同的词来称谓同一个概念，每一个词所称谓的内涵是不同的——这也是德谟克利特（Demokrit）对赫拉克利特（Herakliteer）的批评。无论断言词语是事物的反映，还是像贝克尔那样宣称词是语音化的概念，上述批评都无可辩驳，因为每一个概念只针对一种事物，一个语音形象也只针对一个概念，很难想象同一个概念有机地表现为不同的语音形式——人们不能一方面承认上述矛盾，另一方面又大谈特谈有机自由度。

但是，词并非事物本身，亦非概念本身。西塞罗（Cicero）说出 virtus（权力）这个词只是想表示“男子气概”的意思。但是，“男子气概”难道就是西塞罗用 virtus 想要表达的那个概念吗？我们的品德课老师会根据词义把 Tugend（品德，美德）这个概念理解为 Tauglichkeit（适用）吗？例子不胜枚举，清楚地说明了一个妇孺皆知的事实：词的词源义与现实词
165 义不完全相同。所谓词义原本只是词源义，对此，人们往往视而不见，引人反思——人们至今不能从中得出结论。现实词义往往包含许多偏离词源义的内容，例如包含概念义，可见，词不是概念，只是意指概念。

① 高尔吉亚（Gorgias，约前 483—前 375），古希腊哲学家和修辞学家。——译者

从来没有人问过“这个词是什么？”或者“这个词是哪个概念？”而总是问“这个词表示什么意思？”或者“这个词表示哪个概念？”virtus这个词既不是“美德”（Tugend）这个概念，也不是“美德”那种东西，但是它首先意指那个概念，然后意指那种东西。正因为词实施意指，所以词不是它所意指的东西。就“意指”这个概念本身而言，能指和所指有别，除此之外，所指不在场，是隐性的。正因为不在场，未得明显呈现，人们不能看见或感知到，所以必须用其他在场的、显见的东西代表之，以此来意指或告知人们不在场的东西。用人的身体意指人的精神，表达人的精神，这样，词表达概念，向人传达概念之意。彩色的旗帜并非国家，同样，词并非概念。

如果将词视为概念，无异于认为语言是一锅烂粥，因为，究竟需要用多少词才能适当表达一个概念？才能用词源义真正定义一个概念？也可能根本就不存在这样的词，而且语言不仅仅在表达抽象概念时困难重重，陷于困境。语言不仅太过具象和物质，而且也太过抽象，即使关于最简单事物的认识也无法适当表达。

词根包含着词的基本义，也是概念体系的基础。贝克尔试图对词根进行逻辑分类或演绎，毫无根据，完全徒劳。我们并非反对用贝克尔的 166
概念观编撰一本词根词典，问题是，无论根据什么科学或字母排序法，也无论按首音还是尾音排序，这样的词典必然是人为的。而且，语言并不遵循字母排序法，甚至根本不知道字母为何物，同样，也不遵循所谓概念派生，而只知道概念本身。贝克尔所谓相似关系和派生关系都与语言的本质毫不相干，无法说明语言遵循那样的规律，因那样的规律而产生。我们已经详细讨论了贝克尔所谓的词根规律，指出了其中混乱不堪的问题，这里再补充一点。按照贝克尔的说法，“运动”是最原始的概念，因此，最原始的词应该也是“运动”（Bewegung）。我们不禁要问，哪一种语言针对“运动”有一个最原始的词？“运动”是抽象所得，语言需要通过文化才可得之。贝克尔根据所谓的规律对词根进行了汇编，但前提是，词根的发展有其时间规律——其中体现了词根的遗传特性——但以此作为演绎的基础却十分可笑。

洪堡特认为一种语言的词根是一个系统，但对其中原理的挖掘，对其中创造性整体的探究，却不能通过对相关概念的逻辑和形而上学演绎，因为那些概念与词并无关联。

§65 词和概念的关系

我们观察了概念本身及其语言表达，即词根，认识到其中的差异性，不同的东西必然有不同的情形和不同的关系，因此，就逻辑和形而上学方面的情形和关系而言，概念也不同于词根。我们下面详细论述。

先看构词和派生构词。其中存在词的区分，但逻辑对相关概念却没
167 有相应的区分。德语 schön（美丽，形容词）和 gut（好，形容词）是逻辑概念，但逻辑对 schön 与 Schönheit（美，名词）、gut 与 Güte（善良，名词）不作区分，它们相对于逻辑没有区别。关于实体的概念是概念，关于偶然事件的概念也是概念，每一个概念都有其特点，Güte 表示一种偶然事件，Schönheit 亦然，gut 和 schön 也是，相对于逻辑没有区别。对此，我们在关于判断的论述中再详细讨论。

逻辑与派生词应该更不相关。Güte 和 Schönheit 派生于 gut 和 schön，与此不同，从 Tugend（美德，名词）派生出 tugendhaft（有品德的，形容词），从 Furcht（害怕，名词）派生出 furchtbar（可怕的，形容词），另外，häßlich（丑陋的，形容词）和 Häßlichkeit（丑陋，名词）与 Laster（恶习，名词）和 lasterhaft（有恶习的，形容词）的情形也不同。对此，斯多葛派哲学家克利西波斯（Chrysippos）早有所论。他指出，表示肯定和否定的词并非总是表示逻辑意义上的肯定和否定，相反，用肯定词可以表达一个否定概念，用否定词可以表达一个肯定概念。例如在 Homer war blind

（荷马是瞎子）这句话里，blind 是一个肯定词，而“瞎”这个概念是对视力的否定；相反，unsterblich（不死的）是一个否定词，但人们却用它说 die Götter sind unsterblich（神是不死的），用一个否定词表达了神的一个肯定性特点，即“永生的”。

这涉及概念的两个逻辑范畴，即概念及其对立面的内涵和外延。先看概念，我们说 Faultier（树懒科动物）、Renntier（麋鹿）、Elentier（驼鹿）、Tannenbaum（冷杉）等，暗示相关的上位概念[①]，但非常少见。Löwe（狮子）、Hund（狗）、Eiche（橡树）等，还有 Besonnenheit（理性）、Tapferkeit（勇敢）等，以及概念称谓的规律，告诉我们，语言并不顾及这些概念的内涵和外延，更具逻辑学意义的是概念的对立面，即反对性对立。同样，贝克尔也认为反对对立是所有构词的动力，且是放之四海而皆准的原理。语言只有矛盾性对立（contradictorisch），没有反对性对立，而反
对才是真正的逻辑对立。对于语言而言，反对的概念只是不一致的概念。 168
rund（圆的）和 eckig（方的）、schwarz（黑的）和 weiß（白的）、gut（好）schlecht（坏）、schön（美的）和 häßlich（丑的）等，都是逻辑意义上的反对概念，但语言哪里表现出对立了呢？对于语言而言，这些概念互不关联地放在一起，就只是不相一致的概念，相反，nicht schön（不美）、nicht rein（不纯）、nicht hell（不亮）等可以不是矛盾性对立，但在逻辑上却是反对性对立。

§66 句子和判断

我们现在讨论判断的问题。逻辑和语法不同，各有自己的范畴，即使有些看似吻合的东西也是各行其道，是完全不同的东西。这一点在判

① 这里例举 4 个复合构词，其中第二个成分（右侧）Tier 和 Baum 意为“动物”和“树木”，说明整个词的所谓“上位概念”。——译者

断中体现得最为清楚。

“判断”这个范畴本身已经能够说明问题。句子与判断不同，是对判断的描述，而描述有其独特的规律和范畴，亦即语法规律和范畴，而判断的规律和范畴则是逻辑的。最值得注意的是，逻辑无法区别概念和判断。[①]判断本身是一个心理学范畴，因为，判断的形成，判断与简单概念的区别，都只是心理学的问题。而逻辑学将概念和判断都视为既成的存在，只关注其中的关系。因为如上所述，逻辑学不是研究遗传性的科学，而是审美性科学，对概念和判断进行评价，不问它们的起源。语言学则要说明句子是怎样形成的，分析句子与简单词的区别，因此，语言学对句子的观察和推演是全方位的。逻辑学评价句子是否正确，对句子的观察是单方面的。

169 上述验证了亚里士多德的观点，即每一个句子包含着诸多概念的联系，以此实现陈述，至于句子是否表达一个判断，则留待逻辑学去评价。因为，陈述是否正确这个问题可以针对每一个判断，但对于许多句子却不适用，例如疑问句和祈愿句。判断是逻辑的，而一个句子是否包含一个判断这个问题是认识的一种手段，还有的句子不是判断，二者不同。

§67 假言判断和选言判断

句子和判断的不同还在于，有些逻辑判断在语言描述中体现为两个甚至四个句子，相反，有些句子包含四个或更多判断。按照一般公式，简单假言判断为“如果 A，则 B”，例如，“如果存在充分公正，则恶棍会受到惩罚”。这里，一个判断包含两个句子。判断不在其中任何一个句子，而在于它们的关系。所判断的既不是“存在充分公正”也不是“恶棍会受到惩罚”，而是两个句子连贯起来的整体。“贯穿于每一个判断的

① 特伦德伦伯格（第二卷 144 页）也认为判断不能“纯粹逻辑定义”。

只能是逻辑性”。（康德）这里，一方面两个句子都不表达判断，另一方面一个判断对应两个句子，所以，判断和句子各不相同。

人们可以将假言判断的公式扩展为四个句子：如果A，则B，同理，如果C，则D。这样，问题并没有本质性变化，只是同样的关系双重甚或三重出现。

选言判断的情形与假言判断类似。例如，“或者世界偶然存在，或者世界因其内在必然性而形成，或者某种外因促成了世界”，用一般公式表达：m或者是a，或者是b，或者是c。这里，一个判断通过三个句 170
子——甚或更多——表达出来，但既不在于其中哪一个句子，也不在于所有句子相加，而在于这些句子的相互关系。其中，没有任何一个句子表达一个判断，所以，判断与句子不同。

句子和判断经常各行其道，判断漂浮于句子之上，思想漂浮于语言之上，逻辑漂浮于语法之上，因此，句子和判断的关系摇摆不定，例如刚才那个选言判断用了多个句子。但是，从另一方面则可以看到相反的情形，例如一个句子包含三个或更多判断。简洁起见，我们还是使用一般公式：选言判断“m或者是a，或者是b，或者是c”表达了多个假言判断：“m是a，当m不是b或者c；”“m是b，当m不是a或者c；”“m是c，当m不是a或者b；”一个判断甚至可以包含6个句子——每一个“或者”可以包含一个句子——一个句子可以包含多个判断，任意性很大。

句子和判断的不同显而易见，对此，有人可能觉得上述认识方式过于人为做作，但假言判断的句子则体现得简单而自然。“如果存在充分公正，则恶棍会被惩罚”也可以表述得更为简单和自然，例如“在充分公正的情况下恶棍会被惩罚”，或者“充分公正会惩罚恶棍”。

另外，“玫瑰、郁金香和康乃馨是花”是一个句子，但包含三个判断，所以，通过归纳形成概括性句子，一个句子就会包含多个判断。正如赫尔巴特正确指出的那样（《哲学导论》*Einleitung in die Philosophie*，§ 57)：“在此情况下，不是占据主语位置的那个概念有一个谓语，而是表达该概念的词掩盖了其中主语的复数，概念充当了主语的共同特征，共
171 用一个谓语，这样，多个主语形成多个判断。简单表达包含多个判断，且贯穿于所有判断，所以，表达方式的简化并无损于逻辑理论。”显然，句子和逻辑不容混淆。对此，即使赫尔巴特也偶有忽视。

我们看到，多个判断可以集合为一个句子，同时，一个判断可以拆解为多个句子。这使人产生一个疑问，逻辑是否无视与句子的区别，甚至不在意混淆二者，导致对判断的错误分类，将相同本质、相同类型的判断只因语言表达的不同而划归不同的类型。

那么，假言关系难道不是逻辑范畴吗？逻辑是否从语法吸收了什么不适当的东西？因为假言关系无疑属于语法，在语法中有非常清晰的表现方式，例如在古希腊语中。对于逻辑而言，假设句似乎只充当条件（kategorisch）判断，因为上述三种表达方式，即（1）“如果 A，则 B”；（2）“在 A 的情况下或通过 A，则 B”；（3）“A 导致 B”，表达的是同一个思想，是同一种判断。因为，“在 A 的情况下或通过 A，则 B”，以及“A 导致 B”，都是条件判断，所以，“如果 A，则 B”也是条件判断。对于逻辑而言，使用简单句、扩展句或者条件句，都可以表达该判断。逻辑不关心语法范畴和描述形式，只关注通过语言所表达的思想内容。

有人试图将条件判断与假言判断的区别归咎于内在性（Inhärenz）与依赖性（Dependenz）或因果性（Konsequenz）的区别。赫尔巴特反
172 对这种做法（《哲学导论》§ 60 脚注），指出：“在所谓条件判断中，主语与谓语的关系似乎取决于内在性，但内在性这个概念本身却不确定，甚至无法确定，所以只表示主谓关系。例如在‘事情非常喜人’这个判断中，‘喜人’无法被确定为属于、内在于‘事情’的特性，它指涉主观感受。”他还补充道：“同样，‘依赖性’也不确定，无法成为选言

判断的专属特性，许多相关的判断只说明两个事件之间的感性联系，至于其中孰为因，孰为果，或者二者皆为某个原因之果，都还不清楚，正待澄清。人们虽然不懂气温计的原理，但却可以说‘如果天气好，水银汞柱通常会升高’，这时，他的问题是双重的，即孰是因？孰是果？孰是标记？孰被标记？其中的不确定性既来自于现实原因，也来自于认识原因。如果抛开此一点不论，假言判断应该只是说明了一种联系。——这里，内在性与依赖性的区别虽然存在，但不说明判断的特点。”然而，我现在不知道还能用什么其他特性将条件判断与假言判断区分开来。我们已经指出，就内容而言，假言判断完全可以表现为条件判断，也就是说，两种判断相互重叠，只是语言表达相异，亦即，语法相异，并非逻辑相异。

我们的论述虽然借助赫尔巴特，但却与其观点严重相左，甚至更甚于与其他逻辑学家观点的差距，因为，他虽然否认内在性和依赖性两个概念是条件判断和假言判断区别的根本，但仍然坚持两种判断的区别， 173
且区别的方式独特。我们认为他的观点缺乏逻辑根据和逻辑合理性，但同时赞同他的观点，认为无条件句和条件句的区别是语法区别，而且其根本恰恰在于内在性和依赖性两个范畴。另外，我们认为所谓假言判断其实是条件判断，赫尔巴特则相反，认为所谓条件判断“都是假言判断”。总之，我们与赫尔巴特矛盾不小。

首先，他承认无条件句和条件句的区别，但忽视内在性和依赖性的区别。他说（《哲学导论》§60）：“主语和谓语通常都是概念，这样，二者的联系通过系词‘是’（ist）得以表达，或者显性直接使用系词或者隐性用其他词替代，后者更为常见。在这种情况下，主语和谓语不是既成的概念，而是尚待构成的概念，呈现出判断的形式，所以语言形式不是系词，而是一个或两个称谓词，其中，主语为先导成分（antecedens），谓语为接续成分（consequens，此术语容易引起歧义，因为经常前者源自于后者)。[①] 为此，德语使用 wenn（如果）和 so（则)。逻辑学称此后一种复杂判断为假言判断，前一种用系词连接的为条件判断。”赫尔巴特的观点难道不是德语语法的翻版吗？他所谓条件判断与假言判断的区别仅仅在于前者使用系词，后者使用连词“如果……则”。这也是我们的观点，但
174 仅此而已，那两种判断的区别只是相关句子的语法区别。因果关系，或如我们所谓的前后句，是否总是主谓关系，我们以后讨论主谓范畴时再议，它对于我们当前的论述无关紧要。这里只需注意一点，一种情况下主谓直接表现为概念，另一种情况下主谓“尚不是概念，概念有待形成，且体现为判断的形式”，是否因此形成逻辑区别。回答是，后一种情况表述不清，概念不是体现为判断的形式，而是句子的形式。“如果天气好”不是判断，而可视为一个句子。用一个词或一个句子表达一个概念，说明一个语法区别，但不说明逻辑区别。一个概念已经形成或尚待形成，这有什么逻辑意义吗？逻辑学的对象是概念，亦即概念的内涵，不是其表述形式，“如果天气好，则水银汞柱升高”和“好天气致使水银汞柱升高”没有逻辑区别。关于逻辑，赫尔巴特自己也说（《哲学导论》§ 34)：“‘概念’这个词称谓概念的内涵，要求抽象掉我们接受、生产、再生产思想的方式，”亦即，抽象掉语言表达的形式。

在论述逻辑学的主要问题时，赫尔巴特断言：“条件判断、假言判断和选言判断的区别完全属于语言形式问题……逻辑学不是语言学，而是关于思想结构的科学。”如此，他根本无法区分假言判断和条件判断。

非常值得注意的是，赫尔巴特十分强调地指出每一种条件判断其实是假言判断。事实果真如此吗？非也！“‘A 是 B’这个判断并非人们通常所想的那样包含‘A 是’这样一个断言，因为根本无所谓 A，也无所

---

① 例如，“如果天气好，则水银汞柱升高”可以改为“如果水银汞柱升高，则天气好”，如此，因果颠倒。

谓 A 的存在和效度。人们提及 A，只是为了试探一下某个谓语与 A 相连 175
的可能性。”但是，正因如此，“A 是 B”这个判断也不包含“如果 A，则 B”之类的假言关系，既不存在语法假设，因为表达中并未给定，也不存在逻辑假设，因为逻辑不关心概念与存在的关系，不关心所想的事情是否真的存在。赫尔巴特认为条件判断是假设的，照此逻辑，我们认为整个逻辑其实都是假设的。

特伦德伦伯格也不甚看重条件判断与假言判断的区别，认为所谓区别最终只是取决于语言，在于语言描述的差异性（参看第二卷 181 页）。他的观察十分缜密，表述也十分精准。而我们关注的只是语法关系与逻辑关系的区别。关于二者的差异性，不仅赫尔巴特明确承认，特伦德伦伯格也十分强调。他说（182 页）：“在逻辑中，语法表达只是标记，并非决定性因素。”但是，假如语言是思想的有机表达，句子是语音化的判断，那么，语法对于逻辑就是决定性的因素。

综上所述，句子和判断并不相吻合，词和概念也不相吻合，概念只是偶然成为句子，例如上述条件句所示，同样，判断也只是偶然成为词，例如上述选言判断所示。

§ 68 判断的分类

句子与判断不相吻合，所以，判断的分类与句子分类也不相同。判断分类最重要的逻辑标准是肯定和否定，而语法没有这种分类，“A 不好，A 很好，A 经常是 B，A 不是 B”，这些对语法都一样。在语法上，
德语否定词 nicht（不）是一个很平常的副词，否定词 kein（没有一个／ 176
谁）是一个不定代词，类同于 jeder（每一个）、mancher（某些）和 einer（一个）等。

语法不关注判断性质的区别，也不关注判断的情态和数量因素。动词的式似乎与逻辑关系相吻合，而且也不应该否认其间的相似性，但

是，不存在直陈式、虚拟式、祈愿式和命令式与陈述、疑问和宣告等判断之间的同一性。用直陈式可以表达断言判断（apodiktisch）和肯定判断（assertorisch），用 können（能够）和 mögen（可以）的直陈式 kann 和 mag 也可以表达疑问判断，不一定非用其虚拟式 könnte 和 möchte 不可。那么，应该怎样将虚拟式和祈愿式使用于疑问判断呢？虚拟式和祈愿式并非仅仅表达疑问关系，那也不是它们的本义。命令式与断言判断相对应，但却不构成判断，只构成句子，例如 Geh!（走！）和 Schreib!（写吧！），它们不是判断，是句子。——同样，一般、特殊和个别判断与语法单数和复数没有共同之处，例如 jeder Mensch ist sterblich（每一个人都会死的）这个句子中，亚里士多德表达了关于一个一般性对象的一般性陈述，没有使用复数。另外，对于逻辑而言，一般和特殊判断是分类的关键性数量因素，但特殊判断（judicium singulare）和一般判断（judicium commune）却相同。语法区分单数和复数，但无所谓与特殊判断相对应的问题。语法还有第三种范畴，即双数，也与逻辑无关。

§69 句子的类型

语法区分句子类型，且与逻辑判断的类型无关。如上所述，特伦德伦伯格认为语法只是逻辑关系的标记，并对形式逻辑提出要求（第一卷
177 16 页）："判断理论应该解释句子的语法形式，这个要求很合理。"从我们上面的论述可见，这个要求缺乏合理性。赫尔巴特曾经批评道："逻辑学不是语言学。"特伦德伦伯格还说："如果句子形式具有本质性语法意义，且不与任何逻辑形式相对应，则该语法因素就是对逻辑合理性和充分性的质疑。"句子和判断互不关联，本质各异，因此，语法绝不可能成为逻辑的标准，同样，逻辑也不可能成为衡量语法的尺子。逻辑怎么能够对命令句、祈愿句和陈述句做出解释呢？亚里士多德说，这些句子类型不属于逻辑学问题。特伦德伦伯格是最优秀的亚里士多德专家，却说过如

下的话:“这种语言因素是对目的的判断，如同假言判断和选言判断一样，形成了自己独特的联系方式（例如德语用引导从句的连词 dass 和 damit)，在形式逻辑中无以对应。”——此话有理。因为，有目的句，但没有目的判断。目的句和祈愿句与命令句一样，无所谓真与假。特伦德伦伯格忽视了这一点。究其原因，不在于他认为语法和逻辑并不同一，而是各行其道，而在于目的范畴在他的理论体系中占据至关重要的地位。目的范畴论给他的哲学带来很大荣誉。无论是目的论的重要性，还是语言连词（例如表目的的德语连词 damit 和法语连词 afin que）的特殊性，都不能说明逻辑学中存在目的判断。因为，目的句是一种陈述，难道我们可以对其设问真与假吗？绝不能！一个盲人说:“如果我能看见天空该多好啊！”这是一个愿望，无所谓真与假，但是“这个盲人有一个愿望”是 178
一个断言，或真或假。das Auge hat brechende Medien, damit es sehe（眼睛有视网膜，目的是能看见）或者 der Mensch steht aufrecht, damit er aufwärts blicken könne（人直立，目的是能够向上看）是目的句，也存在真与假的问题。同样，对于真值条件理论非常重要的问题是，眼睛被赋予视网膜，是否为了特殊的目的，身体被赋予直立的能力，特殊的赋能是否为了特定的目的。这时，答案要用某种形式的判断说出，肯定或者疑问，但没有目的判断。主语或者说明一个特点或行为，或者说明某种行为的目的或原因，等等，都可能使语言表达发生变化，但却不能解释判断形式的差异性。而且，目的关系根本不体现其特殊的性质，而是一般性地表现为谓语。

那么，特伦德伦伯格要把目的句置于什么位置？或者更重要的，目的判断在他的判断理论中处于什么位置？应该属于假言判断！因为，das Auge hat brechende Medien, damit es sehe（为了看见，眼睛有视网膜）和 wenn das Auge sehen sollte, mußte es brechende Medien haben（眼睛如果要能看见，就要有视网膜）两个判断内容相同，因此我们说，它们的区别只是语法区别。此外，相比较上述两个句子，第三种说法 das Auge hat um des Sehens willen brechende Medien（为了看见，眼睛有视网膜）又不同，区别同样也只是语法的，而非逻辑的。这第三个句子也是一个目的句吗？——也可以说 das Auge sieht, weil es brechende Medien hat（眼睛看，因为它有视网膜）或者 wenn das Auge brechende Medien hat, kann es sehen（眼睛如果有视网膜，就能看），das Auge kann der brechenden Medien wegen sehen（眼睛因为有视网膜而能看），这时，后三个句子与前两个句子的语法形式相同，但在逻辑上又如何呢？目的句在真或假的情况下并不能构成特殊的判断类型，因为目的与一个事实或人之间的联系总是一种简单的陈述，属于判断的一般范畴。但如果抛开人和事实而观察目的本身，则目的与愿望一样，无所谓真与假，因而不是判断。相应的因果句的情
179 形也是如此。如此，我们只能说，形式逻辑关于目的句的论述迄今为止与特伦德伦伯格无异，都是将目的视为行为或道德的根据，亦即因果关系或者依赖关系的次类。这对于假言判断是本质性因素。因此，根据形式逻辑，目的判断属于假言判断，正如特伦德伦伯格所言。但是，如果我没有搞错的话，条件判断和假言判断的区别根本就没有出现于特伦德伦伯格的判断理论，也就是说，目的判断没有受到特别的关注。对此，我有所不解。——我们就此结束对句子与判断关系的论述。

§70 并列句和从属句

句子和判断不仅不同一，而且也没有一致和并列关系，同样，并列句和从属句也不包含任何与判断相关的逻辑因素。

我们这里似乎与贝克尔的观点相矛盾，所以必须首先重新讨论他。我们还记得贝克尔对句子语法形式和逻辑形式的区分。我们认为所谓句子的逻辑形式是严重的自相矛盾，就好比圆的角、三角形的圆周。贝克尔所谓的逻辑形式是相关因素在句子中处于从属关系的方式，各种因素

的逻辑价值由此得以区别。贝克尔谈到一种逻辑形式，称之为普遍与特殊的关系——如上所述，这显而易见是纯粹的逻辑关系，与语法毫不相关。我们前面批判贝克尔的时候忽略了应该和可能涉及语法形式的一点。因为如果通过行为与存在的对立解释这种语法形式，则论述是形而上学的，并非语法的。但是，如果我们承认贝克尔对二者的区分，行为与存在的对立在句子关系上就体现为语法形式，而普遍与特殊关系基础 180
上的句子关系则体现为逻辑形式。贝克尔（§ 47）所谓之语法形式涉及对立[①]、因果等思维方式、语言的可能性和必然性、时间认识和空间认识的形式等。关于逻辑形式，他说（§ 46，163 页）：“通过因素之间的从属关系，谓语关系（句子）构成思想的统一体，定语关系和宾语关系构成概念的统一体，但每一个定语关系和宾语关系本身都是谓语关系的因素，从属关系使得每一个句子成分都被纳入一个思想统一体中。”因此，通过逻辑形式，在 der wahre Mensch liebt die Tugend（真正的人热爱美德）这个句子中，定语关系 der wahre Mensch（真正的人）和宾语关系 liebt die Tugend（热爱美德）被纳入一个概念统一体，然后，二者在谓语关系中相互联系成为一个思想统一体。因为该句子表达一种肯定和现实，不涉及可能性和必然性，“人”和“美德”是存在，“热爱”是行为，“真正的”是品质，这些构成了语法形式。可见，逻辑形式和语法形式总是并存于句子之中，因行为与存在或者普遍与特殊两种不同视角而各自呈现。这似乎无可争辩。我们再看贝克尔。他说（§ 100）：“语言将两个词以复合词的形式组合起来，也可以以句子关系将之联系起来，表达一个概念，同样也可以不同方式将两个句子组合成复杂句，表达一个思想。”当然，“在复杂句中，诸分句也处于特定关系之中，由此，多个

① 对立只基于普遍与特殊的关系，似乎属于逻辑形式。但这一批评并不说明问题。甚至，存在与行为是语法形式的基础，但其实和普遍与特殊的关系没什么不同。

181 思想组合成为一个思想。这样，相关关系具有双重性：或为诸思想之间的逻辑关系，或为诸句子之间的语法关系。”但是，思想间的逻辑关系与语法有何相干呢？我们已经看到，贝克尔认为简单句“有句子的逻辑形式”，可见，对于他而言，思想的逻辑关系就是句子的逻辑关系，句子和思想是同一的。

那么，句子的语法关系和逻辑关系的区别究竟何在？贝克尔说：“只有某个说者的一个思想与其另一个思想才能处于某种逻辑关系之中，例如‘生命有限’和‘艺术无限’。因为两个句子表达说者的两个思想，所以可以相互联系成为一个句子，例如‘艺术无限，但生命有限’。人们称这种联系为并列形式。一个概念与另一个概念处于某种语法关系之中，这样，用一个句子的形式表达一个思想，这时，概念表现为某种句子成分（例如主语、定语或宾语等）。从句充当句子成分，与主句处于某种语法关系之中，例如 wenn der Leib in Staub zerfallen ist（当身体化为尘土），lebt der große Name noch（英名犹存于世）。这里，主句表达说者的一个思想，而从句其实只表达一个概念。复杂句中这种主从句联系方式被称为从属形式。”与关于句子的语法形式和逻辑形式的论述一样，这里对主从句的语法关系和逻辑关系区别的论述根本不是遵循同一个原则，因为后两种形式同样也出现于每一种句子关系中。在存在与行为相对立的基础上，定语与名词、主语与谓语处于某种语法关系之中，但在普遍与特殊
182 相对立的基础上，它们也处于逻辑关系之中，因此，在从属句子关系中必然既有语法形式又有逻辑形式，因视角不同而异。但另一方面主从句中难道不是也存在语法形式吗？如此看来，在语言描述中，既有诸概念语法关系的逻辑形式，又有诸概念语法关系的语法形式，同时，既有诸思想间关系的逻辑形式，又有诸思想间逻辑关系的语法形式。这是何等的矛盾呀！请注意前面所引贝克尔的话，“思想”这个词有个补充，即说者的思想，而且给予特别强调。为什么呢？暗指什么对立关系吗？语言

中除了说者的思想难道还有别的思想吗？看来如此。从上下文可知，与说者的思想相对的还有一种思想，只具有思想的形式，其内涵只是一个概念。如此，与“说者的思想”相对立的是关于概念的思想！这无异于正方形的周长。语言怎么可能将概念装扮成思想？但这对贝克尔唾手可得，只需给孩子套上爷爷的外衣即可。

这对并列句中诸思想的逻辑关系意味着什么呢？对贝克尔而言意味着对立和因果两种思维方式！就是从简单句的语法形式观察到的那些思想形式。相反，逻辑句子形式的本质在于相关诸因素之间的从属关系，而且应该就是主从句的语法关系。定语从句与主句的关系“并非是诸思想间的逻辑关系，而只是一种语法关系”。该关系并非只体现语法形式，而且也有其逻辑形式。思想间逻辑关系通过逻辑形式得以表达，而逻辑形式的具体联系则通过连词得以体现，亦即通过语法形式。（§102，486 183
页）这显然自相矛盾！

总之，最为关键的是，如果并列和从属关系的区分以说者的思想为基础，逻辑关系和语法关系的区分以概念所含的思想（或者作为思想的概念）为基础，那么，无论前者或后者，所涉及的都是思想，只不过前者是并列关系，后者是从属关系，但都是思想和概念之间的关系，亦即逻辑关系，而非语法关系。另外，所谓说者的思想毫无意义，因为说者没有思想，只有语言。但如此一来，语言就是思想，思想间关系就不是逻辑关系，而是语言关系，是语法关系。

§71 复杂句

学界相关认识的混乱要求我们进一步仔细观察复杂句中的各种关系，希冀新的发现。贝克尔在这方面也有所研究，他说（471 页）：“思想间逻辑关系与概念间语法关系不同，并且通常体现于复杂句，前者为并列关系，后者为从属关系，但是，思想间逻辑关系经常也出现于从属关系，概念间语法关系也经常表现为并列句的形式。”——我们非常赞同贝克尔的论述，因为从中可知，思想间逻辑关系与句子间关系——不是概念间——互不相关。贝克尔无视句子与思想的明显区别，却大谈“句子组合形式”与“描述形式”之间的区别，似乎句子不是描述，似乎看到了句子以外的描述——我不知道与句子的关系究竟是并列、涵盖或
184 从属——他说：“要想了解复杂句中的各种关系，不仅要关注诸句组合的形式，还必须观察诸句逻辑关系和语法关系的形式及其与描述形式的关系。”

可见，在论述描述、语法形式和逻辑形式、语法关系和逻辑关系等问题时，贝克尔没有进行我们所期望的区分，没有区分思想内容和语言描述，同时，他上述区分也十分混乱，掩盖了问题的核心。

另外，语言描述的自由和自主，其相对于思想的独立性和独特性，最为清楚地表现在各种从属关系中，例如，下面的德语句子语言描述形式不同，但却表达同一个思想：rückwärts kannst du nun nicht mehr, daher (also) mußt du vorwärts（你不能再后退了，所以你必须向前），vorwärts mußt du, denn rückwärts kannst du nun nicht mehr（你必须向前，因为你不能再后退了），da (weil, wenn) du nicht mehr rückwärts kannst, so mußt du vorwärts（因为你不能再后退了，所以你必须向前）。另外，不仅并列和从属可以相互转换，而且每一种类型中的各种形式也可以相互转换，更有甚者，从属关系中的上下位关系也可以相互转换，例如 wenn der Leib in Staub zerfallen ist, lebt der große Name noch（身体化为尘土，英名犹存），也可以说 der Leib ist in Staub zerfallen, während der große Name noch lebt（身体化为尘土，但英名犹存）。

§72 句子要素和判断要素

我们讨论了句子和判断以及二者的关系，现在再深究各自的要素。

句子由三个基本要素构成，即主语、谓语和系词。这样，我们从句子，亦即判断的描述形式，看到与判断非常大的差异。判断只有两个基本要素，即主体（Subject）和述谓（Prädicat）。这是一个复杂的问题，我只能求教于赫尔巴特，而对贝克尔不敢苟同。他粗暴对待事实，非常令人不快，使我失去平静。例如他对德语系动词（Verbum substanvum）sein 的论 185
述（§58，223 页）：“那是所有语言共同的现象，似乎只有个别语言例外，在那些语言中表现为我们陌生的形式。”系动词其实只是一种形式，假如它不以那样特有的形式，不作为系动词，则根本不存在系动词形式，也根本不存在系动词。事实上，全世界很多语言没有系动词，甚至没有表存在的动词，细究之下，可能只有印欧语系真正有。——传教士们证明了这一事实。他们的足迹遍及世界各地，了解各种语言及其精神和判断力。洪堡特也进行了相关研究，分析了相关语法形式，阐述了系动词的表现形式，进一步加深了我们对这一事实的认识。——对此以及相关研究，贝克尔却毫无道理地使用“似乎”一词，非常草率。

§73 谓语和定语

最为关键的是区分谓语关系和定语关系。那么，对此区分逻辑学有何说法吗？没有！逻辑学与此无关。逻辑学关注的是一个概念 A 和一个概念 B，彼此在内涵和外延方面可以处于某些关系之中。而且对于逻辑学而言，这些概念是已然给定的。同样，逻辑学也描述概念之间的关系 A+B，而且 A+B 也是给定的，逻辑学称之为判断。两个概念相联系的基础或者是相关概念各自偶然的联系，或者因为它们只是某个原始概念的不同形式——该问题与形式逻辑学无关——无论如何，逻辑学，包括形而上学逻辑学，亦即演绎概念和判断的逻辑学，只关心 A+B 或者 A=B
之类的判断，以及因概念间逻辑关系而异的其他判断。逻辑学在关于概 186
念和判断两章都论及概念，但方式不同。前者关注概念间的关系（Bezie-

hung)，后者关注概念间的联系（Verbindung)。我们用等号“=”表示这种联系。至于是谓语联系还是定语联系，都是语法问题，逻辑学或形而上学根本无法回答。“上帝 = 永恒”(Gott=ewig) 是逻辑判断，至于“永恒”是谓语还是定语，逻辑学不做区分，也无法区分。因为，二者的区别在于系词或者屈折形式，而这与逻辑学无关。

我们不妨比较分析一下“谓语”和“定语”这两个词在形而上学和逻辑学以及在语法中的含义。形而上学和逻辑学论及实体的属性，根本就没有“谓语”这个范畴，只有“对主体的述谓”，也没有“定语”。形而上学关注最普遍范畴的意义和合理性，例如“存在”“世界”等。这些范畴涵盖“实体”和“属性”、“事物”和“特点”，另外还有“本质”以及上述范畴相互关系的方式。逻辑学研究判断，关注概念间的关系，与上述“实体”和“属性”、“事物”和“特点”等范畴相吻合，这时，这些概念在判断中处于主谓关系之中——形而上学无所谓谓语，同样，逻辑学无所谓定语，因为，形而上学无所谓判断，逻辑学无所谓现实关系——相反，语法的对象是句子，所以关注带有谓语和定语的主语。语法谓语与定语相对立并存，所以不可能存在逻辑意义上的谓语。同样，语法定语位于主语之侧，所以不可能存在形而上学意义上的定语。同理，语法主语既不可能是形而上学意义上的实体，也不可能是逻辑意义上的主体，因为它们各自有不同的对立物。对立物不同，则本质
187 不同。因为对立物是事物内在性的产物，或者更准确地说，对立物是统一体的产物，统一体在对立中创造自己的成分。因此，事物的对立物不同，则本质不同，源自于不同的事物，这样才能成为不同于其他事物的存在。因此，语法主语、谓语和定语与逻辑主语和谓语、形而上学的实体和属性，性质完全不同，不能借用它们获得解释，更不能根据它们去解释。

贝克尔是一位形而上学逻辑学家，所以根本不理解语法谓语和定语

以及系词。他明确指出（§ 50，198 页）：“定语关系与谓语关系一样，都表达概念间的同一种关系，亦即存在与充当其谓语的行为所形成的统一。如果行为和存在在某种关系中相互联系成为一种思想，在另一种关系中相互联系成为一个概念，这时，概念间的关系其实没有区别。”——“其实没有！”这不符合逻辑。同一种关系此时生成一种思想，彼时又生成一个概念，这怎么可能？同一个因难道会有不同的果吗？如果词间关系只是概念间的逻辑关系，则谓语联系和定语联系的关系也应该相同，如此，谓语和定语的区别就不存在了。

更为糟糕的是，贝克尔对谓语和定语的错误认识还体现在另一个地方。——他喜欢重复——他说（§ 60，229 页）：“整个句子的有机构成在于，句子包含一个普遍性因素与一个特殊性因素所形成的对立，是行为和存在的对立，它们相互联系构成一个有机统一体，而且，在句子发展的过程中，构成统一体的对立会反复出现于每一种特殊关系。”我们早已熟知，贝克尔所谓发展其实就是反复，而无限的创造就是无尽的同义反复。无所事事的上帝也不会比贝克尔同义反复更无聊。——“谓语是主 188
要概念，主语是关系概念，整个句子表达二者的统一。人们称这种联系为谓语联系。定语及其关系词（名词）的对立构成主语，所以，谓语联系也重复出现于主语。这时，我们称之为定语联系。”这是天方夜谭！重复如何可能？有何必要性？贝克尔只字不提。如果谓语联系重复出现于句子的主语，则所涉及的不是定语，而是主语从句，或是双谓语，亦即复合句。怎么就应该和可能出现一个定语，贝克尔未予论证。

贝克尔对定语和谓语的区分所依据的是概念和思想这两个术语。与谓语关系不同，定语关系不表达判断、思想，只表达概念，这样，就与一个复合词无异，例如 schwarzes Brot（黑色的面包）和 Schwarzbrot（黑面包）。为此，贝克尔补充道（266 页）：复合词，尤其是合并词（Verschmelzung），是“语言概念系统中”特殊类型的概念。定语关系所构成的复合概念“只能在当前话语中由说者说出”，发挥作用，体现存在。因此，定语关系就像谓语关系，类似于句子和思想。因为，“思想以及体现在思想中的概念间的联系与概念不同，概念是作为精神的财富，并被纳入语言的概念系统，而思想只存在和作用于当下的思考”（§45，154页）。这一区分似乎非常合理：模式概念=词，临时概念=句子关系，临时性思想=谓语关系或句子。但这一区分很不稳定，因为，语言表达变幻不定，不仅概念关系和思想关系的表达如此，而且思想关系和思想的表达
189 亦如此。“因此，在语言中，表达概念的形式经常替换表达思想关系的形式，例如，派生形式与句法形式经常相互替换。”（154页）同时，“说者给出的真正的判断经常表现为定语形式”（亦即思想表现为思想关系），“例如 Weg mit diesem weichlichen Mitleiden!（别这样表示没用的同情！）（dieses Mitleiden ist weichlich, darum weg damit）（如此同情没用，所以别这样），又如 Er zieht diesen undankbaren Sohn allen andern vor.（他偏爱这个不知感恩的儿子。）（er ist undankbar, und doch zieht er ihn vor）（他不知感恩，但他却偏爱他）”（266页）。我们看到，贝克尔承认语言相对于思想的自主性，但却认为概念发展和句子发展的基础是“特殊被纳入普遍，而普遍又回归于特殊”（153页），自相矛盾。

§74 宾语

我们现在讨论宾语问题。宾语与逻辑学无关，无论作为概念还是一个词，但对形而上学则非常重要，因为，形而上学不同于逻辑学，不涉及主观思想，起码不仅仅涉及主观思想，而涉及客观思想，亦即针对客体和现实的主观思想。这已经能够说明宾语这个范畴对形而上学和语法完全不同。形而上学的宾语相对于主语，即思想行为，逻辑学和语法的主语恰恰是形而上学的宾语，而形而上学的主语，即思想，则是逻辑的宾语，即观察对象。在语法中，主语和宾语的角色与在形而上学和逻

辑学中完全不同——这里简单指出这点就够了。因此，主语和宾语在这三种科学中的意义和本质各不相同，各自界定的方式也不相同，不可互通。

那么，贝克尔是怎么论述句子的宾语关系的呢？一如既往，还是以 190
普遍性和特殊性为基础。他说（307 页）：“与定语句子关系一样，宾语句子关系也表达概念类型，并且，概念根源于概念次类和个体，普遍根源于特殊。”——贝克尔无法区分宾语句子关系和定语句子关系，因此也不能将宾语与谓语相区分。

§75 谓语

我们最后再分析谓语关系。贝克尔说（§61，230 页）：“句子是某种思想的表达，而思想是人类精神活动，由此，一种特殊的存在被纳入一种普遍的行为，行为被认识为特定存在的行为（充当存在的谓语）。”但是，如果一种存在被纳入一种行为，则并非行为被认识为存在的行为，而是存在被认识为特定行为的存在。应该承认，存在被纳入一种行为，其结果是一种行为，且被认识为特定存在的行为，但如此一来，“行为”概念就会具体化为一种次类概念，而非充当存在的谓语。他还说：“谓语具有普遍性，将特殊的存在接受其中，构成思想的真正内涵，是句子中的主要概念。”一般而论，人们的思路恰好相反，构成一种事物真正内涵的并非其普遍性因素，而是特殊因素。特殊性才是事物的主要概念，构成事物的独特性。贝克尔关于普遍性和特殊性概念的论述令人咂舌，忽而用普遍性说明特殊性，忽而又用特殊性说明普遍性，忽而认为普遍性从属于特殊性，忽而又认为特殊性从属于普遍性。他对二者的区别也同样十分邪乎：A 被纳入 B，A 与 B 相关（参看 162 和 163 页）。我想，若要理解贝克尔，必须与黑格尔哲学心有灵犀，具备语法抽象的灵性，否则定然望洋兴叹，一头雾水。

191 ## §76 概念和词、逻辑主语和逻辑谓语、语法主语和语法谓语

我们抛开贝克尔，分析一下逻辑的主语和谓语与语法的主语和谓语的区别。我们已经一般性地指出，同样的词在这两种科学中虽然名称相同但含义不同，现在再仔细观察逻辑的主语和谓语与语法的主语和谓语的差异。与对其他逻辑问题的讨论一样，我们仍然借鉴赫尔巴特的形式逻辑学和特伦德伦伯格的逻辑研究。

我们马上想到特伦德伦伯格关于语法和逻辑相区别的主要论述，其中对主语和谓语问题的分析颇具启发性。他说（第二卷 143 页）："广义而言，可以将主语和谓语视为不同的概念，但狭义而言，只有一般所理解的实体，即由精神再创造的事物，才是概念，这样，就首先应该把主语视为概念，而谓语本身还不够独立。谓语必须意指实体，并能够充当主语，才能够成为独立的概念。这一转变通过创造性幻想来完成，而幻想促进独立化的抽象。这样，行为被想象为事物，抽象的东西被想象为实体。这一转变在语言中首先表现为不定式。"对此，贝克尔有何见解？他认为动词和谓语根本就不是概念，只有名词是概念，但动词是词，而且词和概念同一！面对此论，人们难免感到绝望。这可能让人觉得行为狭义上其实不是概念，但广义上是。特伦德伦伯格在相关论述中，尤其是（第二卷 150 页）告诉我们，行为充当谓语时不是概念，只有以不定式或抽象名词充当主语时才可以成为概念。但动词不是概念——表示行为的谓语一般是动词，而动词总是谓语。

192 我们已经指出，特伦德伦伯格和贝克尔在科学研究的方法上存在巨大差别。我们也看到，关于判断的形成和结构二人也观点迥异。我们的目标是阐述语法和逻辑的区别，因此需要再次对此展开讨论。对于语言，特伦德伦伯格也表示关注，但作为逻辑学家却敬而远之；相反，贝克尔总是从语言跳到逻辑，放弃了一个，却没有抓住另一个，结果，既没有

获得语法认识，又深陷于错误的逻辑认识，同时，因为他满脑子语言问题，也无法开展纯粹的逻辑研究。因此，贝克尔与特伦德伦伯格的观点分歧在双重意义上帮助我们说明语法和逻辑的差异性。另外，在特伦德伦伯格的逻辑理论中，判断与句子毫无关系，也说明了语法和逻辑的不同。

§77 概念、判断和句子

关于句子或判断，贝克尔的解释是，特殊的东西被纳入普遍的东西，一种存在被纳入一种行为，存在和行为都是语言概念体系中的既成分子。对此，特伦德伦伯格或少有论述，或观点完全相反。在他那里，概念源自于原始判断，其中包含一个无主的行为，“实体产生于建构性行为，与此类似，概念产生于对简单行为的初始判断；实体在行为中表现自己，同样，主语在谓语中表现自己，概念在判断中获得生命。简单一例即可说明。es blitzt（闪电）这个德语句子从形式看是对一种原始行为的判断，该行为在 Blitz（闪电）这个概念中成为实体，而实体表现为特征。概念在谓语中得以表现，例如 der Blitz leuchtet, zackt sich（闪电发出光，发出锯状光芒）。原始状态都是如此，只是我们的推理很少根据原始行为，而多根据主语的行为”。（第二卷 145 页）他 193
还说（147 页）：“首先，外部世界的行为触及人的精神，或者人的行为蔓延到外部世界，这样，对行为的反映必然成为语言的创始成分。”可见，特伦德伦伯格认为“应该有一个判断阶段是判断概念形成和发展的基础……因此，判断的基本概念是原始的，例如 es blitzt。基本概念逐步固化为概念，例如 Blitz，成为完全判断的根据，例如 der Blitz wird durch Eisen geleitet（闪电通过铁而被传导），完全判断又汇聚成为一个新的概念，例如 Blitzableiter（避雷器）。如此，逻辑过程不断丰富，相互携手共进，产生更具确定性的产物。总之，判断和概念相互作用，如同行为和事物”。[①]

在特伦德伦伯格的理论中，概念、事物、实体与判断、行为、谓语相对应，某种程度上是等同的范畴——他虽然关注语言，但毕竟是逻辑学家。一方面概念源自于原始判断，另一方面判断并非组合而成，而是得自于概念。完全判断是概念和原始判断的统一。这难道意味着判断是组合而成的？例如 es blitzt 是一个原始判断，es zackt sich（发出锯状光芒）和 es leuchtet（发光）也是原始判断，人们从前一个得出 Blitz 这个概念，并将之与另一个原始判断相结合成为一个完全判断，例如 der Blitz zackt sich, leuchtet（闪电发出锯状光芒，闪电发光）。特伦德伦伯格没有说明人的精神是怎样从一个原始判断得出一个概念的，既没有目的性说明，也没有必要性说明，另外，也没有说明如何从一个概念形成一个完全判断，是否如上所述组合而成？或是概念自发生成了谓语？两种过程又是怎样
194 完成的？特伦德伦伯格无法解决这个问题，因为他根本提不出这个问题，其所论述的是“实体在行为中得以体现的情形”，并认为此道已然解决了问题，因为“事物的概念评判事物的行为”。（145 页）“事物的这种行为被精神所理解，这是关键，概念间的主观联系由此而生。”这与特伦德伦伯格的形而上学逻辑理论一脉相承，是黑格尔的反转。黑格尔认为，我们在纯粹概念中思考范畴，所以范畴存在于现实世界；因为概念转变为客观存在，所以精神从自身创造自然。这适用于神秘论思想，特伦德伦伯格将之反转为人性思想。他赞同黑格尔的观点，以存在和思想的统一为前提，但认为促使人思想的是存在，亦即客观世界，人的精神在某种程度上是世界的反映，实体在我们的精神中被美化为概念。概念是思想对实体的反映，判断只是对现实行为的反映。实体在行为中得以表达，

① “判断使概念得以完善，因此在某种程度上先于概念。”对此，像赫尔巴特（Herbart）这样的心理学大家不可能不知道。（参看其著《心理学教程》[*Lehrbuch zur Psychologie*] 第二版，79、108 等页）

完全判断就是这一过程的反映，同样，概念在完全判断中得以表达。这样的反映绝非直接的，人的精神并非被动的镜子，实体并非在每一个头脑中都立即成为概念，其表现也并非在每一次行为中都成为判断。思想并非镜像接收器，而是成像，是行为。这种思想行为建构着概念和判断，反映了实体和实体的行为，对此，特伦德伦伯格未予论述。我们可以猜测，他会在心理学中弥补未予论述的内容。那本来也是心理学的问题。

反映现实的心理行为恰恰是语言学的研究对象。假如客观实体的图像不以概念形式进入我们的思想，就不会把相应的词提供给我们。概念和判断的构成是一个漫长而复杂的精神活动的过程，必然始终有语言相伴。如果判断是现实行为的反映，则句子就是心理过程的反映——根本 195
不是判断的反映——判断在此过程中得以形成。

特伦德伦伯格将概念和判断与现实紧密相连，坚持二者统一性的原则，指出（144 页）："每一种实体在概念中获得独立性以及意义的尺度和保障，每一个概念在实体中获得发挥作用的领域，每一种实体在概念中寻找自己的灵魂，每一个概念在实体中寻找自己的躯体。"我们忽略获得这一认识的方法——特伦德伦伯格的方法不同于黑格尔辩证法——将"实体"（Substanz）替换为黑格尔的"客体"（Object），则黑格尔会认可特伦德伦伯格的说法，[①] 亦即，黑格尔所谓概念和客体的统一性即是特伦德伦伯格所谓实体和概念的统一性。特伦德伦伯格接着说："逻辑判断总是以类似的方式关涉某种现实行为或者某种实体的行为，缺乏现实中的映像判断便不可理解。人们经常试图在概念世界之中对判断进行纯粹的逻辑定义，但难以成功，例如将判断视为诸概念的联系，导致界定失于宽泛。概念间的联系——套用语法表述——可以是谓语的（der Baum blüht

① 将"实体"替换为"客体"，黑格尔也许会有异议，因为特伦德伦伯格所谓"实体"不同于斯宾诺莎的"实体"，而相当于黑格尔的"客体"，但斯宾诺莎的"实体"又不完全符合黑格尔的概念。特伦德伦伯格很清楚黑格尔的态度。

树在开花）、定语的（der blühende Baum 在开花的树）或者宾语的（blüht herrlich 茂盛地开花），但只有第一种方式是判断。另外，人们区分了联系的结果（der blühende Baum）和联系行为本身（der Baum blüht），并将判断称为实施这种联系的行为。这一补充仍然不足以成事。因为思想将概念联系起来的行为是瞬间性的，而判断所表达的事物的行为却可能是持
196 续性的。关键在于精神所理解的事物的行为，由此产生概念间的主观联系。总之，事物的行为由其概念来评判。”①

特伦德伦伯格这番话似乎使我进入了柏拉图的唯心世界。那里，事物被典型化。但我觉得特伦德伦伯格提出的是关于概念和判断的心智世界，与实体和行为世界相对应。概念和判断存在于思想中，运用典型化力量创造现实世界，否则，人关于世界的思想就完全是主观的。一个判断相对于一种现实的持续性行为，因此不缺乏持续性因素。我们的主观判断反映诸概念在思想中的瞬间联系，而客观判断独立于概念间的主观联系，是形而上学逻辑学的研究对象。

但语言的情况呢？句子的情况呢？特伦德伦伯格越是将概念和判断与现实紧密联系，其形而上学逻辑学就越远离语言和句子。他指出判断发展的不同阶段都有语言形式相对应，那只能说明语言具有伴随那些阶段的能力，或者说明语言促进了判断的形成，仅此而已。至于判断的发展本身是否也是句子的发展，尚待证明。我们这里想要指出判断和句子的几点不同之处。der blühende Baum 是实体 Baum（树）及其行为 blühen（开花）的语言反映，Baum 在此行为中获得生命，难道不是吗？这组词语表达了一个实体与一个原始判断的统一，亦即表达了一个完全判断，难道不是吗？我们将上述例子扩展，即可更清楚地说明这一点。dieser blühende Baum muß Früchte tragen（这棵花朵盛开的树必然结果）的意思

① 特伦德伦伯格与贝克尔相去甚远，读者比较二者便自见分晓。

是 der Baum blüht（这棵树花朵盛开），因此 muß Früchte tragen（必然结果）。贝克尔也赞同我们的观点，承认定语关系可能具有判断价值。其 197
实宾语关系亦然。人们可以说 ich hätte es nicht geglaubt: dieser Baum blüht（难以置信，这棵树花朵盛开），也可以说 ei, er blüht herrlich（哎呀，它花开的好茂盛），这时，宾语关系包含谓语以外的判断，一个句子汇集了两个判断，首先确认那个被说出的判断（er blüht），然后再补充一个新的判断（und sein Blühen ist herrlich）。

§78 句子的主语和谓语与判断的主语和谓语

我们现在进一步观察句子最本质的关系，即主语和谓语的关系。判断似乎也只是主语和谓语的统一。判断包含主语和谓语，除此之外再无其他成分。与此不同，句子还包含定语和宾语，它们是新的谓语，所以，句子包含带有定语的主语，主语带有双谓语，宾语关系又包含谓语，且该谓语同时又是主语的谓语，被变为主语，如上例所示。我们这里要马上指出其中的区别。一个带有定语和宾语的句子是包含三个判断的句子，因此有三个逻辑谓语和两个逻辑主语，其中一个被两次计数，因为原本的谓语成为逻辑主语和语法主语。如果不明白语言相对于逻辑的这种独立性，特别是反对承认语法谓语和逻辑谓语成为一个新判断的逻辑主语，则应该思考一个问题：每一个判断都可以用一个句子表达。因为简单测试即可得知，一个句子能够包含多少个判断，而有多少个判断，就必须能够造出多少个句子。我们举例说明。假设人们指责一位对孩子严厉的父亲缺乏爱心，有人表示反对说：der liebevolle Vater erzieht (seine Kinder) mit Strenge（慈父严管）。这里有三个判断。句中的定语（liebevoll）比真正的谓语更为重要，是其中一个判断的逻辑谓语，即 der Vater ist liebevoll（这位父亲很慈爱）。同样，mit Strenge 也比句子真正的谓语重要，因此构成了另一个判断，即 sein Erziehen ist mit Strenge（他的管教很严厉）。

198 liebevoll 是语法定语，但却是逻辑谓语；erzieht 是逻辑和语法谓语，但同时也是逻辑主语；这都很容易说明，我们只需要说 der Vater, welcher seine Kinder liebt, gibt eine Erziehung, welche streng ist（爱孩子的父亲管教严厉）或者 der Vater, welcher seine Kinder liebt, erzieht so, wie es streng ist（爱孩子的父亲管教严厉），就可以使原本混杂的角色清晰起来，同时，依靠关系词可以使统一性得以保持。der Vater 是一个双重逻辑主语，一次为 Vater（父亲），另一次为 welcher（关系代词）；liebt 是 welcher 的谓语和 Vater 的定语；gibt Erziehung 是谓语，并且以 welche 的形式充当主语；在后一种说法中，erzieht 是谓语，以代词 es 形式充当主语。需要补充说明的是，简单句和复杂句的区别只是语法的，不能用逻辑解释和细化。即使词和句子的区别也纯粹是语法的，它们与概念和判断也不会等同。

对于形式逻辑而言，凡是两个概念的联系都是判断。虽然特伦德伦伯格认为定语和谓语关系的概念类型不能产生判断，但我们却发现可以，定语和宾语都只是语法界定，不涉及逻辑，而且它们在逻辑中也都是谓语。因为逻辑认为任何概念间的联系都是判断，所以也永远把相关概念视为主语和谓语。逻辑对主语和谓语的定义是：联系另一个概念的概念是主语，被另一个概念联系的概念是谓语。而特伦德伦伯格对主语和谓语的定义则非常简单：主语是概念，谓语是判断。我们这里可以忽略形式逻辑与形而上学逻辑的这一区别，因为二者的区别不至于使主语和谓语彼此颠倒，但是语法却经常颠倒逻辑主语和逻辑谓语的关系。我们下面就对此进行讨论。

我们先看简单的例子。所有条件句和状语从句（或宾语从句）在逻
199 辑上都是主谓关系，例如德语 wenn das Auge brechende Medien hat, so kann es sehen 或者 weil das Auge…… 或者 wenn das Auge sehen soll, so muß es brechende Medien haben。三个句子的逻辑主语都是 brechende Medien haben（有视网膜），逻辑谓语都是 sehen（看），因为后一个概念被联系到前一个

概念上，或者用特伦德伦伯格的话说：在前两个句子中 brechende Medien haben 这个概念在行为 sehen 中获得生命。而在第三个句子中，sehen 这个概念在 brechende Medien 的创造性中被激活并发挥作用。我认为这里的逻辑关系不可否认，但语法表达却是另外一幅景象。——语言可以使用与逻辑相吻合的表达，例如 brechende Medien ermöglichen dem Auge das Sehen（视网膜使得眼睛能够看见），这样，语法主语与逻辑主语相一致。也可用 vermöge brechender Medien sieht das Auge（眼睛借助视网膜而能够看见）表达相同的意思，这时，逻辑主语未变，但语法主语却不一样了。——关于 Blitz（闪电）有过这样的句子 das Eisen leitet ihn（铁传导它），问题是主语是什么？“铁”不应该是陈述的对象，不应该就其做出评判，需要评判的对象是 Blitz，因此，ihn 应该是逻辑主语。相反，如果谈论 Eisen（铁），则说 Elektrizität wird von ihm geleitet（电被它传导），这时 von ihm 是逻辑主语。——Wie befindet sich Herr N？（N 先生怎么样？）Der Blitz hat ihn getroffen.（闪电击了他。）在第二个句子中 ihn 是逻辑主语，因为谈论对象根本不是 Blitz。——Wem gehört dieses Buch？（这本书是谁的？）Es gehört Herrn N.（它是 N 先生的。）这两句中，第三格成分都是主语，因为人们将另一个概念与它们相联系，不是把“人”与“书”联系起来，或者按照特伦德伦伯格的说法，“人”这个概念在“占有”这个行为中获得生命，发挥作用。我们在这里也看到一种双重角色，即两个第三格成分都分别充当不同的逻辑和语法角色，需要分别分析，但同时二者的统一得以保持，例如，Wer ist es, dem das Buch gehört?（这本书属于谁？）——Wie hat der Patient geschlafen?（病人睡得怎么样？）Er hat gut geschlafen.（他睡得很好。）在第二句中，geschlafen 是逻辑主语，gut 是逻辑谓语，因为人们要表达的意思是 sein Schlafen ist gut。又如 Schläft er jetzt?（他现在在睡觉吗？）Nein, er hat geschlafen.（不，他睡过
了。）jetzt 和 geschlafen 是逻辑主语，schläft er 和 hat 是逻辑谓语。可见， 200

语法主语和谓语与逻辑主语和谓语互不相同，说明语法相对于逻辑的独立性。读者完全可以用其他例子来验证。

§79 绝对或孤立谓语，存在句，系词

关于判断和概念发展的语言表现，特伦德伦伯格的论述所根据的是所谓无人称动词，例如德语 es blitzt（闪电），认为它表达了一种绝对的、建构性行为和一种原始判断。这促使我们观察系词。首先值得注意的是，无人称动词反映了形式逻辑和形而上学逻辑学的极端对立。特伦德伦伯格所谓最原始的东西，赫尔巴特（《哲学导论》，§63）通过概念在判断中的某些关系说明那完全是最终极的东西，他指出，“在每一个判断中，谓语的出现很受局限，即必须有其主语，并与之相联系，看到 das Wasser verdunstet（水在蒸发）这个德语句子，人们只会想到 verdunsten，前提是它存在于 Wasser 的概念中，但一般不会去想气味好闻的蒸汽等。谓语所受的限制完全取决于主语，与之共进共退。如果将上例中的 Wasser 替换成 heißes Wasser（热水）或者更为确定的 kochendes Wasser（滚开着的水），则谓语的意义受到更大的限制，如果替换成 Flüssigkeit（液体），则想象“蒸发”的范围大为扩展。随着主语概念内涵的减少，谓语在判断中位置的自由度不断增大，如果在上例中对“蒸发”的主体没有任何说明，则自由度达到极值，这时，判断似乎不复存在，因为其最本质的成分，即主语，没有了，起码不存在常见的判断，只会出现别的判断，因为此时谓语的内涵不是减少，而是扩大，达到无限、无条件。与此前有主语的情形不同的是，不是一个概念与另一个概念相联系，也不期待有
201 另一个概念，否则就会有主语出现。之前的结构形式仍然可以保留，但需要一个系词，来作为一个概念充当谓语，但无所依靠，其意义也没有什么限制。系词是孤立的、自主的。这引发人们思考系词与存在（Sein）的相似性。当谓语缺乏主语时，系词转变为 sein（是），构成存在句。人

们往往把德语存在句中的 sein 视为原本的谓语，这是错误的。人们需要注意 es friert（结冰）、es regnet（下雨）、es blitzt（闪电）、es donnert（打雷）等句子，这里，语言形式也表现出一种绝对结构，相关词语充当谓语，例如 Zeus blitzt（宙斯闪电）、Zeus donnert（宙斯打雷）。当相关事实被视为既成存在，主语就不能出现。面对 Zeus donnert，人们会问 Zeus 是否存在？如果不存在，则没有"打雷"真的发生的判断。但针对 es donnert 无需此问。"

我们认为这种论述值得商榷。存在句并非以赫尔巴特所言那样的方式形成，所述之过程也并非现实，而是一种理想的发展过程。现实属于心理学，而理想属于逻辑学，此论无懈可击，但其上述过程即使从逻辑看也似乎缺乏根据。

谓语这个概念受到主语这个概念的限定，主语的范围决定谓语的范围，那么，主语消失意味着什么呢？必然意味着谓语概念充分扩展，不受限制。至于这种谓语是否真实，则根本不被问及。如果必须提出这一问题，则不仅针对带有谓语的主语，也针对所谓的孤立谓语，因为主语不可能彻底消失。赫尔巴特认为，孤立谓语情况下的系词表示"它作为概念充当谓语，但无所依靠"。系词怎么可能如此？系词本质上意味着， 202
该概念充当谓语，指涉主语，只不过该主语并非总是显现，而是有时内涵于谓语本身，除了谓语之外再无其他限定成分。在 es blitzt 这个句子中，主语本身虽然不确定，但通过谓语则得以摆脱绝对不确定性，亦即 das Blitzende blitzt（闪电者闪电），至于该 Blitzende（闪电者）是什么，仍然不确定，但却是主语。因为 Blitzende 不确定，所以可以用不定主语 es 取而代之。与所有不定主语一样，es 的存在也是假定的。一个谓语如果能够单独表达存在，则与主语相结合不仅表达自身的存在，同时也表达主语的存在，至少在主谓相互限定的范围内如此。例如，如果 es blitzt 表达了 Blitzen 的存在，则谓语 blitzt 也表达 Blitzen 是现实存在，例如在

Zeus blitzt 这个判断中，Blitzen 由 Zeus 发出，非由 Minerva（米诺娃）发出，另外还说明 Zeus 是现实存在，不是朱诺的丈夫或者米诺娃的父亲。但是，无论通过 es blitzt 是否说明 Blitzen 为现实存在，逻辑不关心所言内容与存在的关系，只问所言是否符合思想逻辑。为了明确上述观点，阐明逻辑判断与语言句子的区别，我们需要直奔问题的要害。

如果用语言说“A 是 B”，则意味着 A 是存在的，B 也是存在的，而且 B 存在于 A 中或者 B 与 A 等同。因为该句子表达了主语的存在以及谓语内在于主语，也表达了主语在谓语中得以体现。说 Zeus blitzt 的人说出和心想的是 Zeus 的存在和 Blitz 的存在。而对于逻辑学家而言，如果那不是一个存在判断，则表达的不是充当主语和谓语的概念的存在，而只是
203 充当主语和谓语的两个概念之间的联系。这时，应用逻辑学会告诫人们防止语言假象的蒙骗，另外，对于语言“A 是 B”，不能简单相信 A 的存在，而要首先确认 A 和 B 两个概念的关系是否正确，然后把关于二者存在的断言当作一个新的判断去检验。

es blitzt 这个句子说明 blitzen 确实存在，同样，Zeus blitzt 这个句子说明 Zeus 及其行为的存在，也就是说，主语及其行为的存在都不是假设的。另一方面，逻辑学家不受句子所表达的判断的误导，不至于认为只要判断正确，则句中一切皆正确。逻辑学家要从句子分析出相关判断，并将句子的补充内容，即对某事物存在的断言，当作第二个判断——因为语言本身无法检验它是否是判断——逻辑学认为，被正确述谓的主语不一定存在，果真如此，我们同样需要谨慎面对 es blitzt。但这里有一点不同。所有句子都是存在句，但并非所有判断都是存在判断。绝大多数存在句都包含一个非存在判断。在这个问题上，赫尔巴特提醒谨防模糊认识。存在判断也呈现句子形式，当然是那种谓语只表达存在的形式，例如 Gott ist（上帝是）和 Gott existiert（上帝存在）。语言有自己独特的方式，还可以用其他更为简单的形式表达存在判断，例如 es blitzt，因此，

可以说 es gibt Gespenster 或者 Gespenster sind（有幽灵），但也有更简单的语言形式，例如 es spukt（有幽灵）。那么，是什么促成了这些更简单的形式？它们不用“是”（sein）或“存在”（existieren），但却是表达纯粹存在的适当的形式，为什么？它们之所以是适当的，因为句子谓语中存在某种表达存在的因素，同时，主语可以省略，因为主语的本质都已然存在于谓语之中。那些无人称谓语表达特殊的行为，其概念涵盖非常局限， 204
既不需要也不能用主语来限定，因为它们只有一种特殊的主语，本身也是一个特殊的谓语。因此，谓语本身同时包含着主语，无需将主语特别说出。但是，这种表达存在判断的简单句子形式只具有语法意义，与逻辑无关。逻辑学通过存在句说明了其他判断类型的问题，但我认为那些结论不适用于存在判断，因为这时判断的整个内容只表达存在。

赫尔巴特说：“针对 Zeus donnert 人们会问 Zeus 是否存在。”亦即逻辑要区分两个问题：（1）将主语 Zeus 和谓语 donnert 联系在一起是否正确？（2）如果第一个问题回答是肯定的，则为什么将表达存在的谓语与主语 Zeus 联系起来？赫尔巴特接着说，当 Zeus 不存在，则“判断不表达打雷真的发生”。可见，混淆句子和判断即使对最优秀的逻辑学家也贻害无穷。即使 Zeus 不存在，但句子 Zeus donnert 仍然是个断言，即“打雷”，因为存在概念内在于系词充当的语法谓语。但是，逻辑学家研究“宙斯”和“打雷”两个概念之间的联系，而且，当“宙斯”不存在，而“打雷”存在，则联系不正确。对于逻辑而言，使一个存在的东西内在于一个不存在的东西是错误的。现在，“打雷”被视为现实行为，这产生两种可能：（1）“打雷”确实存在，则必须为这个谓语匹配一个主语；（2）根本没有合适的主语与之匹配，不存在这样的主语，则 es donnert 就是错误的，亦即“打雷存在”是个误判。

因此，无主句和有主语的句子之间的区别纯粹是语法的。所有句子 205
都是存在句，但无主句同时也是存在判断，虽然存在判断也可以表现为其他常见句子形式。逻辑学反对把所有句子都视为存在判断，还告诫人们，虽然无主句的谓语具有绝对性，但其内容并非一定为真，并非一定表达存在。

我们的主要目标不是批驳赫尔巴特，那只是偶然无奈之举。我们要阐明句子和判断的区别，所以必须认真纠正赫尔巴特的每一点错误。我们这里所指出的区别基于系词。逻辑系词是一个等号，而语法系词是表达存在以及谓语内在于主语的符号。

为了进一步认识系词的本质，将之与存在相区别，我们必须再次讨论赫尔巴特。Gott ist 是存在判断的完全形式，与其他表达存在的句子没有区别，只是少了一个限定成分，因为 Gott ist gültig（上帝是有效的）和 Gott regiert（上帝统治）除了表达存在还包含其他内容。从谓语 regiert 可以析出系词成分 ist regierend，同样，从谓语 ist 也可以析出系词成分 ist seiend。逻辑学家认为 Gott regiert 这个肯定句的主语是假设的，所以整个句子是假设的，那么，应该认为 Gott ist（上帝是……）这个存在句也是假设的，因为这取决于 Gott ist 的内涵。它是什么呢？就是充当谓语的概念“是”附属于充当主语的概念“上帝”的内容。而该主语与其他主语一样，是假设的，因此，es spukt 之类的存在句也是假设的，当然是在逻辑意义上，因为说这句话的人无论在哪种情况下都不质疑句子的内容。但即使逻辑学家也常常心存疑义，只是全不在意，因为那不是他要解决的问题。逻辑学家对 Gott ist 心存疑义，但对 es donnert 相信无疑，因为在说这句话的时候听到某种窸窸窣窣、噼里啪啦的声音。Zeus donnert（宙
206 斯咆哮 = 打雷）的情形也一样，即使“宙斯”不存在，但不影响“打雷”的存在。同样，我以为车子发出噼里啪啦的声音，便说 es donnert（有震耳的声音），这不影响“震耳的声音”的存在，只是主语发生了变化，不再是那个表达不确定性的不定代词（es），而是车子等。“震耳的声音”非常个性化，说明了自身的起因。

在 es donnert、es blitzt 等句子中，donnert 和 blitzt 是语法谓语，系词内在于其中，并暗示谓语。主语与这种谓语同在，且无所谓确定与否。如此看来，所谓无人称动词这个称谓完全错误，es blitzt 和 ich schreibe（我写）、der Stein ruht（石头静止着）等一样，人称明确。但是，donnert 和 blitzt 在逻辑上究竟是主语还是谓语呢？我们先听听赫尔巴特的观点。他接着上面的论述说道：“（es donnert）之类的句子在语言中非常多，我们之前的认识经常根据直接印象，无中生有，在其中强加主语，例如我们说 die Glocke schlägt（钟响了）、die Sonne scheint ins Zimmer（太阳光射进房间），但当我们没有认识到‘钟’和‘太阳’，就说 es schlägt、es scheint。”这里，赫尔巴特与特伦德伦伯格的观点似乎一致，认为无主句更为原始，经过后来的经验才有了主语。我们认为这不可信。原始人没有能力使用无主语的谓语，而是赋予每一个行为一个行为主体。相比较 es blitzt，人们使用 Zeus blitzt 或 der Himmel blitzt（天空闪电）应该更早。后一种形式已经是一种抽象，这样的句子早已超越了原始判断。另外，Blitz 也并非派生于 blitzt，人们不仅很早使用 Zeus blitzt，而且 Hephaistos schmiedet den Blitz（赫菲斯托斯锻造闪电）[1]也比抽象的 es blitzt 出现得早。我们继续既定的讨论。

赫尔巴特还说：“如上所述，谓语表现为名词形式，且系词内在于其中，这种现象的意涵已然清楚。die Europäer sind Menschen（欧洲人是人）可以扩展主语而成为 Menschen sind Menschen（人是人），einige Sterbliche 207
sind Menschen（有的会死的东西是人），einige Wesen sind Menschen（有的生物是人）——最终 es sind Menschen（sunt homines，是人），或如我们通常所说 es gibt Menschen（有人）。系词的意义在此发生了变化，显然因

① 赫菲斯托斯（希腊语 φαιστος、德语 Hephaistos、英语 Hephaestus），古希腊神话中的火神、砌石之神、雕刻艺术之神与铁匠之神，奥林匹斯十二主神之一。——译者

为它没有了所指对象。它要把谓语与谁结合？这是前提。”系词仍然是系词，如果没有主语与谓语相匹配，则系词的意义需要逻辑学和语法来解释。逻辑系词是诸成分联系的符号，语法系词则既是联系符号也是存在符号。从上例明显可见赫尔巴特的错误。按照他的观点，die Europäer sind Menschen 不是存在判断，因为“欧洲人”的存在是假设的，而 einige Wesen sind Menschen 无疑是存在判断，虽然是隐性的，主语 Wesen 中包含着“存在”。虽然如此，这个句子仍然是假设的。es sind Menschen 含义相同，但怎么才能不再是假设的呢？难道系词的性质突然发生了变化吗？

我们这里指出赫尔巴特的三个问题。第一，他误解了 sind（系词“是”）这个词的本质和含义；第二，他用 einige Wesen sind Menschen 分析 die Europäer sind Menschen，扭曲了例句的性质，从中臆造出一个存在判断和“存在”概念，“存在”原本在 es sind Menschen 这个句子中才出现；第三，他误读了上述两个例句的关系。我们下面对此展开阐述。

es sind Menschen 的含义究竟是什么？假设一个视力很弱的男人问：“那儿是一种什么灌木？”他的同伴视力好，回答说：“是人。”（es sind Menschen）这时，没有人认为这句话是一个存在判断，所涉及的是一个确定的、但未得认识的东西，即 es，而所看到的对象是主语。并非说出该主语是什么，而是说它怎么样，亦即用一个谓语说明这个尚还未知的主语。在此情况下，“是”（sind）纯粹是系词。

208 A 看见形状怪异的东西，说“是鬼怪”（es sind Gespenster）。这时，“是”（sind）也完全是系词。B 否认“鬼怪”的存在，与 A 争执。于是，A 向 B 保证说“是鬼怪”（es sind Gespenster）。这时句子重音不同。前一句重音在“鬼怪”，后一句在“是”，而“是”就是动词“是”（sein），亦即表示存在。前一句说明属性（Qualitätssatz），后一句是存在句。“是”（ist, sind）在存在句中是平常的动词谓语，本身不是系词，但是包含着系词，亦即表示“是存在着的”（ist seiend, sind seiend）。

刚才讨论的是 es blitzt、es donnert 之类的现象。赫尔巴特接着说："因此（=因为没有主语），系词表示句子无条件成立，无论 es donnert、es blitzt，还是 es ist Blitz、es ist Donner，我们都可以说 Blitz ist（是闪电）、Donner ist（是打雷），这样，之前充当谓语的那个概念现在充当主语，而且，逻辑系词'是'（ist）同时变成了概念'存在'。"显而易见，赫尔巴特严重混淆了存在（Sein）和系词（ist）。

句子重音导致区别，这同样也适用于 es sind Geister，重音可以落在 Geister（幽灵）和 sind（是），结果，前一句说明属性，后一句是存在句。同样，es ist Blitz 的句子重音在 ist 和 Blitz 也产生区别。前者形成存在句，与 Blitz ist 同义。在后一个句子中，ist 不仅仅是系词，而且表示存在。其实前者也是如此，因为二者的区别与下例相同：ein Mann kam mir entgegen（一个人向我走来）和 es kam mir ein Mann entgegen（有一个人向我走来）。其中，es 意味着句子语序倒置，但完全是语法的。从逻辑看，无论涉及系词，还是其他什么，都不产生改变。

我们重申，赫尔巴特误读了系词的本质，系词有时已经融入了"存在"的概念，不再是纯粹的系词。我们指出他的第二个问题是，他没有认识到，并非仅仅 es sind Menschen 因其中的系词而表达存在，其实上 209
例 einige Wesen sind Menschen 也表示存在。这应该不言而喻，因为 Wesen（生物）即意味着存在着的东西。我们可以倒置 einige Wesen sind Menschen 的语序，例如 Menschen sind Wesen，亦即 Menschen sind Seiende、Menschen sind，可语法倒置为 es sind Menschen。通过语法倒置，我们重又回到原始形式，因为我们已经在逻辑上倒置了一次，语法倒置内含逻辑倒置，es 似乎充当主语，相当于之前的 einige Wesen。einige Wesen 是完全不确定的主语——就像近视眼所看到的一个黑点——需要谓语才得明确，并由 es 充当不定主语来实现。

不难看出，einige Wesen sind Menschen 和 es sind Menschen 或 Men-

schen sind 有所不同。但它们只是表达方式不同，其他无异。如果把 es 视为逻辑主语，含义相当于 einige Wesen，那就不再是存在判断了，就像前面近视眼看黑点那个比喻的情形，用 es sind Menschen 回答他，意指“你看不清楚的那些东西是人”，说明相关事物的属性。另外，es sind Menschen 和 Menschen sind 含义相同，都包含 einige Wesen sind Menschen 的意思。这样，如果用一个词来体现后一句的内容，则这个词不可能只出现于前两句的任何一个句子中，因为，每一个句子其成分的价值都等同于另一个句子中对应成分的价值，二者只是位置不同，而这正是 es 存在于句子中的唯一理由。那个句子的主语 einige Wesen 并非通过另一句中的 es 得以表达，那又通过什么呢？如果两个句子含义相同，只有表达方式相异，einige Wesen 的含义何在？ Menschen 在两个句子中的含义是一样的，
210 所以 einige Wesen 的含义既不在 Menschen 也不在 es，那就是在 sind，因为，在 einige Wesen sind Menschen 和 es sind Menschen 中，sind 完全不同，在后一句是重音所在，在前一句则不被重读。在前一句是系词，在后一句表达存在。因此，es sind Menschen（是人）的意思是 es sind Menschen wesend 或者 Menschen sind wesend（人存在着）。

我们还有几点说明。首先需要注意的是，这几个句子不是绝对的，与其他所有判断一样，是假设的。einige Wesen 期待谓语 sind Menschen，并得到该谓语。同样，在另一句中 Menschen 也是假设的，不过，存在判断中的假设关系有些奇怪，不取决于逻辑。

第二，与 es sind Menschen 一样，es blitzt 也需要双重解释。它既可以是属性判断，也可以是存在判断。假设，某人夜间醒来，看见一道亮光划过，说道 es blitzt。这里，es 是不定主语，意思是“你所看到的东西是闪电”，相当于前例情况下对近视眼说 es sind Menschen（你看不清楚的东西是人）。两种情况都容易使人犯错。亮光稍纵即逝，而另一种情况下的东西也可能是树，不是人。这都说明它们是一种属性判断。所看见的亮

光和黑点是一种事实，需要澄清它们具体是什么，这时人们可能会出错。但其实人们也可以对那种事实提出质疑，亮光和黑点也可能源于一种生理视觉印象，视神经压迫或眼睛充血会产生一种心理图像，例如亮光或黑点，并形成一种判断，例如 es blitzt（闪电）、es sind Menschen（是人）。因此，这种判断也是假言判断，其主语 es 是假设的。

但是，这种使用绝对谓语的句子形式也可以表达一种存在判断。假设，人们（A）向赤道居民（B）描述寒冷的情形，B 否认此种情境的存在，A 向 B 保证说 es friert、Frost ist 或 es ist Frost（寒冷，冰冻），意思是 211
Frost ist seiend、es ist Frost seiend（存在寒冷）。但是，一个人在房间里问另一个刚从大街上回来的人 wie ist das Wetter 或 was ist für Wetter（天气怎么样），这时的回答不是存在判断，而是属性判断：es regnet（下雨）、es friert（寒冷），意思是 Regen ist、Frost ist。

因此，es friert 有时是属性判断，有时是存在判断。两种情况在语法上都一样，es 是主语，friert 是谓语。但在逻辑上必须区别对待，在属性判断中，friert 是谓语，而在存在判断中，friert 是主语，“存在”是其谓语，因为 friert 的意思是 Frieren ist，但 ist 不显现。这样，存在判断其实没有绝对谓语，而有一个绝对主语，例如 es sind Menschen 中的主语 Menschen，其谓语表示其存在，因为 es 在逻辑上没有任何意义。同时，人们也要谨防认为绝对谓语就必然意味着存在判断，它经常是属性判断，例如 es friert。

总之，句子和判断完全不同，即使在相交的地方也只是相交，并非同一，各自表现出独特的属性。人们经常混淆二者，这不仅有害于语法学，也伤及逻辑学。

§ 80 语法范畴和逻辑范畴

我们现在观察话语成分，或称词类。它们也体现出语言的特性，与逻辑范畴和形而上学范畴一样内涵丰富，因此，语言范畴既不是逻辑和形而上学范畴的直接反映，也不能通过逻辑和形而上学范畴得以界定。贝克尔的论述以行为和存在为一般性基础，无法清楚区分动词和名词。der Strom des Wassers（水流）、der Kampf（斗争）、der Krieg（战争）、der
212 Friede（和平）、die Freude（快乐）、der Schmerz（痛）、die Trauer（悲伤）、der Spott（嘲笑）、das Gelächter（大笑）、der Hohn（嘲讽）、die Trennung（分离）、die Hoffnung（希望）、das Wiedersehen（再见），等等，都表示动态行为，但却都是名词。

按照贝克尔的观点（§ 31，101 页），形容词介于动词和名词之间。他说："它某种程度上或者是名词化的动词，或者是动词化的名词。" 另外，"wach（醒着的）、laut（大声的）等形容词与动词（wach-et、laut-et）一样，表达一个行为，而行为在语言中都是某种存在所实施的行为，所以，形容词所表达的是一种被说出的（谓词化的）行为。与动词的本质区别是，形容词只表达一个被说出的行为，而动词还表达一个陈述。这一区别以特定的方式体现于动词和形容词的屈折词尾。形容词的屈折词尾遵循某种一致性，表达被说出（谓词化）的行为与存在的统一，例如 ein blanker Degen（一把闪闪发亮的剑）、mit blankem Golde（用 / 带有闪闪发亮的金子）。与此不同，动词的屈折词尾表达陈述本身（判断），例如 der Degen blinkt（宝剑闪闪发光）……在名词中，所有表示存在的概念都表达一种存在，并被纳入一种谓词化的行为，形容词也表达一种谓词化的行为，所以，形容词与名词十分接近，很容易转化为名词。"

此论不妥。贝克尔认为 wach、laut 等表达行为，我们认为它们表示一种状态，但贝克尔眼里只有行为和存在，别无其他。他会对我们解释说（§ 28，83 页）："表示静止和无为状态的概念，例如 stehen（站立）、liegen（平躺）、sitzen（坐）、schlafen（睡）等，也必须归为表达存在概念的对立物，被视为行为概念。行为概念源自于表达运动的概念——运动因反向运动而受阻。”这从物理、形而上学甚至语言看都可能是正确的，但是，既然状态词源自于行为，则应该二者有别。人们的语感也能够将一个中性动词与一个客观动词区分开来，例如 er wacht（他醒着 = 没睡着） 213
和 er wacht über das Gesetz（他守护着法律）或 er wacht bei einem Kranken（他看护一个病人）。这里，我们看到动词表达状态，不表达行为。与 wach 一样，laut 也很难表达一个行为。当我问 wie lautet der Vers（那句诗是什么）？其中的动词也不表达行为。

上述关于形容词和动词屈折词尾的区别并不说明什么问题。因为，所谓“谓词化行为和存在的统一”的意思无非就是述谓（prädizieren），人们更应该区分统一性和对统一性的陈述，因为如上所述，贝克尔会赞同一个观点，即形容词的词尾只表达统一性，而动词的词尾除此之外还表达对统一性的陈述。但这种观点是错误的。形容词似乎表达统一性这个事实，而动词似乎表达思想中某人的主观行为，但其实动词的屈折词尾并非那么主观。当有人说 die Rose blüht（玫瑰花开），绝不意味着那是他关于“玫瑰花开”的判断和思想，相反，他描述了“玫瑰花开”的客观事实，不仅如此，描述给人的印象不带有任何主观观察和判断。逻辑系词是主观使用的等号和联系符号，而语法系词则表达客观内在性。贝克尔是否将语法系词错误地与主观逻辑系词混为一谈，我们不得而知，他的另一处论述则清楚地表明他没有此意，倒是表明他将形容词和动词屈折词尾等同视之。他说（§ 50，198 页）：“屈折形式不表达谓语关系和定语关系，行为和存在的统一只通过谓语的人称形式以及定语形式和格形式三者的一致性得以表达。”

214 贝克尔还说，所有名词都表达一种被纳入谓词化行为的存在，形容词也表达一种谓词化行为，所以与名词非常接近。这是何等怪异的“接近”！既然动词和形容词都表达一种谓词化行为，十分接近，那么，形容词也应该与名词十分接近，事实也的确如此。贝克尔自己认为名词化分词可以证明这一点。只是这样一来，形容词和动词就没有区别了，动词也无法构成与名词的极性对立，而成为名词和形容词的中间物。根据贝克尔的说法，形容词和名词在某些表达形式中意义相同，但他之前也说过，形容词和动词在某些表达形式中也意义相同，并举例 er wird karg（他会很节俭，er wird ein Geizhals 他会是个吝啬鬼）和 ich halte ihn für falsch（我认为他装假，ich halte ihn für einen Heuchler 我认为他是个伪君子）。我们可以为贝克尔补充：er beginnt zu kargen, zu geizen（他开始变得很节俭、吝啬）；ich halte dafür, dass er heuchelt（我认为他装假），如果用第四格不定式（Accusativ cum Infinitivo）更准确，例如 existimo eum simulare（我认为他装假），这里，动词 simulare 相当于形容词 falsch 和名词 Heuchler。

根据贝克尔的观点，动词和形容词还有一个不同之处：形容词总表达一种反义，动词则不然。但是，wachen（醒着）的反义词是 schlafen（睡觉），与 wach sein 相同，例如 Schläft er?（他在睡觉吗？）Nein, er wacht 或 er ist wach.（不，他醒着。）Hat er gearbeitet?（他工作了吗？）War er fleißig?（他刻苦吗？）Nein, er war faul 或 er hat gefeiert.（不，他懒 / 休息。）

亚里士多德将动词和形容词合而论之，再将二者与名词相对而论。作为逻辑学家，他这样做自有其道理，但谁说他是语法学家了？

区分动词和形容词唯一站得住脚的理由在于对动词的界定，而且不是逻辑界定，因为动词是谓语陈述。

我们通过对判断进行纯粹逻辑分析不可能认识所有话语成分，亚里
215 士多德也没有那样做。只要还有一个话语成分无法逻辑界定，就证明所有话语成分都不能逻辑界定，说明逻辑方法不可行。既然语言是有机统一体，则其主要范畴的界定不能根据不同原则来实现。

若要澄清所有相关关系，最后还需要注意一点。名词变格、形容词比较级、动词的时态等都以感性认识为基础，因此不属于逻辑问题。式

的问题也不属于逻辑学，这一点已经论及。

综上所述，对于逻辑语法而言，语言就是一堆不确定的材料，缺乏内在形式和确定性，呈现出胶状、液态，根本无法形式化。逻辑语法抽掉了语言的建构性和创造性，丢掉了语言的灵魂，只剩下一些缺乏精神联系的散件，一堆原子，就像散沙四处飘落。逻辑学试图将它们收拢起来，从中构形，必然徒劳。每一种灵魂只能生活在自己所创造的、属于自己的躯体里，逻辑语法亦不能例外。语言躯体里居住着的是语言的灵魂，卧榻之侧，岂容逻辑。

3. 语言是逻辑的吗?

思想和语言不同一，语法范畴和逻辑范畴不对应，那么，语言何以体现逻辑？何以成为一种逻辑的东西？何以成为内在于人类思想的逻辑的一种有意或无意的产物？语言根本不是逻辑！

§81 语法和逻辑的不对称性

贝克尔语言观的前提是，语言是逻辑的，语言形式是人类思想逻辑形式的有机反映。果真如此，那会怎样呢？果真如此，则非逻辑的内容，亦即逻辑错误的思想，必然不可能获得语言表达，更不可能用语言正确地表达，用语言表达思想就会有一个标准来检验思想的正确性。例如， 216
两个相互反对的概念不能作为主语和谓语共处于一个判断之中，der Kreis ist viereckig（这个圆是四角形）或 ein viereckiger Kreis（一个四角形的圆）这种逻辑上错误的判断便不可能存在，所以，不可用语言表达。人们经常不自觉地犯逻辑错误，错误地思考，准确地说是“非思考”（nicht denken）。按照上述观点，相关语言表达就毫无希望了，人们就无词语可用，无语法形式可依了。果真如此，则每一个思想错误必然对应一个语言错误，违反逻辑就是违反语法，死结无解。然而事实并非如此。再严重的思想错误也可以用句子表达，甚至能够正确而优美地表达。

精于抽象思维的逻辑学家早已嘲讽过语言的非逻辑性，新的语法理论也细心呵护语言中简单而充满想象的思想认识，这无异于承认了一个观点：语言不是逻辑思维的产物。

如果语言是对思想的有机描述，是思想为自己创造的表达形式，则语言必然完全依附于思想的形式，思想的结构和组织也必然是句子的结构和组织的精准模具。果真如此吗？赫尔巴特指出（《论范畴和连词》，22 页）：“语言要求其词语在时间序列上线性排列，思想的内在结构经常不是如此，二者的不对称性显而易见。假如人们要描述一个空间对象，不仅各部分特点显然，而且有三个维度，而词语序列只有一个维度，极不相匹配。”其实语言有手段来弥补这种不对称性，否则人们就无法用语言
217 进行描述和告知。相应地，语言也有自己的范畴，非但不是逻辑范畴，而且本质上偏离逻辑。语言的弥补手段虽然不是万能，但足以解决许多问题。赫尔巴特正确地指出（§ 61）：“对心理机制和人类认识多样性稍有了解即可知道，全世界所有语言及其所有连接手段和辅助手段都只能对大量认识的结构提供不充分的表达……纵使语言的段落结构十分丰富多样也不足以充分表达人的内心。”

还有一个严重的错误需要指出。假设思想在某种程度上固化于语音，那么，德语中就有德国人的思想。问题是，我们的思想是逻辑的吗？——我们的思想是心理的，逻辑思维是理想化状态，我们未可达及。对此，赫尔巴特的表述最为明确，他称逻辑为思想的一种伦理。而且，即使形而上学逻辑学也区分客观思想和心理思想，只有心理思维是我们习惯和常见的。因此，与语言接近的只能是心理学，不是逻辑学。

另外，人们可能还有疑问，语言究竟是愿意表达我们的思想，还是更愿意反映现实？但语言如果指向我们的认识和概念，那又怎么赋予万

物生命和性别？在德国人的想象中，Mann（男人）并非阳性，Weib（女人）并非阴性，二者的性别特征微弱，“有生命”特征不强，或者只与Stein（石头）相当。只有当现实得以语言表达，这些区别才能在语言中得以体现。语言系词使得所有句子都成为存在句，也说明语言呈现给听者感知的并非我们的思想活动，而是现实。关于系词，洪堡特指出（《论卡维语》导论，CCLXVI 页或 251 页），动词“通过系词将谓语和主语连 218
接起来，而系词通过一个具有动能的动词而被转化为行为。系词内涵于主语本身，与主语一起表达现实中的状态或过程。人们不只想到正在发生的闪电，还想到闪电本身，人们不仅将精神与相关永恒的东西相联系，精神本身也是永恒的”。洪堡特不认为语言模仿世界，指出：“形象地说，思想通过动词而脱离其内在住所，转而进入现实。”这意味着，在语言中得以表达的，不是世界，不是现实，而是我们的主观思想。但主观思想并非被描述为主观思想，而是被描述为现实。因此，语言所描述的既非现实，也非思想，而是作为现实的思想。

贝克尔说（《语言有机体》XV 页）：“否认语言对普遍形式化思想规律的再现，则不仅否认了语言的有机性，而且也否认了思想的有机性。”——其实二者都未被否认，只是思想的有机性与语言的有机性被分别开来。

§82 语言逻辑性的程度

按照上述贝克尔的论述，如果语言缺乏逻辑性，则语言就是反逻辑的、非理性的。此论犯了一个十分低级的形式逻辑错误，将反对（conträr）和矛盾（contradiktorisch）混为一谈。

我们可以换一种说法表达上述观点：“逻辑的”这个形容词有双重含义，第一表示与逻辑学相关，例如“逻辑问题”“逻辑规律”，第二表示符合逻辑规律，具备理性。我们只是在第一种意义上断言语言是非逻辑 219

的，不是第二种意义上。

为了习惯这一区分，并明确地掌握之，我们不妨观察一下其他科学。物理、化学、数学等科学不是逻辑的，自然界不是逻辑的，换句话说，这些领域中没有给定的逻辑学事实、范畴和原理，但它们非常具有逻辑性，它们的发展贯穿着逻辑规律。历史也是如此。黑格尔说过："一切都是逻辑的、理性的，包括历史。"这似乎是说，历史中有逻辑范畴，而民族、事件和状态是逻辑范畴的历史实现。在我看来，这正是涉及我们前面所批评的针对语言所犯的错误。

每一种科学都有其独特的对象，不仅其材料，还有材料所蕴含的普遍关系，都是独特的。这些关系被称为范畴，例如化学材料及其相互关系，例如圆、周长、直径及其相互关系。我们通过思想观察这些对象，研究其中的关系，这时，它们体现出逻辑形式。逻辑其实是对思想的分析，涉及的是思想活动，而非思想活动所针对的对象。另外，自然界的现象成为具体科学的对象，并通过具体方法和方式得以研究。我们在思想中重构这种方式，将事物发生的形式过程转变为概念发生的主观过程，反映现实，这样，不仅我们的思想内含着逻辑关系和逻辑规律，遵循始终，而且现实自然界也是如此。

220 语言和语言学的逻辑性类似于自然和自然科学的逻辑性，语言学的对象及其关系是语言和语言学特有的。逻辑学家会发现，在对语言对象及其关系的思考中，不仅语言学家遵循逻辑规律，而且语言成分的构成方式和独特的组合方式也无意识地遵循逻辑规律。语言和语言学家、化学家和物理学家以及自然界所遵循的这些逻辑规律具有普遍性，研究它们是语言研究和自然研究的前提，但它们不是这些科学的对象，不是这些领域研究者的任务。

综上所述，语言或语法与思想和逻辑的一般性区分虽然十分棘手，但已经不再模糊。我们再举一例说明。某君走到长桌前说："这张圆桌是四边形。”对此，语法学家心满意足，欣然接受，但逻辑学家却高声抗议：“胡说八道！”语言学家用德语说 dieser Tafel sind rund（这张桌子是圆的）或用拉丁语说 hic tabulam sunt rotundum（这是一张圆桌）。[①] 对此，逻辑学家既不懂德语也不懂拉丁语，只能沉默不语，而语法学家则大加指责。逻辑学家如果在其一般逻辑规则之外还掌握语法一致性的规则，则也会对上述句子提出批评。但不巧，既掌握逻辑规则又掌握语法规则的恰恰是语法学家，因为，这位在其语法学家的身份之外也是逻辑学家，也就是说，能够根据逻辑规则进行思维和判断，但是，逻辑学家却并非同时又是语法学家。如果把上述句子改为：这张桌子是一个圆（hoc tabulum est rotundum），那么，掌握了一致性知识的逻辑学家固然会心满意足，但是语法学家却还具备语言知识，于是做出修正：应该是 tabula，不是 tabulum。这样，逻辑学家就能完成剩余的修正，亦即，现在轮到语法学家被迫在逻辑学意义上运用一致性规则。因为，一致性规则和 tabula 这个单词的词性都只是语法关系，它们及其他类似的内容构成语法学的对象，即语言。在形式上，把语言规则运用于语言材料的过程必然会出现逻辑学问题。 221

要求一个中学生使用拉丁语 laudere 的完成时、直陈式和主动态，这时他需要思考，需要逻辑推理，但他必须懂得拉丁语的动词变位规则。他要用逻辑形式处理语言材料，而语言材料与逻辑思维形式的关系不仅仅涉及词根，还涉及语法形式和语法关系，涉及语言的方方面面。尽管他思维敏捷，但其逻辑推理过程却十分冗长。

化学有其范畴，例如氧、氮、亲和力等，其他领域也有范畴，例如热、电、呼吸、消化等物理和生理学范畴，同样，语法也有范畴，例如名词、动词、定语等。自然的运转和自然科学的研究运用自己的范畴，

---

① 这里德语和拉丁语句子存在语法错误。德语 Tafel 是阴性名词，应该用 die 来限定，却用了阳性特指冠词 dieser；主语是单数，却用了复数谓语形式 sind。拉丁语句子也存在类似的语法错误。——译者

语言和语言研究亦然。这样，自然和自然科学不是逻辑的，语言学和语法亦然。每一种科学的范畴都有其独特性，其内涵、合理性和起源等都与逻辑学无关，但无论哪种范畴还是诸范畴之间的关系，都是合理的，都有其逻辑性。

语言要素和语言行为，无论形式化程度多高，都只是材料，而且是非常特殊的材料，是逻辑学可资调用的千万个例子之一，可以用于逻辑学。但语言不是逻辑学的主人，并非逻辑学任何章节的必然内容，另一方面，在关于语言材料及其内涵的问题上，语言也无需逻辑学的说教。

所以，语言不是逻辑的（亦即没有逻辑范畴和逻辑规则，只有自己独特的范畴和规律），但并非因此是反逻辑的（“反逻辑的”与“逻辑的”构成反对关系，意指违反逻辑学规则）。语言范畴和逻辑范畴是各行其道
222 的概念，就像圆和红色，井水不犯河水。因此，无论要求证二者相同或者相异，用逻辑学衡量语言都明显曲解了二者的关系，都是错误的。

斯多葛派依据逻辑标准衡量语言，认为语言缺乏根据，于是断言语言是反常的。阿里斯塔克（Aristarch）学派——包括除洪堡特之外的所有语文学家，布特曼（Buttmann）也深知阿里斯塔克学说的缺陷——和贝克尔们提出相反的论断，认为语言相对于逻辑并无反常，而是相类似，具有逻辑形式，人们只需正确运用逻辑标准即可衡量。两派的观点都缺乏理性，犯了严重的错误。“类似说”的问题我们从贝克尔那里已经充分认识。“反常说”反对“上帝永恒”的论断，认为那完全违反逻辑。其实语言“反常说”才是反逻辑的，因为语言与逻辑规则（νόμος）无关。

语言不是逻辑，这才是语言真正的逻辑性和有机性。

与语言最类似的是艺术，二者都有一个最为本质的特点，即描述。艺术描述现实，语言描述思想。但是，如果认为现实是艺术的标准，认为完美的意识即是对现实的忠实反映，并根据忠实性衡量艺术作品的价值，那就大错特错了。同样，如果认为语言描述只是对思想的反映，也

是极其错误的。戏剧也描述现实，但戏剧和现实二者相距甚远。戏剧本身并非因此而非逻辑、非真实。同样，语言本身虽然不遵循逻辑规则，但也是理性的、真实的。

另外，绘画在平面上表现人体，或者把平面当作人体——这是多么反逻辑呀！——绘画不仅有三维，还有阴影和视角，也都是绘画的范畴， 223
与“维度”这个概念虽有交集，但完全不同。

综上所述，我们认为语言和语法有其独特的范畴、概念和意义关系及其所构成的系统。它们符合理性，但不属于逻辑学。现在的问题是，如果语言的内涵不是思想、概念、认识等，那又是什么呢？如果语言内在形式和关系不是认识和概念的关系，那又是什么呢？如果语法的研究对象不同于逻辑学，那又是什么呢？是对思想的描述吗？但这也是思想性的！那就只剩下思想了，但这却无疑是逻辑学的对象。或者，对思想的描述性思考应该有其独特的形式和独特的规律？难道除了逻辑思维之外还有别的思维方式吗？难道语言的语音所表达的是这种非逻辑的思维方式吗？

这完全不可能吗？或者说看似绝不可能？为什么？有一种思维方式，且广泛传播，合情合理，其形式无关逻辑，内容与诸多科学以自己的方式所研究的现实也无关，这就是诗性思维，难道不是吗？诗歌（例如一首颂歌）难于理解的根本就在于诗性思维和逻辑思维的差异性，所谓理解就是将诗性思维转写为逻辑思维。而美学家的理解涵盖更广，还包括诗性思维的形式，亦即诗歌的逻辑。其规则和形式完全不同于理性逻辑的规则和形式。

例如，Grau, theurer Freund, ist alle Theorie,

Grün ist des Lebens goldner Baum.[①]

---

① 歌德《浮士德》（*Faust*）名句，可译为“朋友啊，理论都是灰色的，只有生命金树常青”。——译者

224 这首诗颠覆了逻辑学、植物学和颜色理论的一切原理，若用理性思维来衡量，则拙劣至极。诗性思维和理性思维都不是逻辑的，但也都不是非逻辑的，亦即不是反逻辑的，正因此，都可以转写为逻辑思维，也可以与逻辑思维的规则相吻合。人们可以把这首诗准确地转换成逻辑推理的形式。

必须承认思维方式多样性的可能性和现实性，一般意义上的逻辑学只是提出理性思维的规律，而其他思维方式也有自己的做法和自己的逻辑。不可否认，相对其他思维方式，理性逻辑具有优先性和特权，可以发挥解释、影响、监督的作用，可以帮助界定其他科学的领域。但是，其他思维方式都有其独特性和自主性，有自己内生的规律性。

因此，人们可以说，化学是自然物体的逻辑学，物理是物理运动的逻辑学，同时，自然逻辑不是理性逻辑，要求二者一致是反逻辑的。

总而言之，语言与思想虽然并非不可分离，但却形影相随。——思维方式的多样性决定了逻辑的多样性。语言与诸多逻辑皆有联系，难以泾渭分明。语言只是伴随着思想，其运作有自己独特的方式和独特的规律，也有自己独特的范畴。——语言既不等同于思想本身，也不等同于思想的某种特殊方式。语言不仅是有声的，不仅是概念及其关系方式独特、意涵丰富的有声体现，而且应该也是一种思想，有自身的规律和范畴。语法的任务就是揭示并描写这些规律和范畴。

下面，我们对这一推测展开阐述，对前文指出的相关负面结论进行正面论述和说明。

第三部分　语法的基本原则

225 ## §83

阐述语法原则及其最一般性问题，才是我们真正的任务。现在，我们从正面进行论述。我们暂不追究细节问题，集中阐述一些关键因素。关键因素决定细节因素及其在整体中的位置和意义。在明确了语法原则的出发点、对象和范围之后，我们还需要明确一些特定的指导方针去深入认识语法的对象。为此，我们首先分析语言的本质、语言的起源和发展、语言与精神生活的关系，然后再讨论一些概念，例如“内在”和“外在”、“材料”和“形式”，尤其是“系词”，其问题贯穿于语法的所有细节。这些概念的重要性和学界认识的模糊性我们在前面批判性综述中已经说明。我们的讨论将集中于人类语言和语言材料本身，探讨普遍语法的可能性，暂不考虑各种具体语言的特殊性。针对具体语言的问题还涉及各种语言的相互关系以及与整个人类语言的关系。

A. 语言的普遍本质及其与精神生活的关系

§84 226

怎样才能揭示语法的原理呢？首先需要认真研究和分析语言的本质、语言与精神活动的各种关系、语言在精神交往中的功能、语言对精神发展的影响。而这些研究的基础是对语言起源的研究。语言的起源充满神秘性。即使我们目前无法完全揭秘，但也有责任展开初步的研究，以获取基础性的认识。因为，我们只能研究语言的萌芽状态，追踪其发展的各个阶段，除此之外，没有其他途径去发现语言生命体中各种相互交融的元素。既不忽略任何一点，也不凭空增添任何一点，才能正确认识这些元素对语言生命体的价值。我们只有认识了语言的萌芽、生长和发展，才能有把握地说认识了语言的本质。这样我们才能搞清楚，语言的起源何在？具有什么性质？是什么促进了语言的发展？语言发展的内生动力是什么？语言有机体在发展中同化了哪些因素？并使之最终成为语言的本质因素？

人们经常说，内涵丰富的东西很难定义，要么不能完全反映对象的本质，要么流于抽象和空泛，再或者定义词语冗长，面面俱到，令人不解。虽然如此，对语言的定义仍然十分必要。假如科学发展伊始即可定义，那就不需要科学了；但假如科学发展已经完成，那就不需要定义了。我们前面给出了语言的名词性定义，一目了然。

227 还有一点也说明语言定义十分棘手。一个定义就像一幅绘画，只能描述某种静态或某个瞬间。不仅内在关系十分复杂，而且不断发展变化，每一个发展阶段都表现出不同的、更为丰富的、更具内涵的本质和不同的内在外在关系，这样的东西如何定义？语言正是如此。如果问道“语言是什么？”则正确的回答是：语言是它将要成为的东西。这意味着，需要在语言的发展中定义语言。

1. 语言的形成和发展

任何一项研究最重要的是搞清楚所要追寻的目标是什么。千百年来，设问错误或者含混不清贻害无穷，导致纷争不断，漫无目标，徒然苦苦前行，丝毫未能接近真理。正确地设问永远是科学研究的第一步，其中往往已经蕴含着解决的方案。我们尽管设问，哪怕没有答案。

因此，我们要研究语言的起源，必须首先清楚这个问题的解决需要什么条件、可能具有什么意义。

§85 研究的任务

制作一个东西和发明一个东西不同，只有后者才真正伟大而值得注意。引发人们好奇的是第一台钟表、第一台蒸汽机，不是后来复制的，哪怕万千台，它们只是原创件的影子而已。发明异常艰难，复制和学习则自发而成。人们想要知道，发明是如何完成的？起因是什么？人们是怎么产生奇妙的想法？想法又是怎样被付诸实践的？迄今为止，人们正是如此谈论原始人类是怎样发明语言的——可以这样说。其实不应该称
228 之为发明，而应该称之为创造。人们过去把儿童语言习得类比为制作一件又一件已然发明的东西。研究语言的起源则要了解语言最初的创造。亚当和夏娃怎么在天堂谈情说爱，人们十分好奇，非常想弄清楚；但对

于不知道却又想知道的事情，人们却只在梦里幻想。

毋庸置疑，相比较而言，蒸汽机的发明意义最大，现在对它的复制意义次之，对复制第一台蒸汽机所使用的方法进行描写意义更次。但是，还有一件事更为重要，更值得注意，那就是对自然规律的研究。无论蒸汽机的发明或者复制，都是遵循自然规律的结果。因为，一件东西的发明和不断完善告诉我们的是一时的、或多或少偶然的道理，而自然规律告诉我们的则是永恒的道理，是一时偶然事件发生的基础。同样，对于语言而言，更为重要、更值得注意的研究对象是语言的规律，不是例外，这不仅涉及语言起初的创造，也涉及语言后来的不断创造。

这样，虽然我们接受上述类比，朴素地认为语言是一种东西，但关于语言起源的问题应该非常不同。有一个重要的问题，语言的发明创造是什么时代发生的。每一种发明都以人的精神素质为前提，不仅涉及天赋能力，而且涉及前期接受的教育和对其他发明的了解。如果缺乏这种创造精神的准备，再有利的偶然机会也会失之交臂。如果没有前期其他发明，或者缺乏相关的认识、知识和努力，就不可能有相关发明。成功的发明被后来的发明所超越，但没有前期的发明则不可能有后来的发明。 229
所以，了解时代背景十分重要，有的发明在有的时代背景下几乎是必然的、轻易可为的、不言而喻的。偶然因素总会出现，但也可能成为促进发明或发现的重要因素。[①] 要知道一个发明经历了哪些挫折和失败，弄清楚各个部件是根据什么原理而发明的，哪个在先，哪个在后，又是如何组合起来的，但更具意义的是研究导致失败和成功的原因，要弄清楚所遇到的困难以及克服困难的手段。只有了解这些，并从中推导出发明及其过程，才能真正理解发明的历史，进而提升自己，超越时间性和偶然

---

① 我们这些话不是讲给那些大咖听的。他们嫉贤妒能，夜郎自大。在他们眼里，一切发明都微不足道。他们只配听“针尖上摆鸡蛋”之类的八卦。我们只想对普通平常的人和事表达敬意。

性，进入必然性和永恒性王国。

有人标榜已然真切认识了原始语言，但仍然希望在原始人类的物质条件和精神条件的背景下解释语言的发明。但这样的背景同样也是未知的，只能假设推理得出，而且大多是以语言的本质本身为依据，亦即从结果推断催生结果的力量。可是，现在人们已经错误地认识了语言这种结果的本质，那么，应该怎样才能正确认识语言的起源呢？

我们这里陷入了一种循环。不认识语言的起源，就不能认识语言真正的本质，而语言的起源只能通过对语言本质的深刻认识才可揭示。

230 但人们是怎么取得了进步的呢？人们的确取得了很大的进步，例如洪堡特，完全跳出了那个怪圈。他是怎么做到的呢？语言的本质和起源之间的关联不可否认，但人们所要面对的是两个未知的因素，没有已知因素可资依据。所幸，人们从第三种因素发现了曙光，即人的精神、心智和感觉，尤其是在康德时代——莱辛（Lessing）、赫尔德（Herder）、歌德、席勒等，还有语文学家伍尔夫（Wolf）和许多自然科学家——达到高潮。人们对人的尊严的感觉和意识产生很大的张力，[1]对语言这一人类产品的高度评价便随之而来。高度评价是深入认识的第一步。但康德学派心理学家太过形式逻辑，思想乏味，面对语言的神奇无动于衷，归根结底是对语言缺乏认识。康德思想堪称一个时代，影响深远，波克、格林（Grimm）、葆朴等学者，还有地理学家李特（Ritter）等一些自然科学家，都深受影响。威廉・冯・洪堡特也接受了康德的相关思想，认为语言创造是一个奇迹，体现出整个人类的本质、性质、本能、精神等方方面面——令人叹为观止。我们可以从中认识人类的原始状态和史前命运，认识相关民族的命运及其在民族精神中的体现——同样令人叹为观止的是，语言始终非常完善，同时不断自我更新。个体精神是语言的基础，

① 这里所论是德国当时的情况，其实法国的情况也值得一提。

不仅创造了语言，同时又在其中得以体现。但语言超越了一切个体精神，体现出统一和普遍的精神。

这是洪堡特教导我们的，内涵丰富。但准确地说，语言仍然是一尊 231
蒙面的女神，洪堡特远没有揭开，所以其语言学思想在当时和后世影响还不够深远。我们看到，洪堡特之后，遍布整个德国的语言学潮流其实是自然哲学教条和抽象逻辑范畴的机械混杂，本应该体现洪堡特的语言观，但却在宏观和微观上都与之相左。

语言历史学家的认识非常肤浅，无可期待。我们非常赞同洪堡特的语言观，赞同他对语言的赞叹和分析，而这些都受到语言历史学家的排斥。面对洪堡特，他们经常挂在嘴上的话是“高山仰止”，但其实多是阿谀奉承，实际上反对洪堡特神一般的地位，不认为他有佛陀般的影响力——洪堡特在他们眼里永远是一个初一的学生，连梵语变位都不懂！

我们这里的任务不是要尽数神奇的语言的所有本质属性，阐述它们与形而上学、伦理学等一切伟大思想的关系。我们集中精力于眼前的目标，揭示语言的起源，不敢奢望太多，只愿有所收获。

我们赞同洪堡特的观点，将第一批先民创造语言的时间以及第一种语言产生的时间搁置一旁。自然科学根本不追问动物和人类是怎样出现的，因为那超出了科学的范围，同样，语言学也不问语言是怎么被创造出来的。自然科学需要研究的是历久弥新、生生不息的自然生命是怎么被创造的，同样，对于语言学而言，语言的起源蕴含着儿童和成人在当前时时刻刻的语言生活中所创造的语言。

语言科学和自然科学都受到诸多限制，但相对而言，语言研究的运 232
气较好，因为原始的语言创造与后来不断反复的语言创造并无本质差别，而且，对于催生语言的人类精神，我们始终都可以通过观察和推论来认识。

语言的产生绝非“先蛋后鸡”（ex ovo），也不类似于有的动物物种起源的情形那样“模棱两可”（genaratio aequivoca），而是产生于人的精神，且方式亘古未变。语言是精神的外溢和发展，当精神发展到一定程度，语言就会自然而有机地出现。自古以来，人的精神及其发展保持不变。胎儿在发育的不同阶段长出不同的器官，同样，精神在其发展的一定阶段生成语言，自古如此，迄今未变。

因此，研究语言的起源，就要研究人类精神的发展，揭秘语言形成初始之时人的精神状态，以及语言创造对精神发展的影响。这样就会发现，语言的原始创造和当前每天重复的创造没有区别。

为什么没有区别？仔细观察上述观点可见，在语言的起源中，结果更是起因，因为认识语言起源的基础之一是认识人当时的精神状态。精神在内部因素的作用下产生有声表达的需求，并外溢为语音。另一个基础是认识到语言表达对于精神发展的积极作用。这样，认识语言的起源就是认识语言的本质，进而可知语言的起源和本质具有同一性。语言的本质在于语言的起源，语言的起源蕴含着语言的存在和本质，语言与其形成无异。语言是永恒的建构性行为，是发展变化，永无止境。

233 据此可以解释，为什么语言的原始创造和后来的不断创新本质上是相同的，因为，如果语言的本质与形成相同，则本质不变形成的方式也不变，形成方式变化则本质亦发生变化，结果，我们得到的就不再是语言，而是另一种精神产物。如果我们（一般而论）的语言与原始先民的语言在本质、力量和行为等方面相同，则语言的原始创造与现代语言的再创造不会不同。

可见，将语言的发明与机器的发明、语言习得与机器制造混为一谈，是十分幼稚的认识。这个比较更加清楚地说明，相比较对其他发明历史的研究，语言研究更为幸运，因为，现在儿童习得一种语言所体现的规律也是当初语言发明的动因。在自然内生力量驱动所产生的发明中，人们的行为并非自愿自觉，而是受自身本能的驱使，同样，后来对既有发明产品不断重复的制作也受到同样本能的驱动。认识了产品被发明之后的反复制作，也就认识了它的原始发明。

因此，我们不说语言发明（Erfindung），而说语言生成（Erzeugung）。此说另有隐含。我们不仅区别了机器的发明和制造，而且还指出更为重要的一点，亦即作用于机器的自然规律，相比较对发明历史和制造原理的认识，认识其中的自然规律更具本质意义。同样，这一区别也隐含于语言起源的研究中。因为，就蒸汽机等机器制造而言，涉及各种不同的物质材料，它们原本互不相关，只是为了人类特定的目的而被组合起来。孤立地看，这些材料本身与这一目的并无关联。语言中诸多力量各有其内在必然性，各自发挥作用，但在自然力的作用下统一在某一目的之下。在语言中，规律本身同时也是实现目标的力量。这意味着，语言的发明也是自然实现的，可称为一种自然创造、自然生成、自然发育。所以， 234
语言学只需研究语言的规律和推动语言发展的原因，就会认识语言运作的方式和语言机器发明的历史。或者更应该说，语言发明和语言运作的所有区别都不复存在，因为语言不是被发明出来的机器，而是一种自然的器官，一种精神器官。

因此，我们对语言起源的研究不必纠结于一时、偶然的起因，而要聚焦于永恒不变的起因，所涉及的是人的精神本身，是生成语言的精神生活的规律。这些规律不仅向我们揭示语言原始创造的真相，也揭示语言当今不断更新的真相。

如此，我们踏进了心理学。

语言学真正的进步需要以发达的心理学为前提。其实，语言学也可以反过来为心理学提供借鉴。语言学的对象涉及人类本质的方方面面，因此也包含语言本质的方方面面，这对于语言学家不足为奇。这样，语言学家不仅有权利和义务吸收各方营养，也有义务向各方提供借鉴。

这似乎要求我们追寻语言起源在人类精神发展历史上的特定节点。为此，似乎需要逐个追溯这一历史的所有阶段，直至源头，看看语言的作用和功能是在哪个阶段始得显现的。从始得显现的起点到现在的末点，皆有起源的因素。但我们需要谨防踩点过早和过晚，与语言起源的历史节点失之交臂，也要谨防将某些与语言根本无关的影响误解为生成语言的力量。

为了避免上述错误，有必要进行深入的心理学研究。为了正确认识
235 语言的功能，我们需要认真研究人类精神发展方式本身，研究精神发展的驱动力，因为语言的功能深刻影响着精神机制。我们要比较分析精神发展的各个阶段，以确证我们对语言形成和语言功能所获得的认识。这样，我们就会获得精神发展的一条路线，有起点和终点，也必然有语言形成的节点。

但是，我们不需要研究精神发展的各个初级阶段，而要重点研究语言在其中萌芽和孕育的情形。这样，对于语言起源的研究一分为三,一是研究人类获得语言禀赋的阶段，它先于语言而存在；二是研究语言的形成；三是研究语言的发展。第一涉及语言的胚胎，第二涉及语言的诞生，第三涉及语言的成长。

(a) 人类的语言禀赋

语言体现出人类真正的独创性，既不仅仅属于精神，也不仅仅属于身体，而是源自于人的统一整体，就像人本身一样，是身体和精神的统一，基于人的精神和身体的结合。这种结合方式具有双重先在性，即精神和身体的先在性，突出地表现在两点。第一，身体服务于精神，并因此而获得精神灵性；第二，精神冲出自我并进入身体，作用于身体。这里，精神当然是首要的，具有主动性和主导性。我们下面先分析人类精神的发展。

§86 语言形成之前的精神生活

精神生活的最初表达是感受（Gefühl），与感知（Empfindung）不 236
同。最低级动物可能只有感受，没有感知。前者取决于神经和大脑或中枢神经系统，后者取决于感知器官。感受存在于身体的各个部位，凡是有神经的地方就有感受，当然要求神经与中枢神经系统顺畅联系。感知依靠感知器官，人有五种，第五种被称为触觉器官（Gefühlssinn）。无论怎样称谓这第五种感知器官，都必须将之与感受区别开来，这也并非难事。触觉器官也称知觉器官，可以鉴别物体表面的情况，例如光滑和粗糙、硬和软、圆钝和尖锐，空间的大小和形状、浅和深、宽和窄、方和圆——类似于眼睛。触觉是一种初级视觉，因此，对于认识而言比味觉和嗅觉更为重要。触觉也感知重量（例如重和轻）和温度（例如热和冷）。

触觉器官和感受的区别可以简述如下。将手——或者身体——伸向火，就会凭借触觉器官感到热；将手伸进火里和滚开的水里、接触滚烫的铁块，就会感到痛。感到痛与感到热完全不同。接触到雪就感到冷，但手如果长时间感到严寒，所感到的痛就相当于被火烧的痛。

有兴致和无兴致、舒服和不舒服，只是感受的两个一般性范畴，取决于主观状态，取决于自己身体的变化、疾痛和需求。与此不同，触觉器官与其他感知器官一样，通过感知提供对外界客观环境的认识，这时感知也与某种舒服或不舒服的感受相伴相随。受伤的手指只给人痛感，不再提供认识，无论触碰到什么都没有感知，只感到痛，不再区分热和 237
冷、圆钝和尖锐等，而且，根本不再感知外界，不再有外在客体，完全转而向内。一个受伤的支节再受扎戳或切割，只有痛感，但感受不到扎戳或切割所使用的器具的情况。

就其他感知器官而言，感受和感知的区别更为容易。眼看和眼痛或眼睛的其他感受、耳听和耳痛或耳朵的其他感受不可能相互混淆。

心理组织也有感受和感知的区别，因为，不仅视觉、听觉等需要一个特别的器官，触觉亦然。一个健康的神经传输给手指的应该是感受，还不是感知，这需要一种特殊的皮下活动。知觉神经遍及全身，触觉神经只涉及身体表面，即皮肤，尤其嘴唇和指尖最为丰富。如果手指的感知器官坏死、粉碎或过度紧张，总之因某种原因而失去功能，感受仍然活跃，所以，虽然失去知觉，但仍然会有痛感。低级动物即使没有感官，仍然能够感知到光和声响，但感知不到颜色和声调。

现在，我们观察从感受到感知这一演进过程的方式和内在本质，其中包含着精神发展所有重要的节点。感受只说明主观状态，而感官刺激却涉及对外界的认识，并逐步发展成为精神或观念对外部世界的建构。这一区别十分明显，且最具本质意义，是我们分析的基础。精神发展的基础何在呢？触觉告诉我们，一件圆钝或锋利的工具，弄破手指，我们
238 就会感到痛，但痛本身并不包含关于那件工具特征的信息。我们感到周围空气的热或冷，而受伤的支节在空气中只会痛，感受不到空气的温度。这里的区别在于，外部世界给人身体的感受更为强烈、暴力和更具攻击性。神经受损，对外部刺激不敏感，也感受不到来自外部的干扰或者伤害，对于作用于自身的刺激感到陌生，不会界定。面对这种外界刺激，精神自闭起来，退而向内，被外界——包括空气——压制、征服，对外界所施加的作用没有意识。外在刺激压制了精神，使其不能主动作为，被迫沉默。这时，精神只能用一种感受对应外部刺激，以体现自身的存在。相反，感知器官所产生的感知只是身体从外部接受到的一种触动，就像一种邀请，诱使精神回应。于是，相关感知器官被唤醒。某种适当的材料以某种适当的程度接近器官，器官便被刺激，做出适当的运动。外部刺激使器官进入活跃状态，但并未控制器官。这种外部刺激呈现出某种弱势，这十分必要，例如，对于眼睛而言，亮光是适当的材料，但若强度过强，则眼睛看不见。同样，对于胚胎和新生婴儿的器官而言，

外部世界所给的印象都太过强烈，所以他们只有感受，还没有感知。等待器官足够强壮，能够承受亮光和空气的刺激，才开始习惯感知。

上述第一点已经蕴含着下面第二点的内容。如上所述，相比较感受，外部刺激在感知时的冲击较弱，但是，精神的反作用在后者大于前者。在感知时，器官或精神与外部刺激互动的力量相当，发生某种友好交往，这时，精神不只是被动的，同时也是主动的。精神一方面保持自己，同时接受外部刺激，同化和内化所感知到的外部世界，改造外部世界。在 239
外部刺激的作用下，精神生成一种纯粹的精神产品，它只属于精神，构成感知的内容。在外界刺激下精神感知到某种颜色、声音和酸味等，但这种感知与外界相关事物没有相似性。在感受之时，精神完全被压制，相比之下，精神在感知时则是自由的。精神在感受中被否定——这说明黑格尔所谓之存在与非存在的同一性——因为，精神在压制性感受中证明了自身的存在，接受伤害和压制，亦即被否定。而在感知器官的感知中，精神得到肯定，体现出创造性，成为由他者和我者相统一的、属于精神的整体。这是精神获得自由和主动作为的开始。

第三，因为精神在感知中具有独立性，创造某种自己特有的东西，不仅未受外界的压制，反而将外界纳入自身，这样，精神开始将自身与外界相区别、相对立，开始形成自我，并将之与外部相对照。将主体与客体相区分是认识的本质。这一区分和对照起初比较模糊，但是，萌芽已经孕育，只要获得适当的营养，将会不断发展，永无休止。

我们这里区分了感受和感知，但只是描述了该区别体现的方式，并非说明其形成的方式以及原因。后者是一项艰巨的任务，应该由心理学家去完成，我认为这里可以略过不论。我们想在此突出几点，来认识一切发展的模式。感知是感受的一种发展，且以生理机制为基础，因此，我们需要通过几个生理机制来阐述感知。

感受——我们当然是指感性感受——是精神所意识到的外界印象。

240 这里，精神是一种不确定的存在，对所感知到的外部压力做出适当的反应，以证明自身的存在——该反应即是感受的内容——而且，外部世界也是一种不确定、未予区分的东西。这时，外部世界和承载精神的躯体尚还没有区别，相对于精神都是外在的，因为，对于感受而言，外部火烤或者体内发烧所产生的热感没有区别，甚至精神和外部的区别也只是相对于我们观察者而存在的，并非相对于精神。所以，未得区分的整体性、不确定性、非形态性是感受的特点。感受的要素，即精神和外部，相互混杂，各自本身都是一种整体性、不确定、无形态的东西。因此，整个身体的各个部位传达给精神的感受是一样的。

与此不同，感知中存在一种区分和限定，而且首先是一种空间限定，一种空间定位。我们不妨暂时定义如下：感知是一种被空间限定的感受。这时，感知神经似乎根本没有专门化区分，专门的神经活动可能只取决于体内感受的特定部位和周围环境。由此被传输的不是痛感或快感，而是视觉感知或味觉感知。相比较其他感觉，触觉部位不很确定。视觉神经所在的部位负责看，听觉神经所在的部位负责听，但是，触觉遍及身体表面，且皮肤各处敏感度不一。正因如此，皮肤的感觉部位遍布身体，
241 具有明确性。其实皮肤触觉也只是在少数一些部位比较发达，比较敏感，可以传达某种感性认识。空间确定性还在于，作用于某知觉神经的影响就局限于特定的位置，而作用于某个触觉神经的感受却遍及体内，例如，如果身体某处受伤，则痛感由该处扩散开去，范围大于伤口。但是有的神经不将自己感受到的刺激传输给其他神经，例如视觉神经。另外，当我们用两个指尖触碰圆规两个脚的针尖，尽管两个针尖相距很近，但我们的感知会将它们清楚区分，因为每一个针尖各自被不同的触觉器官感知，而且一个器官不将自己的感知信息传输给另一个，每一个小器官的感知都局限于自身，不超出自己的范围。

对感知的空间和生理学界定也说明了精神感知内容的内在范围，外

部刺激针对精神的影响也得以明确，就像知觉器官传输给精神的感受那样，对此，精神的反应同样也是明确的，感知的内容同时也可得说明，例如某种颜色或味道等。这时，精神不再像在感受时那样，用其全部存在应对外部印象，而只用某个特定的部分，其反应只体现某种特定的方式。精神接受刺激的部位是身体的某个孤立的点，只用某一种精神产物做出反应，外部印象模糊则精神反应也模糊。

但是，仅凭外部印象的空间定位和孤立区分还不足以解释特定感知的确定性，应该还取决于其他因素，那就是感觉器官的特殊形状。清晰的区分不能仅限于否定和排除，更要求肯定和界定，明确器官的形状。每一个感觉器官特殊的形状决定了其感知的内容。从模糊而普遍的感受中得出明确的感知内容，正是得益于器官的形状。眼睛和耳朵的构造使 242
得作用于视觉神经和听觉神经的印象由普遍模糊的感受成为明确的感知，进而成为一种认识。

感性印象较弱，精神反应较强，然后实施一个特定的行为，使得压力减轻，这其中已经孕育着精神自由化的萌芽。这两点正是我们之前所认识的感受较之于感知的区别性特征。另外，我们刚才又论述了空间定位和形状化这两种生理学辅助手段，凭此，精神能够从感受得出感知。此两种手段与上述区别之间的关系应该是清楚的。器官的位置限定了外部刺激的作用点。在感受中，外部世界接触身体没有明确的目标，而在感知中，外部世界只接触身体的某个功能明确、形状特殊的位置。这样，相较于感受，感知时的外部刺激力量较弱，对身体的压力较小，身体相对于外部世界的自由度更大、独立性更强，因为外部世界无法将其压力全部施加于身体，同时，身体只需用其某个部分即可应对外部攻击。

另一种因素更为重要，即器官的形状。器官形状使得精神在感知时能够主动作为，积极建构，亦即具有一定程度的自由，去克服外部影响，并将之转化为符合自身本质的产品。器官的形状包含着控制外来因素的手段。因为形状的特殊性预先决定了自身需要接受哪些因素及其所施加给自身的影响。从相关神经传输来的感知印象经过眼睛、耳朵和味觉器官等的特殊形状后，异样、不适合于这些器官的内容被过滤掉，而只有那些适合的、有益的内容被接受，同时，相关神经与这些内容的接触按
243 需调节，时而强化，时而弱化。器官形状这种预先决定机制选择接受适当的外部刺激因素所给的印象，其可靠性显而易见，例如，视觉神经和听觉神经不仅通过光波和声波生成光和声的现象，也可以通过任何一种机械碰撞和挤压达到同样效果，例如通过电击。众所周知，挤压视觉神经可以产生光亮的主观感觉，不过，在这种光亮下眼睛并不能看见客体，感知不到外在对象，而这却是视觉感知的本质。但是，那种主观视觉感知证明了眼睛的内在能力，证明视觉并非仅仅依赖于光亮，也可以通过用眼的力度与光亮因素的统一来实现。

在感知中，身体凭借器官组织支配外部所给的印象，因此享有某种程度的自由，选择接纳什么因素及其进入的方式，使得相关因素在感知中发挥适当作用。身体在感知中享有自由，并服务精神完成认识。

精神在其躯体中与外部世界相对存在，于是，精神面对某种对象。这是最重要的一点，需要解释。感受中没有此种现象，那时身体与外界相结合，外界进入身体，身体失去独立性，哪怕是最低水平的概念和最不具意义的独立性也无从谈起，这样，对于精神而言，无所谓感受的诱因，尚还根本没有因和果的区别，因为外部与身体和精神都还没有分离，没有切割。在外界影响之后，感受长期存在于身体，伴随着身体运动，
244 属于身体，某种程度上成为身体的组成部分，不可分离。那么，精神在感受中怎样才能超越身体？感受使得精神无暇他顾，成为俘虏。在这种情况下，精神怎么可能摆脱身体？——与感知的情形完全不同。感知只能依附于身体，只能通过器官与外部因素的接触来产生，一旦外部刺激消失，一旦刺激源离开身体，则感知很快消失。刺激源与身体的距离决

定感知的强弱，距离近则强，距离远则弱。在感知中，身体和精神受到的影响较小，精神能够控制感知。例如人们先看到蓝色，转头再看到绿色，这时移动物体，又看到蓝色。又例如人们听到一个声音，或强或弱，取决于耳朵与声音的距离。声音消失，则什么也听不到，虽然身体位置未变。声音持续不变，身体不断拉大与声音的距离，则感知越来越弱，最终消失。或者先是听不到，凝神静气，又听到了声音。不断拉近与声音的距离，则听到的声音越来越大。或者原地不动，听到的声音却越来越大，因为声音源不断靠近。这种现象十分普遍，俯拾皆是，非常值得注意。对于精神而言，感知与身体的运动不相关联，感知的产生无需身体的运动，不因身体运动而消失。因此，感知不存在于身体，而是因外部运动而被精神感知。这样，精神将感知安排在自身之外，使自身与之分离，视之为某种作用于自身的东西，或者可以说，精神将感知视为某种分离的、外在的东西，作用于精神，且可为精神所接受。人们抓住一个物体，感知到物体的光滑或粗糙，或者感知到某种硬或软的材料，放开物体则感知消失，精神也无意识地关闭起来，而当手指重新接触外界 245
物体，就会重新获得刚才的感知。所以说，精神在偶然、盲目、无意识的感知中进行着实验，最终获得对某个外部世界的意识，[①] 或者更准确地说，获得一个被意识的外部世界。这时，精神对自己尚还毫无意识，不知道自己与外部世界的对立，只知道外部世界。与此不同，在感受中，精神什么都不知道。因此，感知是关于外部世界最初的知识或认识，这意味着，虽然精神还不知道自己与这个内化了的外部世界的对立，但关于外部世界的这种知识已经的确存在。以上是对感受和感知的论述，我们下面继续讨论精神的形成。

① 参看洛策《医学心理学》（*medicinische Psychologie*，422 页）对韦伯（Weber）那篇论述触觉的优秀论文的补充。

感知从感受中觉醒出来，是一种真正的觉醒，并且带来光明。这是一种真正的创造史，我们从中应该可以追寻到精神发展的足迹。

人们对于感受已然明了，但关于感知仍然需要研究，其中蕴含着非常复杂的心理过程。例如，人们原本只看到平面，如何根据三维知识认识空间关系，明确身体所处的位置，这需要学习才能掌握。

我们现在观察人的感知。感知从四面八方通过各种感官同时涌来，人似有被淹没之感，一时间身处混沌之中，各种感知五味杂陈，不辨彼此。它们虽然各从自己的路径进入精神，但被精神融为一体。精神是一个统一体。这时还没有形成对任何个体事物的认识。随着感知的进步，感知与感受相分离，并且继续对大量感知进行梳理区分，从中分离出不同的产品和形态。这一切都还是通过身体运动而完成的区分。

246 对人的感知而言，周围的一切都融汇统一。有生命的东西首先从中脱颖而出，并且在空间中不停地运动，以此摆脱那些不属于自身的东西。儿童看到人和动物走来走去，自己从一个人的怀抱到另一个人的怀抱，于是，将这些视为与其他事物不同的单位。——东西被摆来摆去，桌子和椅子有时在此处，有时在彼处，桌子上有时放一种东西，有时放另一种东西，有时没有东西。儿童看到东西有时放在那里，有时又被取走，自己也动手去拿。这样，被感知到的东西所组成的统一被分解为部分，且数量与实际相符合。由此，儿童获得了一些关于东西的认识。然后，又看到桌子被拆开，桌面被揭掉，桌腿被拆下，这时，对桌子的认识也被拆分，形成对多个相关部件的认识，数量与桌子被拆分的部件数相等，同时，也获得了对拆分和组合这些行为的认识。儿童在1—2岁习得这些东西，其中已经孕育着语言的萌芽。

语言不仅仅是一种纯粹的精神活动，同时也是身体活动。身体活动和精神活动紧密相连，因此，有必要说明身体与精神在语言创造方面的相互关联。我们首先借鉴米勒（J. Müller）的名著《人类心理学手册》

(*Handbuch der Psychologie des Menschen*)，观察与我们的目标密切相关的一些问题，阐述人们对想象或感知以及运动的联想（Association）和反射（Reflexion）。

§87 对精神活动和身体动作的反射和联想

所谓“联想”是指一种现象，其中，所感知、感受或想到的东西与
另一种精神产物以某种方式相关联（或者因为二者同时或先后紧随发生，
或因二者相似、存在某种内在或外在关系），其中之一被再生产时，另一 247
个同时被再生产；或者，出于疏忽大意或日常习惯，一个动作同时带动另一个动作；再或者，一个想法和一个动作相互连贯，而且没有明确意愿和目的性。所谓“反射”也是指一种现象，一种神经刺激传到大脑或脊髓，并未停止，而是由此继续传到其他神经。因此，反射就是一种感知神经的刺激经过大脑传到一种运动神经，具体表现为一种神经运动规律，即某种感知或动作必然引发另一种动作。这种传送没有任何意图，甚至违背意图，完全是自然规律使然。动作与动作、动作与想象之间的联想和引发关系不一定能非常清楚地区别开来，我们只需一般性地说明，联想虽然原本也是无意识发生，但可以根据意图给予继续或终止。联想并非不可避免，而是可以无意或有意开始和终结。联想经常归因于不良习惯，接受过良好教育就容易避免。相比较舞文弄墨的文人，文盲大老粗容易喜形于色。一般来说，没文化的人说话时神经紧张或手舞足蹈，而有教养的人则习惯少做动作。联想有时是有益的、符合目标的，有时则有害、有损目标。前者应该学习掌握，后者则要努力改戒。钢琴弹奏等需要心灵手巧的技艺就是很好的例子，说明怎样可以改掉坏的联想习惯、学习好的联想习惯，说明什么是孤立的精神刺激，什么是连续的精神刺激。它们都可以成为人的第二属性。相反，被引发的动作既不能习而得之，也不能改而戒之，似乎总是符合目标，即使有时看起来有害，

因为外力过大就会事与愿违。这些只是一般而论。下面再仔细深入讨论
248 几点，说明将一个想法或认识与一个动作相结合和转化的重要性。米勒（出处同上，第二卷，89 页）说：

“动物身上某些肌肉组始终处于无意识的运动状态，有的是神经性的，有的是大脑刺激所致。呼吸神经都处于这种状态，包括面部神经。精神可以把神经运动传送至呼吸肌。在延髓控制下，精神状态的每一种快速转换都会传送至呼吸神经。这时，像单个神经一样，感觉中枢将每一种神经状态变化都转化为动作。由此可见，精神状态的每一种变化都会释放出来，表现于面部肌肉和呼吸肌，例如在情绪激动时，或者感觉可笑时——打哈欠也属于此。人们想到、看到或听到哈欠就可能打哈欠。打哈欠时呼吸神经和面部神经的运动已经预先处于准备状态，一旦接到神经中枢的特定指令就会表现出来。这时，呼吸神经和面部神经都发挥作用……可怕或令人作呕的事物，例如听到某个故事，会突然引发精神状态的变化，敏感的人会打寒噤，引发肌肉运动。想到令人作呕的药物或食物有时甚至引发呕吐。”

可见，这里所述现象是双重或三重的。对一个动作的想象无意间引发所想象动作的发生，同时还会引发某些感受，似乎所想象的事物真的
249 存在一样。这些纯粹由想象所引发的感受和由现实引发的感受一样，又会引发新的动作。对此，上述著作中还有大量颇具启发性的例子和观察，我们还会论及。

观看击剑比赛时，观众的身体会无意识地随着击剑动作而动。另外，“谢弗勒尔[①]研究了由想象所引发动作的规律，并且例举一个非常复杂的现象，即拿在手里的单摆的摆动。根据他的研究，手臂看似不动，但实

① 米歇尔·欧仁·谢弗勒尔（Michel Eugène Chevreul，1786—1889），法国科学家。——译者

际上肌肉在无意识地轻微运动，因此带动单摆运动。如果蒙上眼睛，肌肉运动就会消失。”

作者还说（第一卷，729 页）：“感知神经（这里忽视了我们前面对感受和感知的区分，所谓感知包含感知和感受）一般不能引发反射性动作，但感知强烈时则不然，脊髓和大脑会将感知神经所接收到的冲击或摆动反射到相关的运动机能神经。通过大脑和脊髓纤维组织，感知神经可以轻易达及这些运动机能神经。”他之前还说（728 页）：“大的感知神经的主要功能是引发运动机能大脑神经的反射运动，即引发视觉神经和听觉神经反射运动，二者在强光和强音情况下引发面部神经的反射，会闭眼或眨眼。”

关于“想象和意志对有机体的影响”，第二卷 562 及以下诸页有详细论述：“影响之大超乎想象。”我们从中引证如下。想象刺激感官产生看到真实东西的感觉，这是幻象和幻觉。他说（561 页）：“对由特定器官造成的状态的想象会引发肌肉或腺体向该器官运动或流动。”例如想到一种美 250
味时嘴里会有口水，或者色情想象会使人想到性器官。

“相比较想象对感官的影响，想象对动作的影响更为容易。（1）做出动作的决定催动相关大脑纤维组织，而大脑纤维组织运动的程度取决于脑脊髓神经系统（就是控制无意识动作的神经）。（2）对某种动作的想象产生流体流向做出动作的器官，动作无意识完成。例如，对空间维度的想象即会波及相关感官，在看到打哈欠、笑、叹息、痉挛等动作时会无意识地模仿也属于此。表情动作是混合型现象，对其中有些因素的描写难免任意。（3）对纯粹客观事物的想象突然发生不无理性的变化，可能引发无意识动作，例如发笑，两个想象发生激烈冲突，或者冲突意外化解，也可能如此。”

如上所述，动作和想象之间的联想与反射似乎不一定界线分明。联想可能基于某种较弱的反射，这时，反射会消失，也会因反复出现而强化。米勒说（第二卷 104 页）：“想象和动作相连有时非常紧密，就像多个想象相连一样。这里的现象实际上说明，想象和动作因为经常紧密相连，所以后者会不自觉地紧随前者相伴发生。例如，当我们眼前出现危险动作，即使是别人的手在我们眼前落下，我们也会不自觉地闭眼；又如，我们习惯于在说出某个想象时伴随手势动作；又如，有人在我们眼
251 前倒下时我们会不自觉地伸出救援之手。总之，想象和动作越是经常一起出现，后者就越是容易受前者引发并相伴发生，其程度超过意志影响下的动作。……想象和动作的紧密关系似乎说明，每一个想象都倾向于一个动作，那甚至属于想象的内涵，是训练和习惯的结果。训练和习惯的程度决定二者紧密相连的程度，甚至可以达到必然的程度。”刚才例举的那些现象与打哈欠和模仿击剑动作有所不同，因为所模仿的不是眼前看到的动作，与看到眼前东西下落也不同，相反，所做的动作与之前看到的相关动作没有关联，显然，在看到相关动作与之后做出某种动作之间有一种思想，即一种感到不祥的思想：眼前的危险会危害到我们，然后还会想到如何预防此危险的手段。这样，我们看到一种三个想象的组合，其中最后一个引发动作。动作并非紧接着一个感知，而是先要经过一系列思想，而且是一些初级的、远未进入意识的思想。刚才我们看到的现象中，感知经过感受才与动作联系起来，因为，令人作呕的东西首先使人产生恶心的感受，然后才有呕吐的动作。

这一切说明什么呢？是语言的形成吗？绝不是。一方面是一个想象和一个有分节的语音产品相结合，亦即和发音器官的复杂动作相结合，另一方面是上述一个想象和一个动作相结合，并试图将此动作付诸实施，二者很不一样。对“击打”（schlagen）的想象可能作用于神经，并在神经指令下做出举起手臂和攥起拳头的动作，但会作用于发音器官并使之发出击打的声音吗？这是两种完全不同的效果。

我们已经有所收获。感受、感知与动作的联系其实就是将理论上的
252 精神活动付诸实践，而这种联系无疑也存在于语言。这样，我们认识到

语言所属的类型。我们只要继续深入下去，仔细观察精神活动的理论层面和实践层面，以及二者之间的普遍联系，就可以对该类型做出进一步细化，不断认识类型获得界定的条件，最终达到我们的目标。

我们前面的例子明显分为两类。对击剑动作的模仿就是将一个想象表达出来，与因为令人作呕的想象引发的呕吐明显不同，与因为痒痒等刺激或可笑想法而发笑，以及身体痛苦或令人伤心的想象引发哭泣、抽噎或呻吟等，也不同。后一种现象所表现的完全不是想象的内容，动作和想象之间不存在明显的关联。与此不同，打哈欠属于第一种类型，即便是看到别人打哈欠所引发的亦如此。但因为无聊而打哈欠则又属于第二种类型。同样，发笑也分别属于两种类型，因为，痒痒、看到或想到可笑的事物可以使人发笑，属于第二类。模仿别人发笑是对笑的想象的表达，属于第一类，包括对“不笑”的想象，例如孩子们的游戏，他们非常严肃地看着对方，然后突然笑起来。他们原本不想笑，心里想的是不笑。

语言显然属于第二种类型，至少按照我们上面的论述如此。至于我们在继续深入讨论中是否以及多大程度上获得关于语言本质新的认识，后文自会清楚。我们目前的结论是，语言是想象和语音的结合，相比较上述第二种类型的现象，不仅体现出相似性，想象或感知和与之相关联的动作完全不可类比，完全没有关联，而且也体现出比较紧密的亲缘关 253
系，与同类型中的其他现象一样，都涉及呼吸运动。因为，与发笑、打哈欠、打喷嚏、呻吟、哀叹等一样，语言发音也是一种独特的呼吸，在情绪平和、冷静状态下无声发生，听不到，但在情绪激动状态下变形、受阻、有声，听得见。可见，有声和可听应该是语言与上述第二类现象的第三种相似性，二者的亲缘性清楚无疑。在第一类现象中虽然也有呼吸运动，但却是许多运动之一，因此不具典型性。因为想到、看到呼吸所以呼吸，这种现象非常普遍，想象与呼吸的关联十分清楚。——在第二类现象中不仅有呼吸运动，而且还有其他相关运动。例如，当一块石头从房顶落到我们眼前，我们突然听到一声巨响，被吓一跳，同时随口喊出 he！同样，语言也伴随着某些身体动作！这样，在非相似性表象之中存在着某种新的相似性。

既然反射性呼吸运动如此重要，我们就需要更加全面地予以阐述。坎培伦（Kempelen，《论言语机制》*Le Mécanisme de la parole*，维也纳，1791，§ 32）说："众所周知，人体的激烈动作和努力都会引起呼吸的变化，哪怕微小的动作，都可使得呼吸加速或者变缓，甚至短时中断，比如转动眼睛凝视另外一个物体，或将手移放到另外一个物体上等，就会改变正常的呼吸。——（§ 33）我们的精神感受到变化也会影响到我们的呼吸。震惊、恐惧、愤怒、怜悯、欢乐、爱情等都会对我们的肺部和心脏产生影
254 响。但是，产生这种效果的不仅是动作和精神的波动，即使最琐碎的小事也会产生相应的变化。当精神集中注意在一件很小的物体上，比如一粒沙子，呼吸有时候甚至会完全停止，以免身体产生任何会影响我们感官的动作……注意观察某个人的呼吸，哪怕他不说话，我们也能猜想到他的精神状态，判断他是否安静、焦虑、开心或者愤怒。我们经常可以在那些精神平静的人身上观察到突然的变化，并且可以确定变化发生的时间点，可以知晓其思想的变化。我们不仅可以观察到他悲伤或者不快的思想变化，甚至观察到他思想漠然的状态。延续性思想需要暂停下来，以便换一种方式继续下去，例如需要呼吸新的空气，从中获得新的力量。"

我们再听听洛策怎么说。他是当今最重要的思想家之一，关于反射运动对精神发展的影响颇有研究，深刻揭示了这一生理机制在人体中的功能。他说（《医学心理学》，289 及以下诸页）："精神如果不清楚自身躯体的结构和各种力量，就不会知道自身各个部分都司职于一定的动作，也就更不会调动各个部分行动起来，身体中就不存在取决于精神的行为指令，身体行为及其效果就都不受制于精神。面对活着的动物，我们要

想到，它的运动机能神经和中枢器官的行为能力较低，即便如此，它身
体的弹性也明显不同于死尸那样松弛，即使在静卧和深睡中。外界刺激
引发特定动作，否则，神经处于无刺激状态，新陈代谢所产生的很小的
影响也会使敏感的神经无序活动。但是，动物与外部环境的关系复杂多
变，其身体中的所有神经和中枢器官必须面对外部环境巨大变化所带来 255
的影响，因此，喜怒哀乐，行为无常，都会与生俱来。幼小时候的感知
能力还缺乏训练，难以招架大量突如其来的外部印象。随着阶段性成长，
神经不断接受物理刺激，身体各部分的动作不断机械反复。身体动作都
受大脑中枢指挥，神经在其中纵横交织，因此，每个刺激都会调动一组
神经协同服务于特定目标。这种生理机制会使每一种动物在习得目的性
动作之前就反复做出其物种特有的动作。我们看到，中枢器官刺激引发
特定动作，可以与外部现实无关，漫无目的，但也可以源自于外部刺激。
敏感的神经会把受到的刺激传输给中枢器官，然后，刺激流分为两支，
其中之一进入精神，并唤起对刺激的感知，另一支则直接作用于运动机
能器官，通过机械传导形成目的性动作流。”（291 页）“这些反射动作就
像字母一样，是目的性的简单元素，而目的性是精神的自然属性。为此
目的性，精神接受并权衡感官感知的综合影响，整合反射动作，使之成
为精确而可控的手段，来应对无限复杂的外部刺激。……精神必须控制
身体机制，才能从中获益，否则就会反受其拖累，弃之又不可。……如
果让意志取代机制来保卫身体，则我们的生活苦难不堪。试想，怎样把
气管中的异物清除掉？用气管切开术还是咳嗽（咳嗽是机械的、不自觉 256
的、必然的反射动作，因感受而发，亦即受异物刺激而发）？如果吸和吞
的动作要靠后天获得，新生婴儿怎么进食（刺激舌根就会产生吞咽东西
等反射性动作的感受。例如有个硬核突然进到口腔深处，会被无意吞咽
下去）？自然赋予身体条件反射的能力以应对刺激，似乎是不信任精神
的创造性。即使精神因自身状态需要而发的动作（例如语言），自然也并

不允许精神自己发明创造那些动作，而只允许精神尽可能阻止那些动作。（亦即不是怎么说话，而是怎么不说话）因此，自然状态一般是，动作无意识地遵从内心需要，而教育则使人学会谨言慎行。……反射动作根本不是精神作用的必然现象，虽然其中经常也有精神作用的辅助，这样，不仅相关刺激被感知，而且相关自发动作也包含着意志的因素。这种机制在面部表情动作中有所不同，其起点是内心精神状态，反映出情绪激动的方式和程度。但是，面部表情既不取决于人们的心智，也与我们的意志无关。因为，为什么发笑恰恰与愉悦、哭泣恰恰与痛苦相联系，我们无法解释，同时，不经过严格训练和刻苦学习，我们也无法压制那些动作的不自觉发生。经过一系列物质组织，控制能力必然成为内心精神
257 状态的构成部分，因此是一种成绩，且与语言紧密相关。语言与面部表情类似，更多不是人类的发明创造。所有无意识的叹息和痛苦呻吟，以及某些具备特殊天赋的鸟类的鸣叫，都说明，生理必然性将敏感神经和中枢器官的波动首先传输给呼吸肌肉和发音肌肉，一方面达到平衡神经波动的物理压力的目的，另一方面也把这种内心表达的手段传递给精神，以便精神发挥自身再造功能，对之加工、存储和使用。”（291 页）

关于联想动作和反射动作，我第一次接触是在米勒的讲座上，后来又看到他关于生理学的著作，于是我想，语言其实原本也只是机械性反射动作的产物，只不过更为奇特罢了。我很高兴后来又在坎培伦那里证实了我的想法，尤其是在洛策那里，他使我最终坚定了自己的认识。语言是一种发明，这种观点在今天看来已经过时，但是语言学家对此仍然态度模糊不定，包括洪堡特和历史语言学家。如果不是发明，那又是什么呢？人们过去一直说不清楚。现在我们认识了整个一类现象，语言就是其中的一个亚类。我想，上述引证应该不难理解。

至此，我们才完成了定义的一半。一方面是发笑和其他反射动作，另一方面是语言，二者之间存在巨大的鸿沟，我们还需要不懈努力去阐

明它们的关系。

首先说明一个解剖—生理学问题。说话动作与发笑和哭泣的区别在于其巨大的复杂性，即使对愉悦和痛苦的感叹也比发笑和哭泣复杂得多，另外还有其他感叹，而这些都还远不是语言。相比较感叹，有些内心激动情况下的面部表情的复杂性和多样性可能大致相当。面部表情受控于 258 面部神经，对此，米勒说道（第二卷 92 页）：“面部表情非常丰富，表达各种热烈情绪，这说明不同类型精神状态下投入使用或紧张起来的面部神经纤维组织的类别也不同。这种现象，即情绪与面部肌肉之间的关系，原因不明。”面部神经是“情绪表达最敏感的导体”。（出处同上）同时我们看到，神经线四通八达，可以发挥丰富而多面的作用。

面部神经其实不是专门控制说话的神经，但也通过肌肉拉动下巴、抬起舌骨，因此我想也应该以某种方式刺激舌头，这样才能表达面部表情。但舌头运动应该会刺激舌头的神经纤维组织。舌头是主要说话器官。因此，面部神经应该间接作用于发声。① 可以肯定的是，“所有剧烈的呼吸运动，尤其是体弱的人，面部神经也会受到刺激”。（出处同上，第一卷，792 页）真正控制说话的是交感神经和舌下神经，前者“散布在发音器官和呼吸器官中”，后者是“控制舌头所有说话、咀嚼、吞咽等动作的运动机能神经，但也是控制喉头和舌骨大肌的运动神经”。（795 页）我想，舌下神经是真正控制发音的神经，必然与敏感的面部神经间接交集。果真如此，我们所了解的不仅是呼吸和发声，还有发音，亦即语言的基本元素，也是应对内部刺激的反射性表达或面部运动。这里需要考虑到，259 随着人的精神的不断发展和自主性不断增强，反射动作会被阻止、压制或弱化。我们由此可以倒推得知，新生儿和野人的反射动作会非常强烈、

① 一个神经受到另一个神经的刺激，例如肌肉受到刺激而运动，然后又刺激另一个神经。我虽然没有看到关于此类现象的研究成果，但是，这难道没有可能吗？

果断，很少例外，原始人更是如此。我们可以大胆设想，(1) 原始人的所有情绪波动都伴随着相应的反射性身体动作；(2) 每一种情绪波动都有相应的身体动作，并且体现于面部表情和声音。

我们了解了人类语言基本元素在前语言阶段的形成，现在可以尝试观察这些元素在现实语言活动中的情形。但我们首先需要了解人在前语言时期，亦即动物水平阶段——因为人们一直把语言视为人和动物的分水岭——的精神状态，这当然涉及感知的发展。这一问题无法回避，因为我们必须研究语言产生的土壤，然后才能揭示语言影响人格发展和人性发挥的奥秘，弄清楚语言怎样以精神状态为基础，又与精神发展相适应，精神和语言怎样相互影响等问题。

§88 感性感知的特点

人们感受到快乐和痛苦，“感受”这个词既表示感受的一般能力，又表示特殊感受的具体实现。人们通过感官感知到东西、光亮、热度、声音等，但却不说“我感知到你”“我感知到桌子”“我感知到花”等。因此，感知的意思一般只是通过感官感知。每一种具体感官的感知不再用
260 “感知”这一抽象词语称谓，而是用“看见”“听见”等特殊的表达。虽然如此，心理学家一般还是会说“感知颜色”“感知三角形的形状”“感知一种声音”“感知声音的音长”等，因此，感知的内容是物质的感性质量、时间和空间关系。

我们对事物不是感知，而是有一种认识。对一种事物的认识就是我们对该事物所有感性认识的总和。我们的眼睛看到一张桌子的颜色和形状，我们的触觉告诉我们它的硬度、重量，我们的听觉告诉我们它的声响。所有这些综合成为我们对桌子的认识。对感知的判断由具体器官给出，所以，感知的过程是分析性的，而认识是综合性的，而且是通过精神的统一性而直接形成的。认识永远是复杂的，因为简单性只能被感知。

从不同感知获得的诸多简单信息经过精神的统一综合处理而直接融合成为认识。认识是诸多特征的复杂整体，并且不断吸纳新的感性认识，又通过精神的统一综合处理而直接成为新的认识内容。①

然而，感觉（Wahrnehmen）究竟是什么？感受（Gefühl）、感知 261
（Empfindung）和认识（Anschauung）构成一个梯级序列。我们现在需要在此序列的首位，即感受之前增加一个成分，这就是人体共有的一般感觉（Gemeingefühl）。相比较而言，它更加不确定，但无疑是整体的和感性的，既不针对某个外部客体，也不针对某个身体部位，而是"让意识感知到生命的方方面面及其活力"。（洛策《医学心理学》，281 页）这是对整个身体的紧张和松弛、轻和重等属性的一般性感觉，简而言之，就是精神将其躯体感觉为不可分割的统一体的方式。相比较这种普遍感觉，感受具有某种专门性，是对感觉整体的突破。那么，感觉在此序列中处于什么位置呢？无处可放，因为无处不在！感觉不是与上述概念并列的

① 我们所指的是"认识"（Anschauung）的感性含义，接近或者等同于其词源义。在希伯来语和汉语中，"看"就是感性感知，人们应该接受对"认识"的这种低阶理解。同时，也存在关于自然、古希腊生活等事物的一般性"认识"之说，为此，其实应该使用"思想"（Idee）这个词，而且不应该像在法语和英语里那样，将"思想"降格为一般性想象（Vorstellung）。实际上，"思想"和"概念"（Begriff）的区别同样也不难。后者表示"普遍而抽象的原则"之义，但却蕴含有某种建构现实的创造性力量，只有对各方面已经发展成熟的概念的认识才能产生思想，例如"法制"这个概念。对于一个民族或法治而言，"法制"既是一切法规和一切执法机关的基础，也是法学研究和法学话语的依据。"法制"的思想既是在其发展中被广泛理解的法理，也是法学研究的成果集成。"概念"是抽象的，"思想"即是"概念"的实现和实践。——赫尔巴特在另一种意义上使用"认识"一词，并且定义如下（《心理学教程》§ 204，《心理学》第二卷，§ 147）："'认识'即是主体将客体视为其所是，不视为其他。"这其实要求一种充分发展的自我意识，但更多是观察，亦即"通过理性关注和观察"，以发现客体的各种属性。这样，"认识"的意义得以凸显，正如赫尔巴特所言（不无矛盾）："认识是诸多认识的集成，其中包含着感知。这虽然理所当然，但是，感知愈强，其负面影响愈强，不仅妨碍主体的想象，而且妨碍对其他客体的想象，亦即，弱化认识的属性。"依我们之见，如此一来，认识就没有了，转而成了观察。

一个概念，就其内涵而言，完全属于另一个序列。对于整个精神发展而言，感觉因其感性认识而将身体刺激通过神经和中枢器官传输给精神，供精神接受。精神中所有感性的东西，无论感受或感知，都是被感觉的。
262 认识中已经不再有感觉，因为认识虽然以感知为基础，但已经完全属于精神，不再像感知那样是感性理解，而是综合，是对诸多感知内容的综合。但综合在这里不是行为，而是状态，不是动态的综合，而是被综合的直接结果和单位。认识是精神的直接产物，而感觉服务于感知，所以感觉不再是认识的必要因素。因为认识的形式完全不同于感知的形式，只包含感知的内容，所以，我们应该视认识为精神发展的低级阶段，可以一般性称之为感觉阶段。

在感受中，精神是本体，感受说明属性，而本体同样也只是属性，二者存在于同一整体中。因此，在感受状态，精神与感受同一。精神因为是本体，所以不是主体，而主体需要一个客体相对应。客体在这里内在于精神，说明感受的属性。——感知是对质量的自觉意识，所以质量是感知的谓语，而精神是主语，例如 ich sehe Blau（我看到蓝色），二者之间在此不是内在关系，而是相互依赖关系，或者更应该说是附属关系。被感知到的质量不是精神，不内在于精神，而是属于精神。同样，这里也没有客体，亦即精神不具有主体性，不构成自我。只有到了认识阶段，精神才完全摆脱了感性印象，完全外在于印象，与之对立，并且把诸质量综合性地赋予某一事物。在认识阶段，精神会说“被感觉到的不是我，不是我的属性，也不属于我，不是我的谓语，而是我的一个事物的定语。这时，精神对自我仍然缺乏自觉意识，还缺乏对自身认识主体地位的意识”。

与自我意识的缺乏密切相关的是认识领域，笼统称之为感觉阶段，其内涵缺乏普遍性，都是具体的。被感知的都是具体的质量，被认识的都是具体的事物，没有形成认识的类型。人们一般使用的称谓都是科学的观念和概念。例如对一只狗的内在或外在属性的认识都是具体的，263 颜色、大小、外形、声音等，而作为种属的动物，亦即类型概念，根本不是被认识。儿童的感官还非常稚嫩，对一只狗的观察经常是那些与猫、马等动物相同的特征，而忽略其他特征。对于儿童而言，狗和猫就是一种东西，可以自己从一个地方到另一个地方，不像桌子、椅子等需要人去搬动，另外，你可以对它说话，给它东西吃，等等。如果儿童只感觉到这些一般性动物特征，这算不上对一种动物的认识，只是对一只狗的一种不完全和含糊的认识，相关特征不仅数量少，而且界定模糊。

因此，感性认识的本质是缺乏自我意识，只涉及具体的现实和整体。尤其后一点需要特别注意。认识是许多感知内容的统一，而非集结，是诸多质量共同构成的无意识的状态，不是有意识的行为。精神对认识的复杂性没有意识，接受了成千上万个质量，并将之融合为整体，形成一个庞大的、模糊的认识。认识中诸多质量相互撕裂，结果，在认识主体的意识里，原始认识被撕裂为诸多部分，而大认识则被撕裂为一群小认识。这些小认识比原始认识更为清楚，但认识与自身成分的关系和原始认识与自身成分的关系一样，缺乏明确性和具体性。这里，精神的发展进步表现为，具体认识也可以分解为诸多具体的质量。对此需要开展研究，而且是我们的任务。显而易见，撕裂永远不会产生抽象的质量，无法组成一种事物的整体。一方面将雪的白色和冰冷相互区别，同时将这 264 些质量与其所附属的事物相分离，这是纯粹的精神抽象，而且离开词语无法完成。

我们将这一精神发展阶段称为感觉阶段，或者感性认识阶段、动物阶段。我们已经指出几点，说明精神的进一步发展离不开语言，语言必然在我们所观察的某一发展阶段破土而出。因此，我们在此应该研究动物心理发展能够达到怎样的阶段。

§89 动物心理发展

我们说过，动物缺乏对类型和种类的认识，缺乏对普遍性的认识，其认识的对象和内容都是现实存在的具体事物。据此，动物的意识应该局限于对具象的认识，不能将具象归纳为品类并区分品类。我认为事实如此。狗能够把狗和狗、人和人、狗和人、狗和马、人和马等区分开来，但这说明什么呢？说明狗能够把人理解为如此这般的一种特别的生命吗？把马理解为一种特别的动物品类吗？并将之与自己所属的品类相区别？绝不是！狗所区分的是一只狗、一匹马和一个人，是三个不同的个体，同样，它对许多只狗、许多个人的区分也只是不同的个体。不过，狗能够肯定地辨认出人与人、狗与狗的相似性大于人与狗。但这些都还不能说明，狗能够根据种类辨认出相似性的程度，以及种类相互不同的界线。狗的眼里只有个体，某种程度不同的个体。狗能够区分公狗和母狗，但
265 在它的意识里有雄性和雌性的区别吗？我无法相信。狗也能区分男人和女人、公牛和母牛，但它能够把母狗、母牛和女人归纳为雌性吗？把公狗、公牛和男人归纳为雄性吗？有什么证明狗能够这么做吗？恰恰在交配方面，狗体现出超强的心理能力，但我们仍然可以认为这是一种无意识的本能，虽然它超出了狗自身能力的一般水平。公狗在交配的时候知道繁殖和生育吗？意识到自己物种的维持延续吗？母狗知道自己在受孕、会怀孕、生仔、自己将来要喂养仔子吗？知道这些事情之间的因果关联吗？或者只知道它们是依次先后发生的行为、状态和事件？恐怕无人能够如此断言。那就是说，狗没有性别的意识，其所作所为只是满足一时的无意识的本能之需，现在交配，将来喂养，不知道二者的关联，也不考虑为什么同伴就不能喂养一下？不同的交配为什么不一样？——总之缺乏性别意识，没有把性别理解为类型概念或者形成类型认识。在本能冲动下，公狗需要一个适当的个体来满足本能需要。至于哪一个个

体适合，哪一个不适合，对于公狗而言，无异于寻找食物，只知道吃什么，不吃什么——它看到一株生根的植物、一只动弹的动物、一块被移动的石头，能够将它们区分开来，知道它们是不同的个体。但它只把它们区分为不同的东西，没有类型区分，没有将它们区分为植物、动物和石头。

我们前面已经论及时间的延续作为意识对象的问题。狗有记忆，这仅仅意味着，狗的心智具有清楚感觉印象的能力，也就是说，感觉印象不断重复，为狗所熟悉，仅此而已。狗先后感觉到两件事，形成两个认识，并且二者存在联想关系，此后，感觉到第一件事，第二件事也会再现于意识之中，亦即，狗此刻期待第二件事。所以，对狗而言，有过去和将来，但肯定非常不确定。熟悉重复出现的感觉，期待应该出现的事件，但这还算不上对时间延续的意识。狗也许能够记忆很久的过去，但 266
能够区别不同时期的过去吗？很难。狗对过去有记忆，但不能度量时间。人们看到动物经常打哈欠，那应该是无聊所致。打哈欠似乎不可能纯粹由物理原因产生。毫无疑问，动物的心智能够感觉到劳动和懒散、痛苦和幸福的区别。动物嬉戏找乐，肉体神经因此得以兴奋，同样，困乏的时候静卧不动，也会感到十分惬意。

记忆（Gedächtnis）和回忆（Erinnerung）不同。回忆在记忆中寻找东西，把在记忆中存储的过去按时间排列和划分。因为回忆不仅是将过去存储在精神中，而且是对已了结时间的范围的意识，因此应该还意味着对目下刻意追忆的过去之某一特定点的回忆。如果我没有弄错的话，亚里士多德早就对二者进行过区分，并且认为动物只有记忆，没有回忆。记忆意味着熟悉当前的感性印象，但意识的对象并非过去，而只是一种变化了的当前，同样，对下一刻的期待也不是对将来的意识，所意识到的只是一种当前，因为，严格来说，所谓“当前”其实是一个永恒完结又永恒将至、没有范围界定的时间点，所谓“当前”，就是既非过去，又非将来，而这正是动物所拥有的。只有在“当前”意义上，动物拥有记忆和回忆二者，因为，动物只有当前，活在当前，这时，必然活在时间中，而且是有意识的。动物对当前的事物有意识，但并非对当前有意识，因为它对过去和将来无意识，最根本的原因是，它不能回忆过去，因为它只有记忆，没有回忆。

如上所述，动物只活在当前，对过去和未来没有意识，因为其心智水平只达到认识阶段，亦即只对具体、现实、当前的对象有意识，
267 只能重复既有的认识，这意味着，对动物的心智而言，现实永远是相同的对象。但是动物没有可被回忆的认识，心智不能召唤已经有过的认识。

另外，动物对一个事物的认识是整体性的，是一个不可分解的意识。猫看到金灿灿的火苗在壁炉中闪烁，同时感受到它散发出的热，听到噼噼啪啪的声音。这些感知被融合成为猫对火的认识。这意味着，猫经过多次感知，然后将感知认识到的质量累加起来。相比之下，人的概念内涵更为丰富，不是特征的简单累加，而动物的认识仅此而已。动物的认识就是把感知到的诸多质量累加起来，它们是多个状态。动物不区分视觉印象和情感印象，在视觉印象中不区分形状和颜色，而是将形状、颜色、声音、感受等与自已相关联，那是它所感知到的具体而不同的状态。这里，动物对客体的意识非常弱，只达到感知的水平，也就是说，动物的心智是主语，客体是谓语，客体还没有成为判断的主语，动物不会说“火苗在闪耀”“火是热的”等。这些判断作为碎片被累加为一个整体。动物的认识只有诸多谓语，诸多感知到的质量，但根本没有与之相配的主语。动物的心智里有诸多具体而物化的谓语，但没有“东西”“事物”这样的范畴，所以，动物的认识只是简单累加的结果。范畴是统一整体的必然条件，缺乏“事物”范畴，缺乏明确的统一性，将感知碎片式累加，只具备具体而物化的确定性，这些注定动物的认识是

静态的、僵化的。 268

认识阶段没有判断，因为认识本质上是整体性的。难道动物不判断吗？肯定不，除非破除认识的整体性。不将认识分解为诸多单个质量也可以判断——这样的判断所针对的是认识整体。如果一只动物重复以前有过的某个认识，就会如下判断：新认识 A= 旧认识 A，同样，当 A 和 B 两个认识在动物的心里被相互联系了起来，情形也是如此，这时，如果 A 又发生，动物不仅会辨认出 A，而且期待 B 的发生，如果 B 真实发生，则重新又一次辨认——这一切当然非常独特。在这种辨认判断中，主语和谓语同一、重合，无法形成真正的判断。另外，这里的主语仍然是动物的心智本身，一如对旧认识 A 的认识，新认识 A 和旧认识 A 同一，也是动物心智和新认识的融合，不是判断，其中未有区分。这种融合平静发生，不能刺激任何新的心理活动，相反，给动物一种满足的感受，这时，精神平静得以保持，除非有新的刺激打破平静。

这种某种程度上的同一性判断是肯定性的，那么，动物既然能够肯定同一性，难道不应该也能够进行否定性同一判断吗？一头牛站在一扇新门前，做出否定判断。它看到旧的街道和旧的房舍，然后期待那个与这两个旧认识相关联的关于旧门的认识，但却没有看到旧门。新的感知无法融合到牛的精神中，于是产生否定。如果对于动物而言，舒适和满足是肯定性的表达，则否定性的表达就是感到惊愕。动物这时不会判断，即使人在此情况下也不会判断，因为人面对令人惊愕的事情不知道该说什么。动物这时的认识就在于既承认现实但又不接受现实，二者都不具备判断的形式。

动物也推理，也有现实意图。当一只狗饥饿时，饥饿感会驱使狗叫， 269
于是人会给它吃食。狗会从中获得这一系列认识，等到再饥饿时，它又会叫，于是又有人给吃的。认识中的这些推理应该广泛存在于较高级动物。狗会通过归纳继续推理：我叫了，人给我吃的，满足了我的意愿。现在，我又有新的需要，我又要叫，人就会又满足我。通过类比和归纳所做的这些推理经常得到物质需求的支持。

动物身上蕴藏着人类语言的萌芽，对此不应该感到惊讶，甚至可以期待。因为语言是一种反射性运动，相关的反射性动作是对感受、感知和一系列高级精神活动的回应，所以，语言也应该存在于动物，只不过局限于动物水平而已。动物的叫声应该包含着人体的一般感受，例如愉悦和痛苦。我们从这些一般性感受去理解精神在体内活动的一般方式，那是一种“自我”感受。这里，即使最特殊的感受也包含着一般性感受。鸟儿的对唱是动物间地道的交流，体现出对类型单位的感受。同样，一群羊互相咩咩叫，两只狗用叫声相互问答，情形完全相同。

一只狗被关在房舍，发出呻吟、吠叫或用爪子抓门，目的是引起路人或房间里的人注意，祈求把门打开。我认为，相比较狗的呻吟，一般性感受的有声表达意义更大。其实，呻吟包含着诸多认识的多重联想：(1) 期待人的同情，亦即希望人理解它；(2) 人具备它所缺乏的相应的能力，人能够帮助它。人们往往自作聪明，还会臆测添加很多内容。人
270 是否一定有同情的意愿，我表示怀疑。狗呻吟，这是其尴尬处境的表达，但并非目的性行为，即使周围无人，狗依然会呻吟。狗无意把呻吟用作语言。它曾经看到过人把门打开，现在希望有人开门，所以，当然会把对人的认识和对开门的认识相联系。于是，狗期待、祈求，但不说话。同样，狗用爪子抓门也不是表达愿望的努力，而是一种动作，一种开门的努力，因为结果往往是门被打开了。所以，狗认为用爪子抓是一种有效的开门手段，更多是一把钥匙，而非语言。甚至狗的吠叫和儿童的哭闹也是如此。在这个问题上，赫尔巴特观点正确。他说（《心理学》155 页，《全集》第 6 卷 401 页）：“在初级阶段，一切都由感受和观

察（相当于我们所说的认识，我们所说的观察也相当于赫尔巴特所谓之观察）组合而成，但并非任意组合。这在爱闹的儿童身上表现得非常清楚。他们用哭闹控制周围局面，同样，许多动物也用抱怨的声音达到愿望。无论儿童还是动物，此种情况下发出的声音都明显是命令式的，而且，以此手段达及目的的成功率越高，声音的命令式就越明显。声音成为他们（它们）行为的一种器官，虽然是非常反常的器官。”——这只是在我们看来反常，其实并不反常，因为狗和儿童认识不到因和果的内在关联。在它们（他们）的认识中，所认识的两个事件只是相互联系，而且，当第一个事件出现，就期待第二个事件也发生。——“哭闹和所观察到的成功相结合，成为一种心理机制，一旦观察到的成为所希望得到的，就会哭闹，颇有成效，倘若屡试不爽，则信心大增，进而，愿望变成为意志，祈求变成为命令。”——依然只是在我们看来如此，因为 271
使用“行为的器官”实施动作时，例如儿童和狗哭闹的时候，无所谓祈求和愿望，从呻吟变为大声哭闹和吠叫乃是懊恼所致，因为如果所期望的结果没有如愿出现，动作就会加码。这里缺乏语言的典型要素：抽象性告知。

我们认为上述对动物心智的描述比较中肯，既没有无中生有，也没有挂一漏万。人们经常犯这两种错误。因为人们总是看到结果，看到动物的行为，而且经常从人的角度解读动物行为的动机，这样，就忽视了两点。第一，动物行为的动机并非必然与人相应行为的动机相同；第二，动物的行为方式和人的行为方式虽然有许多相似和可比之处，但绝不相同，仔细观察，其实区别很大。我们认识到这些区别，并提醒人们注意，指出动物和人的认识根本不同。我们发现二者的主要区别在于，人的认识的基础是“东西”“事物”等范畴，而动物的认识缺乏这种范畴；人的认识是一种统一，而动物的认识只是一种累加。这一区别关系到语言的功能。在阐述语言的功能之前，我们首先要问，为什么人的感知能够产生语言，而动物的则不能？人类精神和动物心智的可比性究竟何在？

§90 人类精神和动物心智的比较

迄今为止，人们比较动物和人类的方式大多是错误的，问题在我看来一目了然。一方面，人们不仅夸大了人类相对于动物的优越性，而且
272 观察二者差异性的视角不当，另一方面，过分注重人类和动物的不同，反而忽视了二者区别的本质。两种错误有共同点。人们一方面断言二者的区别在于人类优越于动物的较高的精神能力，而动物的心智处于较低水平。对此，赫尔巴特提出反对。——我说的可不是法国人和讲法语的德国人，而是重量级人物赫尔巴特。上述错误观点弥漫于各种哲学流派，而赫尔巴特坚决反对的态度让人似乎觉得他无视人类和动物之间的相关区别——赫尔巴特正确地指出，所谓高级精神能力根本不是人类先天特有的，而是人类在世代发展中习得并代代相传，归功于不断丰富的文化财富。若要比较人类的精神和动物的心智，就必须减去这一习得结果。因为它并非归功于人类精神的强大力量，而是归功于人类较为高级的身体构造，尤其是灵巧的双手和可塑性极强的语言器官。忽略人类身体构造的这一优势，人类精神和动物心智就可能难分高下，但上苍赋予了人类双手和语言。另外，动物某种程度上也努力使用爪子和语言，亦即把爪子和声音用作双手和语言，但无奈身体构造很不争气，最终达不到人类的水平。

上述两种错误都在于把人类和动物区别的焦点放在后天发展上。二者的区别无处不在，在最初的精神活动和精神功能中就已经暴露无遗。如果语言自始至终是人类和动物区别之所在和根源，则语言学也应
273 该研究和详细描写这一区别，对人类的优越性既充分凸显，又避免凭空夸大。人类和动物的区别也许没有人们经常想象的那么大，但也不

小，足以揭露某些动物保护主义的宣传和超人类“兄弟平等”论调的虚伪性。[①]

我们赞同人类较之于动物的优越性，但认为其根本可从如下简单推理得知。如果两个原因的形式和力度相同，则其结果必然也相同。但如果实际结果不同，则不能认为原因相同，而且要根据两种不同结果去推 274
断相应不同的原因。我们必须证明，是什么阻碍了其中一个原因效力的充分发挥。事实是，动物不能建立人类的世界，据此可知，动物的心智一定不同于人类的精神。如果坚持二者心智水平相同论，则必须说明，妨碍动物心智水平发挥的障碍是什么，为什么动物心智没有发挥出人类的水平。这一障碍不可能是偶然的，应该根源于动物的本质。因为偶然因素不可能自始至终、持续不断、毫无例外地发挥作用。但如果证明动

① 这里要说几句题外话。博马舍（Beaumarchais，1732—1799），即《塞维利亚的理发师》（*Der Barbier von Sevilla*），《费加罗的婚礼》（*Figaros Hochzeit*）和《有罪的母亲》（*die schuldvolle Mutter*）的作者和法国大革命的先驱者之一，有一只狗，他在其项圈上刻字“博马舍属于我”[②]这种卑躬屈膝的奴性已经被公认为狗的“狗性”，也适合用来描写拉莫的侄儿[③]，成为博马舍和拉莫的侄儿所生活的社会的写照。在同样的社会里耳闻一种人权宣言，不免让人惊叹黑格尔辩证法，惊叹对立的逆转。如果不相信这种逆转奇迹，坚持在每一个因果序列中都根据精确物理的逻辑来探寻适当的起因，那么，就很可能会将此种人权宣言视为谎言，尤其在一个充满谎言的社会。这恐怕是现实的逻辑，无论马拉、恐怖统治、拿破仑等使得大革命的命运如何扑朔迷离。此等情形至今毫无改变。在德国，这样的革命始终被视为世界历史的伟大事件。从中可见多重逻辑，唯独看不到世界历史的精神逻辑，看到谎言横行，唯独不见真理。——思想的巨人和自由的矮子，这种极端矛盾的怪相附体德意志民族久矣！德国何时才能结束空谈！在引进法国宫廷文化的同时推崇法国平民生活——左手逻辑，右手涅墨西斯！也有人将目光投向英国。那里，中世纪黑暗的阴霾笼罩，同时新教与天主教分庭抗礼。德国人也许不知道，牛津大学的老师是不允许结婚的。名为新教徒，实为托钵僧，大行其道，大有人在。德国富人阶层与之同流合污，可怜至极！

② 博马舍原名皮埃尔·奥古斯丁·加隆（Pierre-Augustin Caron），娶贵族富孀为妻，并继承其一块名叫博马舍的领地，为了追求贵族的称号，他就把自己的姓氏改为博马舍。——译者

③ 狄德罗（Diderot）作品《拉莫的侄儿》（*Le Neveu de Rameau*）。——译者

物的本质因素发挥了阻碍作用，则无异于承认动物心智处于低级水平。而现在的说法是，障碍不在于动物的心智，而在于动物的身体，人类相对于动物的区别原本在于较为高级的身体组织，二者的心智属于同一类型。(赫尔巴特《心理学》，130 页）

即使不是唯物主义者，不认为精神活动只是动物物质组织作用的结果——果真如此，身体优势包含着心理优势——也应该承认精神和身体相互影响的内在关系，这一点，我们每天都可见于自己和别人身上。另外还要承认，精神也影响着身体的构造和发展，且发挥着决定性的作用。如果在世界上只看到不明原因漫无目的地发挥作用，则一切创造都是偶然的，最荒诞的现象也是合理的、和谐的——如此怪诞不经的合理性。但是，如果认为世界组织皆具有目的性——那又如何能够拒绝一位全知、
275 普世、万能的创造者的存在？——又该如何理解珊瑚虫、狗、马、大象、猴子等动物？它们与人一样，都是精神和身体的结合，这样的认识与世界的目的性相抵牾，是对上帝创世说的讽刺。

我们排除这种伦理观，那就只剩下一种可能，即精神附着于一个不相匹配的身体，该身体不能给精神发展提供足够的器官，与之完全不合适。解剖学家不能将狮子头和驴身相结合，同样，心理学家也不能将人的精神和动物的身体相结合。因此，精神如果不具备创造人的手和语言器官的力量，不能创造人的身体，就不是人的精神。精神如果没有创造那些器官，就说明它不需要那些器官，缺乏需要它们的冲动。如果精神有那样的需要，则自身就会具备充分的力量满足之；有那种冲动，自身就会内生相应的创造力，去创造那些器官，以满足自身的需要。身体是精神的符号，精神通过身体而实现自我的能力即是精神的能力。

以上对赫尔巴特所谓人体组织优越性的批评，说明高级身体组织意味着高级精神能力。具体到语言器官，赫尔巴特（《心理学》，130 页）指出鲁道菲（Rudolphi）的观点，并对“生理障碍肯定不是造成动物没有

语言的原因”提出反对，因为那只能说明生理缺陷，不能说明心理缺陷。他说：“当人们听到狗叫和马叫，不可能认为这些高智商动物在生理上具备了说话的能力，但可能产生一种期待，希望它们的声门裂更灵活一些，达到与它们其他方面的能力相当的水平，这样，它们虽然不一定达到人一样的水平，但会比现在的水平高。”对此，我们的反应是，这些动物声门裂的功能的确“与它们其他方面的能力水平相当”。狗的声门裂其实并 276
非那么不灵活，呻吟、吠叫和嚎叫构成了一个完整的音阶序列，而且舌头和颌骨也十分灵活。赫尔巴特说，狗“以多种方式参与人类活动，向人表明它很驯顺，给人提供帮助。这是怎么实现的呢？鹦鹉和喜鹊注意并模仿人说话的声音，但完全不理解人话的意思，不知道其中包含了什么愿望等内容，与此不同，狗，无论猎狗或者牧羊犬，能够帮助人，而且忠实、乖巧，但它只会吠叫和嚎叫。这是怎么回事呢？——或者是否可以说，狗应该会说话，但却从未尝试说话？”对此，我们的回答是，狗其实不仅尝试说话，而且的确会说话。狗通过吠叫、嚎叫和呻吟明白无误地向我们表达它“参与人类活动和性情驯顺”，还表达它的情绪——我们对狗还能期待什么呢？

家养动物根本不能模仿人类的语言，这似乎归咎于它们的物理缺陷，其次也归咎于它们语言器官的可塑性差，但与听觉缺陷无关，因为听觉与发音无关。对此，可能也有人要跳出来反对：狗的听觉那么灵敏！怎么就听不了我们的音乐？因为我们听起来很和谐的乐曲，动物听起来却很刺耳。但这又只是众多推理之一，用人类比动物，毫无根据。当我们听到刺耳的声音就会喊叫，于是把这一逻辑套用到动物身上，认为狗在听音乐时嚎叫是因为音乐刺耳难忍。如果狗的听觉神经十分敏感，难道听到自己的嚎叫就会死去吗？那种声音才是真正撕心裂肺刺耳难耐。

问题的关键是，动物根据自身属性和实际需要而经常使用语言，例如表达感受和认识。狗被主人牵去遛弯，尽兴撒欢儿，发出阵阵叫声，

这是表达一般感受的语言；被打时发出可怜的哀嚎，受到折磨时发出呻
277 吟，这是表达特殊感受的语言；动物发出声音以吸引或警吓旁人，这是表达认识的语言。后一种情形包含着一定程度的意图性，而且是告知信息的意图。这一点前文也有论及。我们现在不妨设问：动物还需要说什么话呢？还有其他什么话可说吗？难道要它们说出主语谓语俱全的判断吗？难道要它们用成分俱全的句子讲述自己的履历吗？赫尔巴特承认（出处同上，211 页），动物意识中只有很短的过去和“一点儿”未来，具体长度就是从欲望到满足，而此间几乎没有什么时间长度。

赫尔巴特正确地指出（213 页）：“在认识的储备量和认识相互联系方式的丰富性方面，（动物与人）存在很大的差异，对此，人们一直重视不够。我深信，人们把自我意识、伦理规范、关于无限和上帝之类的概念轻率地视为原始性的、本原性的，因此，推理思维受到局限和阻碍，本应解释的东西反被绝对化，为什么如此？这与其他事物有什么关系？这些问题都被抽去，武断地断言了事：事情就是如此。”很清楚赫尔巴特反对什么，但他严谨周密的风格在此体现不够。就在同一页，他又说：“关于自我、永恒等概念不能普遍说明人类的特点，儿童发展早期就没有这些特点，野人比动物在这方面也强不了多少。”——我想知道，我们何时何地见过野人部落？这一含糊断言的根据何在？哪种语言没有表达自我的词语，对事物的语言表达都以意识里关于事物的范畴为依据？根本没
278 有这种语言。谁也不能够在最聪明的动物身上根据可靠的迹象发现“自我”和“事物”等范畴！动物能够区分自己和它所吃的东西，区分自己和与它争食的那个个体。最原始的野人距离“自我”还十分遥远！人们对动物相关特点的想象十分大度慷慨，尽可能赋予各种属性，相反，对野人的想象却非常悲观，认为他们十分原始落后。其实，野人的自我意识虽然不是费希特（Fichte）意义上的“自我”，但与我们一般的自我意识没有多大差别。儿童把自己的名字用做第三人称，例如 Karl will essen

（卡尔想吃饭），不说“我想吃饭”。“自我”在这里虽然还没有出现，但其水平也高于最聪明的狗。关于这个问题，赫尔巴特说道：“有人会说：‘基本素质已然具备。’（我们也会这么说。）这大概是希望形而上学耐心接受原始天赋素质说，但如果形而上学没有这种耐心，则某种先进的心理学可能会将之视为教化发展的产物。人凭借天赋的辅助手段而具备接受教化的优势。”——所谓“天赋的辅助手段”不仅是外在的，例如手和脚，还包括精神的内在组织。赫尔巴特反对“原始天赋素质”论。但是，如果也反对原始天赋理性、对纯粹自我的原始意识、理性认识、绝对认识等原始能力，而“教化”这一人类特有的能力又需要一个前提条件，即先在的可能性、能力、条件等，简而言之就是先在的素质，而且，所有这些条件都只能是随着身体而给定的，人的精神本身不应该是最原始、最重要的条件。——另外，我们还听到许多关于狗的故事。从身体条件看，一只狗器官健全，而一个儿童聋哑而又失去嗅觉和味觉，二者谁的条件更好呢？儿童有触觉，但是手怎么能比得上眼睛？实际上，狗和熊最多只能学会跳舞，而聋哑儿童劳拉·布里奇曼（Laura Bridgman）[1]后来 279
却当上了一所聋哑学校的老师。她给瑞典作家弗雷德里克·布雷默（Friedrike Bremer）写过一封信，文字优雅，感人至深。她虽然身体器官少于动物，但却拥有人类的精神。

人与动物的区别原本很小，而且取决于身体组织。但人的发展是雪崩式的，这是人类精神方面的能力。人类精神素质不断发展，内涵不断丰富，能力不断加强。这是人类精神最本质的特点。

我们现在仔细观察一下人与动物原始天赋的区别。我们这里的观察不能太细，难免挂一漏万。我们只能看到一些现象，所以还很难追溯到

---

① 参见刊于《德国博物馆》（*Deutsches Museum*）1851 年的文章《论聋哑人的语言》（Ueber die Sprache der Taubstummen）。此处提及的那封信我们是在写完这篇文章之后才看到的。

最初的状况。

首先，根据人们目前的观察，人类和动物身体的物理区别很小。现代解剖学研究说明，人们之前所说的许多区别都毫无根据，可以说，在诞生和身体的所有方面，人类和动物的区别就是哺乳动物不同种类之间的区别，仅此而已。人们最津津乐道的是人的大脑发育方面的优势。但无论从哪个角度去比较，重量、大小或形状，绝对而论或者相对而论，中枢器官与神经或整个身体的关系，等等，都一直没有找到一个统一的评价标准。要想通过某个简单现象得出结论一直十分困难，许多问题在
280 其中纵横交错，形成非常复杂的关系，需要全面考虑。同时，无论以什么方式比较人和动物的大脑，人总是将自己置于优越地位。然而，上述复杂关系都无关乎本质，本质在于大脑的内部结构，而我们当前对大脑发挥作用的方式知之甚少，期待未来给予解答。

另外，直立这种身体姿势很重要。这对身体活动，包括肢体活动，必然产生一系列非常微妙的影响，进而影响精神活动，尤其是人的感受，虽然这些影响难以言状。直立体姿意味着摆脱对地球的依赖。所有动物都想挣脱对地球的依赖。身体发展越是处于低端，其形状就越是倾向于地球，而植物等处于最低阶段的生命更是固定在地面。头部向上生长，越高，越灵活，越自由。昆虫和鸟儿的飞行可视为一种抽象的自由，但无论飞到多高，最终属于地面。立足地面，昂首向上，体现自己的自由和能力，这才是真正的自由和自主。而人的身体恰恰是直立的。

这里，我们要进一步观察头部生长在脖子上的方式，人和动物不同。请注意站立行走的狗和猴子，它们的头部总是朝前倾斜，与所有四足动物一样，头与脖子连接处（枕骨）都位于后脑勺，而人则在大脑中间。这样，人的头部端正地位于身体上端，可以自由地左右摇摆，也可以向前低下，向后仰起。相比较动物，人的头部拥有无比的自由，整个身体也是如此。

一块桌布，四角固定一定不如两角固定容易移动，后者有可能随风
而动，前者不大可能。动物四足着地，身体向上运动不如人那样自由。 281
身体的灵活性有助于身体运动，对精神的积极影响不可估量。

还有两点也很重要，它们都与触觉相关。动物的身体被一层厚实且多毛的皮肤所包裹，而人的皮肤细腻且少毛，布满了各种触觉器官，因此，对外部世界的感触更为灵敏真切。在同样条件下，动物往往只有模糊的感知，而人的感知则非常明确。

另一点更为重要，那就是人的手，包括整个胳膊。手体现上述两种身体配制，即直立的体姿和细腻的皮肤，是真正的终端。这里体现出自然经济性、简约性的神奇方式。自然赋予人类与动物同样多的肢体，但实际上却赋予人多得多的肢体，因为，自然赋予人特殊的身体形态，使得人得以用两只脚完成动物四只脚的功能，而把另外两只脚改造成带有胳膊的手。这两只手臂是人体最自由的肢体，不仅可以向所有六个方向运动，向前、向后、向左、向右、向上、向下，而且所有这些动作都可以全向组合。手和拇指的灵活性不言而喻。另外还有手指的皮肤，尤其是指尖，布满了细小的触觉器官。脚虽然同样用于行走，但还有其他许多功能。直立体姿使得脚离开地面可以高高抬起，尽享自由。最终，手和胳膊成为一种工具，在空间关系认识方面具有特殊意义，从而加强了
眼睛的功能。相比较动物，人类的空间认识能力无比发达，而空间认识 282
是一切精神认知的基础。由于整个身体的灵活性，由于皮肤触觉器官的高度灵敏性，由于手，这一精神基础在人身上必然非常宽广、非常完善，内涵非常丰富且高度明确，为动物所无法比拟。在整个世界，只有人能够运用手从事劳动，而劳动又极大地促进认识。劳动是一种真正的实验。

动物比人身体强壮，但人在力量方面的相对弱点得到了充分的弥补。通过力量的质量和精神方面的优越性，人在力量方面最终远超动物。动物的嗅觉比人灵敏，人没有感知的地方，动物能够嗅到，但动物似乎对

许多好闻的气味很不敏感。人在这方面似乎装配豪华，虽然不一定具备原始性。在人感知不到气味的地方，动物不仅能嗅到，而且能通过气味获得区别性认识，为人所不能企及。动物这方面的优势明显，不可否认。例如狗的嗅觉器官以及与之相关的大脑部分非常发达，内部组织复杂、细致，超过人类。为了寻找食物和弥补其他方面的不足，自然赋予动物特殊的嗅觉，不仅非常灵敏，而且具备区别功能，以保证物种自给自足，不断繁衍。自然力量的目的性显而易见。——相反，动物的味觉贫乏，因为它们的食物选择很贫乏。可以肯定动物有味觉吗？嗅觉似乎完全可以替代味觉。视觉、听觉和触觉是动物三种最重要、能够获得认识的器官。我们已经论及触觉，在这方面动物最弱，人类最强。相反，在其他两方面，就像在嗅觉方面那样，动物优越于人类。动物的视力和听力好于人类。这里我们看到人类和动物在体力质量和数量方面的区别。动物
283 的视力和听力好于人类意味着，动物视力和听力达及的距离为人类所不及。但人类对看到和听到的对象的认识程度高于动物，亦即区别更为丰富和细致。首先，动物的视觉器官缺乏触觉的有力支持，这势必对视觉认识产生消极影响。另外还有一个问题，动物是否能够区别颜色？对此，赫尔巴特指出（《心理学》129 页，《全集》第六卷 207 页）："甚至有人看所有东西都是'铜板画'（康德语[1]），所以，可以推测，许多动物可能没有被赋予完整的感性感知能力，基本认识的原始储备因此大为减少。"人们知道，有的颜色对有的动物造成令人不解的印象，例如红色之于公牛。这似乎说明，为什么颜色给动物较少感知认识，而更多感受刺激。如果我们说，动物看所有东西都是"照片"，则更符合上述康德语录。颜色给我们的客观印象，有的可能根本没有进入动物的视觉，有的可能被动物以不同于人类的方式所感知，而这种方式无疑妨碍了动物的心智发

① 康德《人类学》（*Anthropologie*）55 页（《全集》第十卷 161 页）。

展。——听觉方面也是如此：在量的方面动物优于人类，而在质的方面却弱于人类。在骑手发现目标之前，马早已竖起了耳朵。但动物对好听的声音，例如音乐和节奏缺乏感知，马似乎非常喜欢听号角的声音，狗听到音乐就嚎叫。众所周知，也有人没有乐感，音乐于他们就是噪音，威廉·冯·洪堡特即是如此，虽然对其他艺术具有极高的鉴赏力。在人类例外的，在动物却是规律。同样，分节发音对动物似乎没有区别性。

纵观感知器官的影响，我们必须说，自然赋予动物器官的力量大于 284
人类。但是，作为弥补，人类获得印象的能力远超动物，而且完全或者基本并非为了身体之需要。这些感官印象不仅非常丰富多彩，而且数量极大，甚至奢侈，大大增加了生活的愉悦感，蕴含着艺术创造的萌芽，因为，任何超出自然必需的供给都有益于艺术创造，有益于自我意识的发展。动物嗅觉和味觉的功能在于认识对象的食用价值，以获得足够的食物。而人类有一个颚部味觉和鼻腔嗅觉，能够区分好闻的气味和好吃的味道。这样，人类通过满足进食等身体需要，也使得进食成为某种享受，成为对精神发出的呼唤，于是，自我开始形成。明亮和黑暗、自然的色彩变化、自然的声音，等等，影响人类，使之情绪激动或消沉、感到愉悦或害怕，但问题是怎么影响？为什么影响？这些源自于自然的审美印象，在野人和原始人类远甚于现代人类，构成人类艺术和宗教的源泉。过量供给通过器官到达精神，而动物很少这种体验，甚至根本没有。

这里，我们强烈地感到，原始人类第一次看到阴森的树林感到恐惧，应该有其心理根据。由于认识的联想机制，一个认识使人产生对另一个认识的期待，动物亦然。但人所获得的基本认识大大多于动物，因此，联想和期待作用于人类生活的频率也无比之高，期待成为人类一种非常固定的习惯，进而成为一种需求。当人获得了一系列认识之后，认识之间在精神上相互关联，于是，人必然从一个认识期待另一个认识，或者，每一个认识都与许多其他认识相关联，这时，要在当前情况下明确一个

285 既有认识，就需要在当前新的情况下重温该认识。这在动物很少出现。如果现在出现了一个全新的认识，与任何其他认识都毫无关系，则动物会茫然失措。而人要面对的是一系列认识，而且不能期待其中任何一个新认识是熟悉的。所有认识都毫无预期出现于面前，这是一种突如其来的认识方式，令人惧怕，这时，人的意识首先需要恢复正常，然后重新获得平衡。这里所涉及的认识不是依序而来，而是孤立断续，互不牵连。这种对未知的恐惧感是宗教的根源之一。

我们现在再看感官的强弱。强大的感官意味着什么？受到自然的冲击越强，则刺激越大，感官、身体受到冲击和影响就越严重。感官是守卫精神的门户，而动物的感官就像是敞开的大门，外部自然的冲击长驱直入，心智直接面对，自主性和灵活性深受其害，大打折扣。相比之下，人的感官较为迟钝，反而成为精神面对外部强力冲击的保护，从而使得精神保持对外部冲击的控制。精神通过感官按需接受外部影响，这样就可以加工消化、同化之。因此，动物心智和人类精神之间的区别类似于感受和感官感知之间的区别。感官感受给精神造成很大冲击，使之不能认识引发感受的外部世界，因为它需要全力应付自己的身体而无暇他顾。而感知给精神造成的压力较小，使之获得一定的自由和自我意识，可以追究“压力何来？”的问题，而问题的回答则意味着对外部世界的认识和建构。同样，动物心智因为受到感官感知的强力冲压，发展受阻，不能成为自身的主宰，失去对感知的控制，深受其累，无暇他顾。相反，人
286 类精神受到感知的压力较小，可以保持认识其他对象的自主性。人类精神无需全力应付自然，能够保持自我观照，不断发展思想，而动物必须全力以赴满足身体之需要。

就身体素质整体而言，人类弱于动物，但人类的精神强于动物的心智。观察自然或者身体与心理的对立关系，我们可以说，心理寄生于身体。这一表达把人视为一种动物，其实不足以表达我们的观点。身体和

心理的关系在人身上完全不同于动物。动物的心智因身体而存在，身体为主，心智为仆，相反，人的身体因人的精神而存在，身体为精神的支架，精神具有独立性。

实际上，动物的一切心智活动都是为了满足身体的需要，都是为了吃饱肚子和避免危险。还有一点我们也要承认，即动物的游戏活动。我们认为游戏是动物兴奋的表现，关于这一点，人们可以观察狗的表现。狗喜欢被人抚摸和夸奖，有些狗看到主人喜欢别的狗就会嫉妒。看来，狗不仅有感官感受，这很自然，因为狗有认识，因此也有情绪，会表现出喜爱、忠诚、感激、仇恨、报复等。不能简单地认为狗是自私的，但狗非常实际，或者更准确地说是宿命论者，不喜务虚，不扮高雅。对动物而言，一切都只是自己的环境，把喜欢的都要转化为有用的，而无用的就是不存在，存在的就必须有用。除了表现愉悦的游戏活动，动物无所谓高兴的时候，闻到好的气味、获得某种认识、听到某种声音，等等，都没有什么快乐可言。相比之下，人类，即使野人，对东西抱有各种各样的兴趣，不仅满足吃喝，还要乐在其中。这里只是初步的论述。总之，动物的享乐只在于身体，心智为身体服务；人类的享乐则在于精神，身体为精神服务。

现在，我们需要从另一方面进行论述。人的身体相对较弱，需要帮 287
助。人体从其感官获得的预警、提示和供给非常不足，从肢体获得的支持和供给也非常之少。人的身体有非常多的需要，因此，为了维持生命，人比动物要付出多得多的精神劳动。动物维持生命所需要的所作所为，基本受到本能的驱使，感官也为本能提供帮助。相反，人本能的作用很小，所以，人的精神似乎永远不能摆脱对身体的臣服，似乎必须把自己过剩的力量和能力（这本是人优越于动物的地方）完全用于弥补本能的不足。但事实并非如此。动物的本能就是动物的心智，服务于身体，与之不同，人的精神供给身体之需，更像主人供给自己的仆人，给他食物和衣服，满足他的所有需要，目的只为了让仆人更好地为主人工作。这是人的精神与身体供需关系的特殊性。人的身体只是人的精神的躯体，因此，精神在想方设法供给身体的同时也要满足自身的需要。精神不仅给身体提供食粮，同时也要满足自己的味蕾。精神不仅制造衣服和装备以适应环境和抵御敌人，同时也要用华丽的服饰装扮自己。这样，精神追求对食物和衣服的享受超越必要之需，进入自由领域。

人在满足自然需要的同时获得精神的愉悦，但是游戏的需求仍然有待满足。饥渴、衣物和住房等问题的解决固然令人满意，而游戏的特点是喜新厌旧，不愿习以为常，需要时时更新，这样，精神活动在满足身体需要之后，就要满足游戏的需要，需要不断寻找游戏取乐的方式，永不满足，永无止境。每一次发现都会抬高取乐的胃口，因此，这种欲望
288 的满足驱使精神不断追寻新的、更高的兴趣点。这样，满足的过程本身成为刺激欲望的过程，人类精神行进在无止境发展的轨道上。

最后，社交活动也值得注意。社交是精神发展必不可少的途径。信息交换使得精神发展充满竞争，不断丰富，代代相传，整个人类的精神活动形成统一。相反，动物种类不断分化，生命无法超越个体。原因何在呢？几乎所有动物都有社交活动，一个物种的所有成员相互认识，组群游戏，共同劳动，一起猎食。猛兽在这方面表现特殊，合作较少。但那些最需要相互协作的动物往往不能共存，因为无法协调分配猎物。每一只猛兽都会顾及同伴，但是如果大家都想吃饱肚子，冲突往往不可避免。每一只饿狼都会攻击其所遇到的每一个活体动物，但不会攻击同类。同样，人也很自私，经常在天性的驱使下离群索居，脱离社会。这一点不如大象。但是，人的某些天赋机制使人回归社交。寻求相互依存并非说明人的弱点，人的弱点不至于让人失去独居生活的能力。利益驱动，亦即自私，是人寻求人际联系、需要社会组织的原因。但是，新生儿非常羸弱，在漫长的儿童时期，需要父母天然的爱心，这样，久而久

之，经年不断，儿童和父母之间形成牢固的纽带，盘根错节，密如织网。随着子女的成熟，父母开始衰老，亲情纽带以相反的方向重新编织。父母与子女亲情不仅是天然本能的，也是伦理的，动物亦然。这样，人类 289 家庭联系得以形成，其中包含着亲情、感恩和崇拜，也包括对神的宗教感情。

如此，家庭传统得以形成。人的童年比较长，非常适合于教育。在性成熟之前，人有很长的学习期，在相对无忧无虑的生活中接受至关重要的教育，完成精神独立，之后，性成熟进一步促进精神的发展。与人不同，动物童年期很短，很快达到性成熟状态，还没有真正开始学习，就已经丧失了继续学习的能力。

人的身体素质虽然弱于动物，但受外部环境影响却较少，寿命长于动物。寿命长非常重要。人的学习期很长，而之后的时间更是三倍、四倍、五倍于学习期，使人能够自我发现和发明，充当教师的角色，与学生教学相长，使学习期所掌握的东西不断丰富。

依据上述逻辑，人应该以家庭为单位散居在洞穴中，除非人心中还存有一种特殊的社会交往的冲动。赫尔巴特在论述另一个问题时指出(《心理学》135 页，《全集》第六卷 244 页)："单独一个人在一个陌生地方时，儿童会哭，不仅因为哭的需求，而且因为对熟悉环境的想象在当前陌生环境中受到压制，并进而影响儿童对自身的想象。即使成人在黑暗中也会感到这种压抑。这时，他会唱歌、说话、高喊等，以便获得某些与自身相关的感知。"每个人应该都有这样的经验。但是，即使在父母的房间，儿童独处时也会哭。对于成年人而言，令人感到压抑的并不仅仅是黑暗的环境，还有孤独感，而且后者影响更大。精神要求认识自由流畅，如果认识流不够生动，就会令人感到无聊和压抑，这时，人希望得到外部的刺激，希望社交。交谈可以满足人的需要，从而使认识进入记 290 忆，使思想进入意识。自身认识的惰性、自身意识的空泛呼唤社交，同样，丰满的内心和思想、诸多认识碰撞所产生的活力也需要得到表达，而每一种表达都希望成为告知，因此，人必然进入社交。

于是，志趣相投者应运而生，友谊、共同的兴趣、竞争意识等各种品质不期而至，精神发展不断得以推进。

我们这里只是设想了人类前语言时期的一种状态，具有一定的虚拟性，没有考虑其真正实现的问题。为了在此理论设想状态下说明人类精神，我们比较了人类和动物，发现人类在所有方面和所有关系中都表现出力量的盈余，认为人类精神将此盈余用于语言创造。我们认为问题的核心是，为什么人类精神、人类感知产生了语言，而动物却没有？通过上述比较不难看出，动物的教育很早就结束了，而那时人类的教育才刚刚开始，并且通过语言的创造使得人类特有的属性得以发展。我们上述对动物心智和人类精神的论述必须忽略语言因素，因为语言的可能性尚需证明。固然，人类精神依靠什么力量创造了语言，尚不清楚，但创造语言的力量肯定不能来自语言。这也是我们为什么虚构人类前语言精神状态的原因。这只是一种虚构。对于人类而言，语言是必然且自然的，没有语言，人类无法存在，其存在也无法想象。人类或者拥有语言，或者根本不存在。另一方面——此为上述虚构的根据——语言也不能被视
291 为人类精神存在本身的一部分，而更多是人类的一种并非无意识的创造，虽然该创造也不是有意识的行为。语言是精神发展的一个阶段，是此前诸阶段的衍生。语言是人类行为和活动真正的开始，是动物王国通往人类王国的桥梁。语言的材料应该根源于动物王国，在“动物人”（Tier-Menschen）身上可以证明语言发生的可能性。为什么只有人类精神能够建造这一桥梁？为什么只有人能够凭借语言完成从动物到人类的跨越？为什么动物不行？我们下面通过动物和“动物人”的比较来说明。这一比较告诉我们，正如前文虚构中没有语言的人类那样，人虽然是“动物人”，但不是“人动物”（Menschentier），也不是任何其他动物，而始终是

一种人类。

我们对上述人类和动物的比较需要再补充一点说明，以便把此前关于语言本质的论述与身体和精神相互关联的观察结合起来。那就是，身体和感官的任意影响、任意痛苦感和愉悦感，以及任意感知，都可以给动物的心智造成巨大的冲击，而心智又无法控制外部影响，与之相反，人的精神影响人的身体，因为人的精神具有驾驭身体的优势，给身体提供营养，维护、保护身体，所以，精神保持对感官印象的控制，不会陷入感官感知的漩涡，这样，就可以对身体发挥强大的反作用，使之成为忠实反映精神活动的镜子。动物的心智是对其身体的反射，而人则是身体反射精神。情绪激动引发可视、可听的身体变化，是精神活动的反射，并告诉我们不可视的精神活动。这是语言的源头。如若只为身体本身的满足，则无需说话；但如果身体有话要说，就要接受精神所给的形式。精神对身体的主宰爆发为声音，而精神的自由是语言的本质。 292

§91 语言作为精神的解放者

如上所述，说话是表现自由的一种活动。对此，今天的人们深有体会，吐露心声之后，心理压力释放，心情顿感轻松。这里，语言的功能就像眼泪，而且实际上二者也经常同时出现。尤其是儿童和原始人类第一次说话更是标示着把精神从感官感知所造成的压力下解放出来。因为，精神发展进步越大，精神的自我控制能力越强，人就越能够无需语言即可克服外部印象的压力。其中的原始情形可以形象描述如下：用力冲撞一个有弹性的物体使之发出响声，这时，响声可以缓解冲撞所造成的冲击，最终在空气的共同作用下抵消冲击。同样，感受和认识给人造成刺激，于是人会出声说话，以缓解外部印象所造成的心理压力，亦即通过词语将压力释放出去。

我们将语言视为反射动作，并运用力学一般原理进行解释，以此分析语言产生的复杂条件，可见，我们的论述并非隐喻游戏，而是建立在物理力学原理的基础之上。同时，我们借鉴了洛策《普通生理学》(450及以下诸页）中的观点。根据物理惯性原理，作用于一个物体上的每一个力都会持续作用，直至受到另一个反作用力的抵消，这时，不仅作用力的方向会发生变化，其形式也会发生变化，从而，作用力变化为某种相应的存在，发挥新的作用。同样，这种现象也出现在人身上。在生命的每时每刻，身体都受到大量物理力的作用，其影响或者传导到另一个
293 物体，或者被抵消。另外有一个前提，就像一台非常完备的机器，人的身体对偶然的、陌生的外部影响不只是被动忍受，同时也能够变害为利，取得某种符合自身目标的效果。这台机器当然也不是永动机，无法抵消巨大的外力冲击。“相反，我们发现，无论动物和植物，都必须接受轻量的外部冲击，它们属于生命需要面对的正常现象。对此，动物不可避免地发生肌肉运动，植物则因接受空气等相应刺激而出现一些附带表现。这些刺激大部分未产生什么影响就流失掉了。有机体把自身运动的一部分传达给大地和周围的空气，另一部分产生声波，还有一小部分可能产生热。”另一方面，无论对于动物和植物，外部刺激有助于血液流通和新陈代谢。

我们再看神经刺激。运动机能神经受到刺激产生肌肉收缩，后又获平衡。肌肉收缩产生热和化学反应，同时，肢体运动向外产生影响。这是显见的现象。但是，“人体敏感的神经系统每时每刻都接受大量外部印象，有些还很强力。这些印象都被消化到哪里去了呢？这个问题很难明确回答，但还是有踪可循”。神经受到影响，也会发出化学反应，但变化速度并不很快，我们可以从中发现身体克服神经刺激的两种可能：肌肉运动和生理排泄。

“自然赋予身体平衡敏感刺激的基本方法，即将刺激传导到运动机能神经，不仅将此机制发挥到极致，而且将不可避免的冲击转害为利，化

为己用。虽然不是必然，但只要相关器官具备相应功能，反射运动就会一方面将刺激传导到相关敏感神经，同时努力使刺激发挥有益功能。眼 294
睛遇见强光就会迅速闭起来……视觉神经似乎没有如此灵敏的肌肉系统可供调用，以缓解自身的紧张。但是，音乐节奏会刺激发音器官和全身肌肉产生运动冲动，并可能传导到其他神经。……大面积作用于皮肤表面的突如其来的刺激，以及体表和体内的剧痛，其影响都会明显波及呼吸运动和血液循环。”这不一定都会有益转化，但起码可以平衡敏感神经所受到的刺激。敏感刺激反射到发音器官，在所发出的声音中“可以发现内心状态表达手段的目的性，进而通过思想告知获得帮助，达到通过器官过程无法直接实现的目的。”作者最后写道（462 页）：“我们提醒大家，一定要认清与这些器官活动相关联的生理必然性。生理机制控制着相关的器官和运动机能的活动，并与特定的心理相联系。因痛苦而哭喊不是源自于心理动机的行为，而是诸多生理活动中必要的一环……生命中具有审美价值的东西，或者必然的心理活动，一定与某些生理活动相关联，这一点非常值得注意。这样，语言不仅仅是人类的一种发明，而且，更为根本的是，在内心状态作用下的发声冲动中，包含着发明和使用语言的自然本能要求。这一自然本能与相关内心状态并非随意关联，起码是为了达到必要的生理平衡。”

现在，我们可以说，人说话，就像树林沙沙作响一样自然。传播声音和气味的空气，还有亮光和阳光，再加上思想的气息，借此，人便会 295
发声说话。

(b) 语言的萌芽

综上所述，我们可以想象，原始人类的一切感知和内心的一切认识都伴随着非常生动的肢体动作、面部表情、身体语言和各种声音，甚至是有分节的声音。这样的反射活动事实上意味着心灵的波动，是心灵波动的反映。那么对于语言发生还缺少什么呢？其实还缺少非常重要的一点，更应该说是最为重要的一点，那就是对心理波动的自觉意识和将之付诸表达的实践。有意识地将反射性身体动作与心理波动联系起来才是语言的萌芽。但是，心理波动，包括感受、情绪和认识，都属于意识，也就是说，对意识的意识才是语言的源头和开端，换句话说，人类借助语言才使得心理变成对于已知事物的意识，形成自我意识，心理随之上升为精神。接下来我们首先要讨论的就是心理上升为精神这个跨越过程。

§92 对认识的认识

这里，我们可以直观想象原始人的认识活动，但是还不能说他已经拥有了认识。因为，同动物一样，原始人类有记忆，但是还没有回忆，也就是还没有可被回忆的认识。我们这里所虚构的人类的生活和动物一样，在诸多现时的、感性的认识之间快速转换。每一个认识都伴随着一个反射性身体动作，以导出心理的压力，达到放松的目的。至此，对于动物而言故事已经结束，然而对于人类则尚未结束，还要继续进行下去。同动物一样，人类的心理也要摆脱所感受到的压力，但是，相比较动物，人的心理具有两个层面的优越性。正如我们在前文所看到的，在动物的感受中，身体的刺激对心理产生压倒性影响，而心理的反作用则很弱小。人类则恰恰相反，身体的刺激相对弱小，心理的反应则相对强大。这难
296 道是人相比较动物虽然体弱但却长寿的原因吗？动物受外界的影响非常大，没有什么天然或者人为的保护措施来应对，因此身体快速消耗殆尽。相比较之下，人的身体受到外界刺激的方式较为柔和，力量较弱，且能给予强有力的反击，同时借助精神的力量和智慧，身体得以较长时间的保持。所以，人类的心理仿佛身体的寄生物，同时又像高高在上的主人那样主宰着身体，出于宽厚和仁善的观念，也为了自身利益的满足，给

予身体各种保护，以延长其寿命。

因此，外界的影响和心理的反作用处于相互关系之中。动物的心理给予外界强大的刺激以弱小的回应便气尽力竭，人类的心理给予外界弱小的刺激以强力的回击，并激起心理活动，这时，心理力量尚有存余，期待使用，甚至某些因为反应动作所损失的心理力量也可以迅速得到恢复。这里我们看到，心理物理有机体就像那些最先进的机器，因为自身运动而必然产生损耗，但又通过自身损耗得以补充。因为，心理波动反映到呼气，并且使之加剧，但是，呼吸刺激心理，并给予它力量。

由此，人类的心理因认识的刺激而活动起来，同时，因为心理在认识的过程中被激发的力量大于所损耗的力量，所以，心理在完成认识和身体反应的过程之后仍有继续行为的力量。感知唤起了心理反应，而心理一旦活动起来，便不仅仅满足于对感知的接受，心理的力量还要求被付诸使用。现在的问题是，它要做什么？又能做什么？外界的刺激已经结束了，心理对外界刺激的反应也已经结束了，但是，所有经历都在心里（记忆中）留下了印记，因此，它所能做的，就只有回归自我，因为，除了之前的经历给心理留下的印记，再没有任何其他事物或者刺激能使心理活动反身指向心理。所以，心理要将关注点和活动指向那些留在心 297
里的印记。

除此之外，另一种观点呼之欲出：人类的心理应该不会如描述的那样在第一个认识之后便回归自我。原因很简单，第一个认识及相应的身体反应之后会产生第二个认识，紧接着心理还会接受又一个感官刺激，如此往复不止。这样，从一个认识到另一个认识，心理永远不能获得力量和时间来回归自我，观照自我。结果，第一个认识之后没有发生的，在第一百个认识之后也不会发生，因为，一个认识接着另一个认识，使心理无暇回归自我。

然而事实并非如此。我们上文已经指出，必然的事情以相同的方式不断发生，但是，人的欲望和感受到的乐趣，亦即兴趣和敏感度，在每一次获得满足之后都会减退。人不只是在认识，同时也在享受着认识。动物在看，人类则是带着兴趣和乐趣去看。不断重复的认识降低了人的敏感度，使人漠然以对。必然的事情保持不变，对于一个对象，健康的眼睛第一百次看到的与第一次看到的相同，但是，必然的事情只涉及躯体范畴，而到了心理层面相互关系已经发生改变。心理将第一百次复现的认识与留存于记忆中的对第九十九次认识的印象相比较，因此，面对当前认识，心理力量远远强于外界的压力。这样，相同的认识反复出现，相互融合，并沉积于记忆之中，形成总量，就像深埋的宝藏一样，而新的认识的功能仅仅在于将这一宝藏总体从心底取出，呈现于眼前。如此看来，心理看到的不再只是外在的对象，同时还有内在于心里的。或者更应该说，心理迅速从外在对象掠过，转向自己的内心所有，也就是说，对自我产生意识。

298 认识乃是自我意识觉醒的土壤，或者说，自我意识源自于认识。心理脱离对外界的认识，并转向自我，感受到积累于记忆之中的认识，于是，心理产生对认识的认识。因此，我们将自我意识的第一个阶段定义为对认识的认识。

§93 本能的自我意识

但是，自我意识的第一次觉醒本身并不是一个有意识的过程，而是一种无意识的自我意识，我们称之为本能的自我意识。人类具有理解的本能，并借此做出判断和推论。正如上文所述，人类的感受是直接的，但是感知却需要通过经验才能获取。例如，我们能看到物体的面，但看不到物体；我们能看到物体，但却看不到距离，亦即空荡的空间。然而，通过经验、推论和判断，我们学习区分圆形与球体、四边形与四方体。这是一种实验性思考，我们由此而获得对空间关系的初步认识，学习将手放到嘴边或者摸到脚面。整个过程并非直接既成，而一定是习而得之。我认为这种思考是无意识的，是本能的理性，属于人的天性。动物似乎不具备此种天性，它们具备的是更为直接的身体本能。因此，人类经过本能理性而缓慢获得的东西，动物会迅速获得。

除了将感知充实为对感知的认识，人类的本能还包括那些所谓“与生俱来”的观念。可见，（1）认为观念与生俱来或者；（2）认为观念是后来才被构建形成的，是文化的产品，都是错误的。人类形成认识的那些基本观念并不像人类的四肢或者像动物的某些天生技能那样是先天的，也不是在理性文化中被有意识地构建的，因为，它们存在于理性文化之前，并且是理性文化的基础，亦即：它们是习得的结果。上述第二种观 299
点在一定程度上是正确的，但构建却是无意识的；上述第一种观点在一定程度上是正确的，但它们是本能习得的。语言也属于那种先天的观念。我们可以设想争论的双方，一方认为语言于人类是天生的（或者说是神赋的），另一方则认为语言是思想的产物。如上所述，我认为两种观点都有错误之处，也都存在合理之处。

动物的本能本质上是实用性、技能性的，这一点与上文所述动物的实用、应用性特点相吻合。从理论上讲，动物的本能是使动物成为实践型生命的必要前提，或者说，必然与实践密切相关。因此，动物的本能只具备有限的理论性。而人类的本能则具备完全的理论性，具备认识的能力，也是形成理解的前提，同时，它作为语言则是自我意识的雏形。

“本能的理解”这个概念不难定义，至少不存在争议。理解即是对认识的理解。我们与赫尔巴特观点相同，认为理解是根据事物特性而相应调整思维的能力。认识为什么不能在数次错误之后逐渐修正自己，并最终依据事物调整自己对于事物的认识呢？其实，下意识的自我意识中似乎存在着一个矛盾，必须理清蕴藏其中的诸多关系才能解决。

心理在认识中发现了外在于自己的东西。但是，正如前文所述，动物和人类在语言形成之前的认识都缺乏整体性，只不过人类后来通过对事物的范畴化克服了。我们不能认为，原始认识形态的心理活动就已经将自己与被认识对象区别开来。正确的看法应该是：与感知一样，这个阶段的心理虽然认识到外部事物的外在性，但却还没有将自己视为内在
300 的东西（Inneres），也没有区分外在与内在，亦即没有同时注意到二者，并在此基础上将自己与外在相对立，区别作为认识主体的自己与认识对象。这种认识是无我的，缺乏内心性（Innerlichkeit），即使在对认识的认识中亦然如此。可见，这个阶段的心理还未将自己所认识的自己视为自己，未将进行认识活动的自己与作为被认识对象的自己区分开来。也就是说，此阶段的心理没有意识到自己既是主体，也是客体，既是思考者，又是被思考的对象，因为，心理根本还不知道自己是思维活动的主体。此阶段的心理虽然实际上既是主体也是客体，但是，它对此毫无意识。所以，那种自我意识虽然实际存在，但却还是下意识的。因为，此刻的心理还仅仅是在认识，所以，被认识的认识于它也只是一种认识而已，是一种外在之物。认识是对某种客体或物质的意识。对这种意识的意识尚还不是自我意识，因为只认识到客体，根本还没有认识到自我。另一种意识是经过思想的意识，对此，物质性意识也只是无我地视之为一种物性存在，甚至将之与外在事物直接联系起来，不予（或者说几乎不予）区分。心理未将被认识的认识视为自己的部分，但也未将之归为被认识的事物，因为，心理与事物相区分的整个过程尚未完成。如此，这里尚还不存在自我，也就是说，自我虽然实际存在，但那不是有意识的自我。

这是一种实际存在的自我意识，是本能的，具有认识的能力，是有意识的自我意识的准备和萌芽，将会在语言中获得生命和发展。

§94 心理到精神的过渡

语言作为本能自我意识的产物，产生心理活动，从而将心理转化为

精神，转化为有意识的自我意识，于是，实施认识活动的心理变成为开展思想活动的精神。这里，“变化”这个概念包含着某些困难和矛盾，并 301
且在特殊情况下呈现出特殊的形态。创造语言的不再是实施认识的心理，但也还不是开展思想活动的精神，更不是二者的折中，而是心理向精神的过渡。也就是说，既是二者兼有又是二者皆无。这是存在于任何临界之中的矛盾，因为它既属于相邻的二者，又不是其中任何之一。

语言可被视为正在从休眠状态的心理中苏醒的精神。这里，我们看到同样的矛盾：苏醒而未醒，但已不再是睡眠。

现在，我们不妨先将此类矛盾束之高阁。它们产生于诸多专门科学，归属于形而上学的范畴。相比之下，另一种矛盾与我们的关系则较为紧密。苏醒是一种自我唤醒，然而，处于睡眠之中的生命何以唤醒自己呢？难道不是醒着才能实施唤醒吗？人类的心理必须转化为精神才可苏醒，唯有精神才是在心理中实施唤醒的力量。然而，在心理清醒之前，精神还没有形成，又何以唤醒呢？心理只有苏醒才可成为自我，而这个自我却是实施唤醒的力量。那么，本应苏醒之后才得以形成的东西似乎在苏醒之前就已经存在。另外，为什么动物的心理就不能苏醒而成为精神呢？

要解释这一切，我们不妨继续用身体休眠来类比。所苏醒的无非是睡在那里的东西，不会是另一个处于心理或者精神状态的生命。处于睡眠和苏醒状态的是同一个生命。区别在于，生命在睡眠中进入无意识，困乏的身体将压力施加于意识。身体压力越来越大使人入睡，反之，身体逐渐恢复则压力越来越小，身体获得活力使人苏醒。最终，汇聚起来的力量使得神经兴奋起来，直至压力彻底消失，这时，身体和心理再次活跃起来。人类的状况亦是如此。我们在原始人类和儿童身上看到的精 302
神特质，应该与教养成熟的人的精神无异。但是，前者仍然部分地处于身体的压迫之下，还有部分仍然没有获得完全的身体支持，来自精神的辅助尚未实现，需要逐步发展才能获得。在此意义上，我们可以说，儿童和原始人类已经具备了人类所有知识和技能的萌芽，具备了相应的素质，也就是说，他们虽然还不具备那些知识和技能，也可以通过学习而获得。

然而，我们不能说动物也具备这样的素质。它们的身体给予心理的压力始终不会减少，身体给予心理的支持也始终保持较小的状态，因为这种身体特性与动物的心理正相吻合，那种压力应该不会为动物的心理所感知，根本原因还在于动物的心理不能获得人类精神那样的辅助。因此，我们可以将人类和动物的心理差异简短表述如下：动物也有心理活动，但是人类的心理原本并不止于心理，而是睡眠中的精神，只要压力消失、力量聚集，便会变为清醒的精神。对于这个过程，我们在前文已经多有描述，后文也还会论及。

我们在上文论述了语言天赋，并且指出，动物不具备那种语言天赋，而人类则具备（因为动物和人类具有不同的心理），人类的语言天赋原本处于睡眠状态，后来破土而出。我们不知道能否反驳此说，哪怕借用赫尔巴特的形而上理论。因为，我们看到的并非一种天赋素质，而是一种产品，一种器件，需要心理凭借其非常简单的特性去创造，又为动物所无法创造，因为动物的心理不是睡眠之中的精神，不会成为苏醒的精神。动物的心理会迅速发展至最终状态，而人类的心理则是某种果实的胚胎。我们称此果实为精神。以此类推，语言可称为逐步成熟的过程。动物的
303 心理是一种心理晶体，相反，人类的心理则是一种尚未成熟但却已然存在的精神。这样，语言或者本能的自我意识就是那种精神的胚胎，那已经不仅仅是胚胎，而且已经发芽，正在成熟。语言是花粉，是种子，正在进入心理，使之受孕，催生精神。

§95 认识与语音的结合

心理从哪里获取语音？心理发展成为精神又为什么要选择借助语

音？回答是：心理并非选择了语音，并非心理为了自己而获取语音，而是语音被给予了心理，心理必然地、本能地、无意识地获取之。

心理活动需要物质支持，原本受制于感性的东西，即使在最高级、最自由的抽象中也掺杂着感性形象。因此，心理产生对自己认识的认识，就会将这些认识与语音联系在一起。那么，当心理开始自我观察的时候，怎么就会已经具备了抛开物质和感官辅助的力量？心理首次反观自己的产品，即认识，并将之物化为语音，赋之以物质性具象。语音是外在的东西，但却是源自内心的外在，是有形的东西，但却为心理所创，由心而生，所以兼具外在和内心二者的属性，因此也最适合与内心、与认识相结合，将自己与认识融为一体，并与心理相剥离，以更加牢固和稳定的形态呈现于“心灵之眼”（Seelenauge）面前，这时，认识不再依附于心理，而成为被心理认识的客体，接受观察。肉眼看东西时需要与对象保持一定的距离，同样，精神之眼观察客体也需要想象一定的外形和距离，为此，精神始终需要有形的符号，需要感性的支点。要实现这一点，就需要将内在的东西与某个外在之物联系起来。此外在之物发挥符号的功能。这样，外在符号不仅指称内在对象，同时，内在对象也可以像外在对象一样被呈现于精神面前。将精神活动的内容寄托于符号，外化于符号，这一定是心理第一次开展精神活动的方式，是心理本能所具备的， 304
否则，心理很难自发想到使用符号的方法。如此看来，符号不能是任意的，必然因其特殊属性而要求被如上那样使用。符号的存在一定是自发的，并自发地与内心之物相关联，自发地将自己和与之相联的内心之物相分离，与心理相对立。语音的运作就是如此。语音产生于胸腔，是心理对于感官刺激的反应。语音尽管是心理做出的感官反应，但似乎并不是心理的主观意愿使然。随后，由心理产出的语音又作为感性的东西为心理所感知。人因为认识而发出语音，但与语音不同，认识是有意识而为的结果。在心理机制的作用下，被感知的语音随即与认识发生直接关联。如此，语音在无意识的状态下发生。现在，不发出既成语音就无法唤起认识，而发出既成语音，哪怕只是听到语音，就必然激活与之相关联的认识，亦即语音与认识同时由内心而外化，心理活动由此得以表现。这样，语音成为认识的符号，将认识具象化为语音，以实现对认识的认识。如此被认识的认识就是想象（Vorstellung），而想象即是语音符号的意义。对认识的认识意味着将认识转化为语音，二者相互关联构成内在语言形式（innere Sprachform），相反，语音属于外在语言形式（äußere Sprachform），想象则是构成意识的要素。下面，我们要进一步阐述内在语言形式的本质。其发展是阶段性的，且每个阶段的意义各不相同。

§96 内在语言形式的内涵 (概论)

首先，我们需要在一般意义上进一步明确前文所论之认识的认识，或称内在语言形式的内涵。一个认识即是我们对某个事物的意识，其内涵并不总是涵盖该事物的全部，而只是我们对该事物的实际认识。在聋
305 人的意识中，对某事物的认识缺少所有涉及该事物声音的内容。即使我们感官健全的人，对事物的学习也是渐进的，亦即一点一点逐步了解。所以，我们的意识的内容和意义即是我们对事物的理解，仅此而已。它既不是事物的全部，也不是全面和深入探究之所见。内在语言形式，或称认识的认识，与观察和感触一样，只是意识的某种形式，不是对外部事物的意识，而是对内心的意识，对认识的意识。因此，作为内在语言形式，意识的对象是认识。此意识即是对认识的认识，或称内在语言形式，其内容和意义绝不等同于具体被认识的认识的所有内容，完全如同认识的内容不等同于相关事物的内容一样。

还有一点也很重要。众所周知，我们所有意识的内容都具有主观性，受制于我们的感知。我们说，糖是甜的，这意味着我们对糖的意识包含了我们借助味觉器官所感知到的“甜”。而至于糖本身表现给我们的

“甜”则根本不为意识所关注。我们的意识所关注的根本不是糖本身，而只对其中与自己相关的内容感兴趣，也就是说，不是糖本身，不是对糖的界定本身，是相对于意识的糖，例如甜的、白色的、有硬度的，只有这些是糖的内涵。这是意识的方式，也是内在语言形式的方式：意识的内涵不是其所认识的事物本身的内容，而是该认识相对于意识、凸显给意识的内容。如此看来，如果说我们对客观事物的认识和意识全部都是主观的，那么，内在语言形式，即认识的认识，就具有双重的主观性，因为，认识是主观的，而对此认识的意识则需再次主观思考才可获得。

人类认识事物的主观性基于事物与人类感知的关系，那么，作为内 306
在语言形式，对认识的意识的主观性又从何而来？它源自于认识和语音的联系。事物呈现给我们意识的，就是作用于我们感官的；同理，认识呈现给内在语言形式的，就是认识与语音相互联系方式的内涵。因此，该联系方式的内涵就是内在语言形式的内涵。内在语言形式主要经历了三个发展阶段。

(c) 语言内在形式的发展阶段

语言是语音和认识的结合，而认识通过这一过程演变为想象，亦即认识经过与语音结合，在语言描述中不再是认识，转而成为想象。关于认识和想象的区别且容后文再议。但是，语音和认识的结合是天然的、必然的，这说明二者之间天然地存在某种亲缘关系，否则结合无法实现。此亲缘关系不仅在于它们起源的同时性，而且存在真正的生成关系。认识反射到身体，并产生语音，这样，认识是因，语音是果，认识是语音的生成者。所以，认识和语音相结合的基础是二者之间的某种亲缘性和一致性，它们是内在语言形式的内涵。语音和认识的亲缘性和一致性并非一成不变，而是体现着语言内在形式和本能自觉意识发展的阶段性，因此，随着自觉意识不断增强，其思想性不断丰富，形式和形态不断明显。

307 α. 病理阶段

§97 感受的反射——感叹

一种令人不适的感受引发痛苦的喊叫，一种令人愉悦的感受引发兴奋的叫声，但这还不是真正的语言。因为，感受和发声虽然相互结合，而且感受在发声中得到表达，其中可能也包含着意图和愿望，另一个人可以从所发出的声音中判断出相关的感受，但这应该算是表达感受的语言，是动物的语言。要成为人类语言，这里所缺乏的正是语言的内在形式，即对感受的认识。内在语言形式总是包含着语音和意义之间的某种关系，但这里没有这种关系，发声和感受之间直接等同，发声不是用作表达内心的符号，只是一种外在现象。发声、呻吟、哀叹等不是表达痛苦的符号，而是痛苦的反应，是痛苦本身。痉挛令人痛苦不已，浑身抽搐。这时，我们不认为抽搐是痉挛的符号，相反，抽搐就是痉挛。面部通红、两眼发光、颞静脉鼓胀、鼻孔喘出粗气，等等，这些都不是表达发怒的符号，而是发怒的实现，同样，发笑、叹息、啜泣等也只是相关感受的实现。它们都不是符号。符号准确的称谓应该是“表现”（Schein）。在哲学中，“表现”就是内在现实的外现。演员的面部表情不是其内心感受的表达，而是表达内心感受的符号，演员采用了相关的表现，并将之呈现出来。我们这里所论述的是纯粹的病理现象和生理过程。

所有这些广义的感受表现本质上都还不是语言，但是，如果对感受进行区分就可以非常清楚地发现，它们已经很接近语言。一些感受基本源自于身体，一些感受则基本源自于精神。身体受到打击或撞击，引发痛感，就会喊出声，这时，打击和喊声之间的传导纯粹是身体的、机械的，通过中枢器官，对心理的影响不是显而易见，这时，内伤之痛或外伤之痛都无关紧要，只要精神不起作用，就不会有语言。但是，也有的感受是由精神到身体，相比较纯粹的身体感受，这种感受对身体的影响一般较小，身体的表现也较弱、较轻。不可否认，心理痛苦经常给身体带来惊人的不适，使之产生强烈的表现，但是，因此发出的声音无论多么轻弱，也会被语言接受为感叹。最后，还有的感受与愉悦和痛苦等情绪没有或少有关系，例如惊讶、优越感、讥讽等，它们主要是造成语言中的感叹，而感叹尚还不是话语成分。它们需要跨越一个阶段才能进入语言。就其被使用的情形而言，粗人多于文人，南方民族多于北方民族。 308

纯粹的身体感受及其病理性声音表现不包含内在语言形式的因素，因为感受和声音之间只是一种生理因果机制，同时，心理痛苦和心理愉悦的意涵和表现也只是通过一种自然纽带而相互联系，但上述最后一种感受的内涵比痛苦和愉悦更为确定，已经包含着语言内在形式的因素，接近语言内在形式，是语言内在形式的雏形。痒痒或笑话与发笑、想到损失与叹息，其间没有明显的关联，不存在内在语言形式。因惊讶而喊出 ah（啊！），人们可以感到其间的关联：心理因看到某种意外的东西而被触动。当前的认识与之前存储于大脑的认识无法关联，于是，“库存”未被触动，当前新认识必须独自进入意识，并在其中立足。意识的突然 309
变化给心理造成负担，进而也影响身体，呼吸紧促，呼吸道紧张，声带也紧张起来，于是发出一声 a。这是一个纯粹的音，有力、原始、无意，其中很少语言因素。a 是一个嗓音，仅此而已。相反，表示轻蔑的感叹 pah！（呸！）内涵则丰富得多，人们用它表示对相关事物的重视程度不过相当于吐出去的空气。这一思想就是该感叹词的内在语言形式，体现出意义及其语音形式之间的联系。——Eh, laß mich doch in Ruhe!（喂！让我安静会儿！）这里，呼出的音就像是推人一把的手。

总之，这些感叹词已经把我们带入了所谓的“拟声”阶段。我们认为这其中蕴含着最原始的语言冲动和语言最基本词汇的根源。有人对此持否认态度，令人费解。——还有人彻底否认人所发出的声音与意义之间的一切内在关联，认为所有联系都是偶然的，毫无理据，都只是“有机体自由性的表现”。但我们要警告大家不要随意曲解。柏拉图以降，人们总是认为拟声是对所认识对象的模仿，这未必符合事实。音和事物之间根本没有直接关系，拟声只是基于语音和认识之间的相似性，由此间接与事物相关。不仅如此，语音和认识之间也只是间接关系，语音只是对认识之认识的模仿，亦即，从认识的所有特征或元素中抽取特定的特征或元素，并在意识中将之界定为该认识的语言内在形式。因为，如上所述，对认识 A 的认识并非涉及整个认识 A，而只是其中被关注到的部分，只有该部分被投入语音，或者与语音相结合，成为该认识被语言内在形式所认可的部分。该部分与认识相联系，因此，通过认识之认识或者内在语言形式，间接地将认识转变为意义，并与语音联系起来。

310 ## §98 语言的狭义定义

我想，在诸如 pah（呸！）等感叹词之类的拟声词中，可以清楚地区分语言的三种因素，或称语言的三种基本元素：(1) 对事物的认识和感叹词表达意义的价值（例如 pah 的意思大概是“这毫无价值，对我不重要”）；(2) 语音（例如特定的双唇音 + 短音 a）；(3) 内在语言形式，即连接语音和意义的纽带，亦即意识从已经获得的认识中提取的特征（“我认为这个事物的价值相当于呼出的空气”）。那么，认识是诸多感知的结晶，意识从中提取哪个特征呢？为什么已经获得的认识不是整体性被认识，而只是部分？对此，我们下面展开论述。

对行为的想象直接作用于引发这些行为的相关神经，我认为这没有什么神秘性可言。因为，什么是意图、意愿？难道不就是想象中的某个行为或者对某个行为的想象吗？精神和身体存在内在关系，身体优先实施精神所想的事情，这种现象不言自明，但是，与之相反的现象需要在概念上给予澄清，即人们想得多，做得少，其根源在于精神的自主性。另外，中枢器官对感受做出反应，并传输到相关的运动神经，继而引发动作，这也不足为奇。但是，认识引发动作，并且与相关认识的实现毫无关系，这是语言常态——因为发声和分节发音并非实施所认识的事情或动作——原因何在呢？因为我们的认识总是与感受相伴随。这不奇怪，因为认识不仅在心理上与感受存在千丝万缕的关联，而且也以感知为基础，而感知总是伴随着特定而有限的感受。伴随认识的感受就是语 311
言中的创造性因素，因为只有它才催动发音和声音分节器官。在原始语言中，在语言的拟声阶段，真正实施发音的是感受。相比较一般性愉悦和痛苦，拟声所表达的感受非常明确，因为这是一种非常特殊的、基于特定联想和特定感知的感受，其作用的方式也因此更为细腻和有限，不仅影响呼吸，而且影响具体器官，进而，所发出的声音也不再是缺乏明确性的呻吟、啜泣、笑声等，而是有分节的音。这种明确的发音是某个认识的反射动作，不再那么难以言状，而是不同情绪和感受作用下的各种面部表情，越有教养表情越丰富，但都是发自于同一个面部神经的病理反射。

上述的首要目的是进一步完善我们对语言的定义。如果将语言视为一种病理反射，则意味着我们已经认识到了语言属于何种生理现象，明确了语言的上位概念。但这只是完成了定义的一半。我们还需要专门的特征，而且已经找到了：语言是一种专门针对抽象认识的病理反射，通过某些特定的、以各种方式与认识相联系的感受而得以实现。

§99 拟声阶段内在语言形式的内涵

意识对认识进行认识，同时感知到反射的语音，由此，不仅语音和意识中的认识发生联系，而且认识也获得了自身被语音所表达的意义。意识从认识的所有内容中只抓取当前感知中语音所激活并凸显出的那部
312 分。精神自问从整个认识、从这组感知获得了什么，相关语音回答当前被认识的认识是什么，这样，该认识的其他特征被排除于意识之外，被抓取的特征则成为整个认识的化身。因此，认识之认识、内在语言形式和通过反射所生成的拟声语音具有共同的价值和内涵。例如“吃饭”这个行为或者对这个行为的认识，无论其所包含的特征多么丰富，在词根pā、bibo和pappen中，认识之认识、内在语言形式的内涵只涉及双唇发音所暗示的双唇动作。从德语词plump（粗笨的）仍然可以完整看到感叹词plumps!（扑通！）和plautz!（砰！）。经过意识对“砰然落下”这个认识的再认识，形成该认识的内在语言形式，这时，无论对plumpen（砰然落下）的认识中包含多少特征，意识只从中抓取了“重重摔落后矮粗、笨重地摊开在地”这个特征，亦即从相关分节发音所感知到的内容。

有些认识产生某种声音感，主要反映这种声音，这不难想象，也是拟声词大量存在的根源。可以说，反射语音和认识之间存在某种相似性，这是拟声的本质。但是，相似性并非模仿的结果，而是一种语音反射，因为模仿总是需要一定的意图为前提，这时，语言器官就像一面镜子或视网膜，对作用于自身的刺激进行反射。

相比较与特定声音感相联系的认识，另一些认识的拟声性不十分明显，原因有三。首先因为元素的相似性，其次因为声音感知最为强烈、最具刺激性，第三个原因较为复杂。人们还记得，我们前文把反射动作分为两大类，一种是对所认识动作的直接实施，另一种发自于某种感受
313 或感觉，但又与之没有明显共性。语言就属于第二类。应该看到，表达有声音感的认识的词两种类型兼有。因为，这里在认识的基础上产生一个动作，并且二者原本相互无关，但是另一方面，声音感在某种程度上

进入意识，被无意识模仿，例如当看到别人打哈欠、击剑等的情形。

人们还可以深入细分拟声，但那不是本书要解决的问题。

β. 典型化阶段

§ 100

在此阶段，本能性自我意识、内在语言形式更为明显，内涵更为丰富，是词源因素的根本所在。这时，词对认识的表达方式是说明认识的一个典型特征。大多数名词即是如此。名词通过说明行为和特性来表达事物的内涵。这方面例子比比皆是。其实还有动词和形容词亦属于此。例如希腊语 φιλείν（吻）、哥特语 frijôn（amare= 爱）所说明的就是“令人愉悦的爱的行为”（梵语 prî= 使愉悦），难道不是吗？德语 Freund（朋友）的意思是“某人，与他在一起会快乐”，同样，亚美尼亚语 pari 所表达的“好的”的特性是“令人快乐”，或者已经带有双重含义，即“受人喜爱的”。这方面例子也很多。

要把此阶段与上一阶段清楚分开并非易事，实际上也不现实，因为其中存在许多过渡，向我们展示进入这一较高级阶段的情形。用一个反射音表示对某个动物的认识，例如 miau（汉语中的猫叫），wiehern（德语中的马嘶）（梵语 hrêsch= 马），这里，一个认识虽然包含许多特征，但只用其中非常显著、极具特性的一个特征来称谓。这样，拟声阶段的原则彰显无遗。只不过，在此较高级阶段不再使用原始的反射音，而已经使 314
用基于反射音的词根。

在此阶段，内在语言形式的内涵，亦即意识中认识之认识的内容，显而易见，那就是用来称谓的那个特征。词源向我们揭示内在语言形式的含义，解释本能自我意识的内容。希腊人由 γυνή（女人）（英国人由 Queen［皇后］）而想到“生育者”，我们由德语 Sohn（儿子）而想到“被生出来者”，由拉丁语 filius（儿子）而想到“吸母乳者”，由德语 Wolf（狼）而想到“能撕咬东西者”，由 Maus（老鼠）而想到“小偷”，等等，例子还有许多，但问题已然清楚，无须赘述。

§ 101 内在语言形式的第三阶段

其实并没有所谓词汇创造的第三种方式，但要承认内在语言形式、本能自我意识有第三个阶段。在此阶段虽然没有增加什么新鲜的内容，但旧内容的表现却有所不同。这个阶段对应某个历史时期，语音和客观认识或意义直接结合，例如痒痒和笑、鼻腔黏膜刺激和打喷嚏等纯粹因某种感受而引发的机械性反射动作。语言因素这种直接结合的根源是，内在语言形式从意识中消失了，就像我们当今的情形。感受引发反射，两种因素的结合发生于生理机制之中，而到了某个历史时期，意义和语音的结合则是纯粹的心理机制，体现联想原则。现在，内在语言形式只是语音和意义的结合点，没有内涵和外延，本能自我意识也不存在了，被真正的自我意识所取代，或者此刻的自我意识至少比本能自我意识内涵更为丰富。例如，我们从“狼”“老鼠”“女人”等词认识到许多关系，而且对于我们而言，这些关系比词本身所包含的关系更为重要。渐渐地，词本身所反映的关系不断退隐，最终成为意识所接受的关系。这一点还需要进一步阐明。

315 (d) 告知、理解和儿童语言习得

§ 102

人们以前误解了语言的本质和起源，最根本的原因，或者对语言最严重的误解，是认为语言只是一种告知，其实，语言最本质、最基本的

功能是自我意识的表白，亦即告知说者自己，首先是说者对自己、给自己的一种描述和理解，然后才针对听者。

这里无意对过去的观点提出批评。我曾经比较分析过赫尔德（Herder）和哈曼（Haman）的观点，指出他们自我矛盾和相互矛盾的方面。现在我想借鉴赫尔巴特关于语言起源的论述。他的观点虽然很不充分，但足可以告诫那些准备放弃语言学研究的心理学家们。① 下面对赫尔巴特思想的论述，不仅阐述我们的观点，而且表达对这位最伟大的心理学家、科学心理学真正的奠基者的崇高敬意。赫尔巴特的论述偶有不当之处，乃历史局限，情有可原。毕竟，威廉·冯·洪堡特大作出版时，赫尔巴特已至暮年。

“语言的神奇之处何在？”这是赫尔巴特很无奈地提出的问题（《心理学》130 页，《全集》第 6 卷 217 页）。在人们大谈特谈语言的“神奇性”时，他持反对态度，认为“用词过重”，言过其实。他这样解释语言的神奇：“从概念上讲，如果语言是通过任意符号有目的地表达思想，则不可能出现最初的语言表达，因为，任意性符号需要事先商定，否则，就不可理解，最多可以猜测，但说者不能指望听者去猜测。因此，语言 316
要求预先约定，而约定又需要语言。这是个循环。正确的路径（赫尔巴特路径）是，摒弃荒唐的想法，采用相反的思路。最初的告知行为或者是无意而为之，或者不是使用任意性符号，所使用的不是语言。虽然人们能够相互理解，也相信能被理解，但理解的依据是和谐的、符合双方共同思想的行为。人们在共同的环境中拥有共同的需要，容易达成和谐。模仿自然的发音，或者共同行为时的偶然性表达，在相同的情况下会被重复使用，唤起大家共同的思想，包含着双方对类似共同行为的期

① 心理学家是否也会责怪语言学家，嫌他们没有尽到应尽的责任，助力心理学的发展？如果他们真要如此作为，我们必须虚心聆听。

待，无需任何问题和怀疑。”（不愧为伟大的思想家，但下面的论述值得商榷。）“一个人怎么理解另一个人？怎么判断理解或者误解？对此，人们不去问，也未提出质疑。”（但我们要问，要质疑。）“大家的期待和关注点所针对的就是行为本身，无需揣摩对方在想什么。如果对方的行为不符合期待，则需要在相关语音的使用上费更大的周折。”难道只要大声对我喊，我就能听懂一门陌生的语言吗？！其实，这涉及民族态度，因为，有误解、达不成理解，就会有争吵，就会大打出手。——巴比伦塔无法建成。赫尔巴特说，理解“就需要说话具有目的性”。但目的性告知更难以理解！出于对这位伟大思想家的崇敬，我们略去其后续论述不提。

我们上文论及两种相反的路径，说明语言的源头不是告知，而是自我意识。人们告知对方信息的需要永远不会催生语言，而是个体精神发
317 展催生了语言。结果，不仅语言是无意间形成的，而且也是无意间成为了告知的工具。

语言本身是说话者对自己所获认识的表达，而人生活在社会中，漫长的儿童期必须经历社会，使得社会成为人后来的生活必不可少的因素。因此，人的思想始终离不开社会，而思想对于原始人而言就是说话。因此，人与别人共同存在，与别人说话，同时，人的存在就是思想，人的思想就是说话，所以，共同存在就是相互交谈。esse（存在）或者 vivere（生活）=cogitare（思想），cogitare=loqui（交谈），因此，vivere（生活）=loqui（交谈），同时，convivium（晚餐）=colloquium（交流）。赫尔巴特只想到共同劳动，果真如此，我认为，人类就不会创造出语言，而会如同蜜蜂和蚂蚁一样。人类不是劳动型动物。人们一起吃喝，共同休息，共同从自身和自然寻找快乐，共同思想，互诉衷肠。点燃语言之火的不是劳动，不是基本需求，而是欢乐和痛苦，是兄弟姐妹亲情，是“神的火花”。心脏跳动，情感波动，都期望获得一定的形态和形式，终于，人类在原始时代发出了明确的、有分节的语音。时至今日，依然有贝多芬

的交响曲喜欢使用语言表达。[①]

人们共同生产的东西怎么可能不被理解？理解先于告知，告知就是存在，就是生活。一个人所想，也为另一个人所想，一个人所说，也为另一个人所说，这就是所谓同感。在医院里，满屋子病人，大家看到有一个人在痉挛，随后都痉挛起来。圣维特斯舞，塔兰台拉舞[②]，酒徒们和革命者们的狂热，恐怖分子嗜杀成性，冲锋的战士们奋勇向前，等等，这一切都说明了同感的作用。人们受同感怂恿，忘却了自己的意愿，甚至违反自己的意愿，从众而起。但是，重复和模仿也是一种理解。

我们今天仍然经常看到人们欢呼雀跃的场景，人声鼎沸，满目光彩，手舞足蹈，好不热闹，这时，人人都在说话，全然原始人说话的场面。318
正所谓“众人众口”（Quot membra tot linguae）。随着精神的发展，想象不断明确清晰，感受则不断冷静。有声语言不断占据上风，身体表达则不断退居其次——也越来越没有必要。

这里我们又一次看到，语言同时属于上述两类反射动作，亦即也属于无意识的模仿。自我表达和被人理解就是社交活动，极大地促进了语言和说话者自身的发展。面对他人就需要思考和说话，而独处则昏昏欲睡或者苦思冥想。社交活动是思想发展的必要条件，所以，也是语言的必要条件。语言在社会中发展，所以，是人类共同的、相互影响的同感作品，这样，语言本身就蕴含着理解。

一切理解都以同感为基础，因为，有同感才有理解，同感消失则理解不存。两派争吵，唇枪舌剑，你来我往，不欢而散：你们不理解我们！

---

① “神的火花”出自席勒《欢乐颂》（*An die Freude*，1785），意指天赐灵感，鼓舞着人类。1819—1824年间，贝多芬创作第九交响曲（*Symphony No. 9, Op. 125*），终曲乐章选用席勒所作诗歌《欢乐颂》。——译者

② 圣维特斯舞，指欧洲中世纪的舞蹈瘟疫。这是一种群体性癫狂，患者疯狂跳舞而无法停止，这种跳舞病又称塔兰台拉舞蹈症。——译者

人们经常不被朋友理解，无论自己表达多么清楚，因为某个想象与另一个想象之间的联想得不到朋友的同感。

当今的儿童与原始人类一样，在社会生活中学习思考，掌握语言，同时，其思想也通过语言接受外部影响。

2. 语言对思想的影响

(a) 想象的普遍本质

我们了解了语言的产生及其建构性因素，得知这些因素共同作用成就了语言的存在和活动。现在的问题是，精神发展从语言获得了什么？如上所述，语言的发展是意识发展的一个阶段，而意识具有建构性。我
319 们把此阶段细分为三。其中，语言形成阶段有意识相伴随，而在内在语言形式发展的第三阶段意识又不复存在了。

§103 想象的本质

认识是语言产生的根源，语言的萌芽源自于认识。如上所述，认识是由许多感知组成的一种复合体，但不是统一体。统一体只有在语言中才得建立，通过语言，认识成为想象。通过内在语言形式得以把握、活跃于意识的认识就是想象。所以，想象就是认识和内在语言形式的统一。内在语言形式与语音相结合，甚至在某种程度上完全存在于语音，与语音结合构成统一体，因此，我们必须把内在语言形式替换为表达，也就是词。词是内在语言形式或者本能自我意识所含思想的统一体。语音是认识之认识的支架，因此也可以说，词是认识之认识和语音的统一体，而认识是词及其所表达的认识所构成的统一体，或者说，是经由词思考过的认识。

在意识里，认识被内在语言形式取而代之，意识脱离了与认识的直接关系，但仍需与之间接相关，亦即与词直接相关，而词是认识的代表。这种认识就是想象。

那么，认识起初是诸多感知的集合，是怎么成为了一个真正的单位？事物的范畴是怎么产生的？对此，我们虽然还不能完全理解，但已经获得了重要的认识。通过认识之认识，一种因素得以形成，并成为所有因素的集合，这就是词，语言用之称谓整个认识。然后，如此形成的词为意识所接受，并取代了认识。这样，词便汇集了相关因素，成为一个统一体，可以说，构词就像搭建金字塔或者椎体，其根基就是认识所 320
涵盖的诸多感知。它们共同指向塔尖，构成词。

§ 104 词——事物本体之义

词将事物作为由诸多感知聚合而成的整体来称谓，其中，个别特征时有变化，但整体的内核保持稳定，如此，词获得了关于事物本体的意义。例如人所认识的“狼”，就是一个由诸多特定感知以特定方式联系而成的特定的复合体。内在语言形式，即本能的自我意识，从某个显著特征把握之，例如对狼“撕咬”特性的认识。因此，“狼”在意识中被想象为“撕咬猎物的猛兽”，以此形成对该认识复合体的统一认识，这样，“撕咬”就成为“狼”的标签，指称“狼”本体。对每一匹狼的每一次具体认识不总是完全如此，有时浅灰，有时深灰，大小、年龄、发怒的样子、力量的大小，都变化多端，但是，每一次认识都是诸多感知的复合体，都包含“撕咬”这个特征。词是一个单位，一个联系诸感知的纽带。这似乎要求我们把相关感知以词的形式联合起来。这样，词是对事物本体的称谓。其实，最朴素的民族意识和神秘主义说教都坚信事物的本质和生命就存在于词，从而使词具有巫术的魔力。

§105 词——普遍和类型

关于某一事物的认识的复合体演变为想象整体，且复合体的大小和结构都体现该事物的特点，这是意识的巨大收获和进步，因为整体性开启了普遍性。而一个具有普遍性的感性认识本身还是一种矛盾。想象是
321 意识通过词所生成的最初的普遍性产物，词永远具有普遍性。因为词的内涵，即认识之认识，不属于任何单个具体认识，而是出现于同类型的所有认识中，如上所述，并不是因某一具体的简单认识而形成，而是经当前认识和所有既往同类型认识整合而成，然后比较模糊地存于记忆，再由当前认识激活。通过认识之认识，或者说通过词，不仅一个认识复合体成为一个统一体，而且所有类似单位（亦即针对相同事物、为本能自我意识所认识的所有认识）组成一个类型。例如人对“狼”有多种认识，但都被统于“撕咬”这一认识之下，形成统一的想象，也就是说，关于“狼”只有一种想象，且具有普遍性。词所称谓的是类型。

我们目前对问题还不能进一步深究。上述说明，精神在语言中创造了一个关于事物本体的世界和关于一个普遍性的世界，由此，精神获得了一个真正的、新的器官，且应用最为广泛，因其为精神所创，所以没有感性负担。我们描述了该器官的本质和价值，至于其功能还有待于观察其发挥功能的方式，但是，语言功能的形成非常独特，涉及语言要素的分布、组织和结构。下面，我们首先就此展开论述，以便为深入开展语法研究做准备。

322 (b) 想象的本质和发展

如上所述，语言的发展和思想的发展同步。我们想要说明，思想从语言收获了什么，思想通过语言的发展在形式和明确性方面获得了什么。

语言被视为本能的自我意识，是思想发展的一个阶段。在此阶段，思想发展和语言发展重合。另外，从时间节点看，无论原始人类还是儿童，精神发展都经历一个时期，此间，意识成为本能的自我意识，其本质就是思想发展形成语言。在此时期，意识所要完成的任务，就是将所有已经获得的认识逐渐通过词转变为想象。从而，语言获得了一个新的定义：语言即是认识转变为想象的精神过程。这样，精神不断观照所有已经获得的认识，并将每一个认识升华为本能的自我意识，使认识成为想象。

§ 107 材料和形式

上述转变绝非一蹴而就，其中包含着一些形式化的元素。我们之前的观察聚焦于思想内容的材料，亦即，认识是思想所要加工的材料，但还不具备思想所需的形式。按照某种哲学观点，所有形式都是精神的产物。认识本身本质上已经是一种思想形式，因为只有感知和感受才真正是思想的材料。认识被视为诸多特定感知的总和，例如“黄金”和“白银”是由诸多视觉、触觉和听觉感知所组成的两个特定的合成体，这意 323
味着，合成的特定方式就是精神赋予相关感知的一种形式。不仅被合成的感知是特定的，而且合成的方式也是特定的，我们把“黄色”与特定的声响和质量等总括为“黄金”，把“白色”与特定的声响和质量总括为“白银”，这就是精神所实施的一种形式化活动，就像空间几何形式。其实，所有这些形式在认识中已经出现，根本上基于客体本身。客体要求精神以特定的形式理解感知。因此，所谓形式是客体的形式，并非对客体进行理解的形式和思想的形式，或者说，是材料的形式，并非形式化的形式，是对材料的界定，对所思对象的界定，并非对思想活动的界定。

只有通过认识，通过自我意识，并且起初仅仅通过本能自我意识，才会实现思想的形式界定，因为只有这时，思想才成为纯粹主动性行为，而在感知阶段却只是接受和承受。随着认识，思想开始在自己的领域自觉主动发展，开始以自己独特的方式处理通过感官从外部世界所获得的认识。此刻，语言开始发生。

§108 称谓作为句子最初的形式

我们不妨设想一下原始人类和儿童的精神状态。对于他们而言，一切都是新的，他们的感官也十分稚嫩，仅从感知就可以获得快乐，任意肢体运动都可以带来快感，不仅发现并理解新的事物，而且重新经历已经见过的事物也都永远兴致勃勃，也就是说，对事物的称谓充满快乐。“这是 x”和“这是什么？”这些都涉及相关思想活动的一般性范畴，但真正表现为语言的则是“狗！”（或者“汪汪！”）和“牛！”之类的感叹句。我们在认识一个事物并感到激动时也会使用类似的感叹句，无论令人愉悦还是令人不快皆如此，因为它们是我们乍一下无法认识或者始料
324 未及的事物，例如“着火啦！”“到岸啦！”“敌人！”“国王！”“卡尔！”，等等。这种句子可称为“识别句”(Erkennungssatz)。这里的心理活动很简单。在当前认识中，所有已经发生、并存储在精神中的同类认识相互交融，相拥而出，而且，当前认识与既有认识也相互交融。该交融过程就是识别，新的认识被纳入既有认识的存储库中，并与之联系起来，共同出现，并将自己的名字转用于既有认识，如此完成识别。这样，词就像精神撒出的一张网，随时捕获新的认识。

因此，称谓新事物就是语言的发端，除此之外，不可想象。贝克尔认为语言的开端是动词，这其实是误解了语言的本质，也误解了语言的发展。特伦德伦伯格（第二卷 164 页）认为语言的开端既非名词也非动词，但却说：“语言的第一批词应该包含一种完整的揭示精神发展的思想。只有动词可以实施‘综合行为’，因而具备‘语法化的功能’……因此，语言的开端应该是动词。”但实际上这时还根本谈不上“语法化功能”。特伦德伦伯格补充道：“以语言的称谓为基础，并且将对事物的既成

称谓视为第一批词，这未免过于肤浅。”这一批评适用于旧派语法学家，但不适合于我们上面的论述，因为所涉及的并非对“事物的既成称谓”，而是一种认识。另外，人为什么要称谓呢？因此，我们赞同特伦德伦伯格下面的观点：“即使儿童的语言发展也并非如上所述。儿童的第一批词都涉及名称吗？词单独出现，但它们已经是句子。儿童非常娴熟地说出 325
单个词来代表整个句子，这些词到了结构化阶段就会成为整句的主要概念，承载主重音……语言判断中缺少的部分可由意涵丰富的重音和语调以及生动的肢体动作获得补充。表示惊愕的语调即是对相关现实的判断（即上文所谓‘识别句’），表示急迫的语调即是提出某种要求。”与上述感叹句和识别句相关的经常是祈使句。说出的词如果是感叹句的谓语，当前认识是未被说出的主语，则在识别句是宾语，例如“面包！”“苹果！”（=“我想要”“给我”）。在这两种情况下，动词都未被说出。语言发展的开始即是句子，但却是无动词的句子。这时，综合并不缺位，那是语言的本质。这里，新的认识体现出某种双重的综合，即与既有认识的综合和与词的综合。对于我们而言，新认识与所有既有认识的融合是系词，但这时在语法上、在语言里还没有系词，因此也没有动词。

“很少有名词的原始内涵中不包含行为，即判断的元素。”我们现在对此说有何感想？根据上述关于内在语言形式的论述，此论所述事实已经清楚。名词所蕴含的行为不是动词，而是形容词，即特征词。特征充当定语，由此，本能自我意识将认识理解、想象为一个整体。我们所认识的从来不是事物本身，同样，语言也没有真正的、原始的表事物的词（Dingwort）。一个事物由其诸多特征的复合体来表示，同样，语言也只有特征词。对于我们而言，特征复合体就是事物，因此，从中提取特征之一就可以表示相关事物，例如“撕咬者”表示“狼”。“撕咬者”本身是一个特征，但在语言表达和使用中却是一个名词。这就是特伦德伦伯格所谓之“原始判断”。

326 在人们用“撕咬者”表示“狼”之前，必然有个词表示“撕咬”行为。我们上述已经说明，内在语言形式以这种方式构成“狼”的阶段绝非第一阶段。下面，我们还需要说明精神如何理解行为。

§109 显性句

这时，想象还处于发展的初期，还只是一种认识，其特征与想象的某个核心特征相联系。这里不仅还没有语法上的动词和名词，而且，事物、行为或者特征也还没有相互区分。有一个特征从特征复合体中脱颖而出，但还没有完全脱离复合体。它是核心，或如上所述是椎体的顶尖，因此，既包含自己也包含相关认识的所有特征。在此认识中，精神所作出的判断是：所感知到的客体是我对该客体诸多感知的复合。在想象中，只有一点发生了变化，即不是对某事物的所有感知，而是简化为其中之一，并反射为一个语音，与该语音相结合。这是一种认识性判断，其性质和本质还没有发生变化，只是表达形式发生了变化，变成为简化的方式。一个特征代表所有特征，表示对特定事物的认识，这样，想象开始形成，但还不构成关于相关事物的含义。随着想象的形成，事物与其行为和特征相互分离。那么，这是怎么发生的呢？

人们可能已经看到，对事物的认识中有一个特征脱颖而出，代表所有特征进入意识，构成想象，(某种程度上就像某一集体的代表)。可以想
327 象，精神需要弄清楚被代表的都是哪些特征。其实，外部世界也向精神提出各种要求。

对特定事物的认识包含多次针对该事物的当前的、感性的感知，每次感知都不尽相同，而是有的特征有时不出现，有时又由其他特征替换出现。儿童看见马卧着，又站起来，然后开步走，这是三个认识，既相同，又不同。我认为，儿童这时正处于我们这里所描写的阶段。对他而言，认识凸显为某一个特征，在他的意识和想象里，“汪汪”就代表

“狗”。此“汪汪”既不是名词，也不是动词，既不表示东西，也不表示行为，而表示整个“狗”及其所作所为，表示儿童对“狗”的所有认知，亦即儿童对“狗”的所有认识的集合。在儿童眼里，“汪汪”卧着、起来、走开，时而白色，时而黑色，因为儿童起初并不知道黑的与白的不是一条狗。儿童有时也看到一群“汪汪”，黑的和白的，大的和小的。所有相关认识都针对他的“汪汪”。这里，不同之中已经包含着相同，“汪汪”已经成为一个稳定的点，一个单位，各种相关感知都汇聚于此。这样，“汪汪”成为主语，不同的特征交替成为谓语。如果被感知到的特征在此认识阶段充当现实客体的谓语，而客体充当主语，那么相对而言，认识的第一阶段只有一点不同：对某一事物的所有感知都是同一个谓语，例如“狗”都是“汪汪”。现在我们看到，在认识的第二阶段，“汪汪”成为所有不同特征的主语，不同的特征交替成为谓语。这时，“汪汪”表示“狗”这种东西或实体的意思，同时，东西与其行为和特性相分离。现在，引发儿童兴趣的，就是这些各不相同的行为和特性，并且被反射为语音。原始人类比儿童强健，有能力创造这样的语音，儿童则需要模 328
仿才能习得这样的语音。

这是我们想象的表示物品、特性和行为的词被创造的过程，我们上面关于内在语言形式的论述就涉及该创造的情形。另外，还有绝对行为也被感知，也就是没有主体的行为，例如 blitzen（闪电）、donnern（打雷）、heulen（动物哀叫）、fließen（流淌）、leuchten（发光），等等。这些现象被称谓，并形成相应的词，其情形如我们上面所述。如果认为名词并非语言的第一批词，因为它们的基础其实是特征词，那么，这也适用于表行为的词，因为其基础也是特征词。对于这个阶段的观察而言，行为和东西完全一样，都作用于精神，并被反射为语音。同样，行为也有许多特征，最终由其中之一为代表，表示该行为。因此，语言的第一批词是表示特征的词，如果需要一个语法术语，那就是副词（adverbia）。

认识体现为诸多感知的复合体，内部没有分别，而想象则对事物和特征做出区分，这是认识和想象最主要的区别。但是，这时主要是要表达认识，亦即事物和特征的复合体，为此，方法只有一种：将关于事物和特征的诸多具体想象组合到一个判断中。因此，想象只能存在于句子。而作为孤立的词，想象从一个认识所包含的感知复合中脱离出来，只表达一种感知，这样的词是死的抽象词，就像生命有机体身上坏死的肢体。想象的本质在于句子，句子是对想象的判断。我们提出“语言是认识之认识”的观点，只有在句子中才能明白其中的含义。因为，句子的主语是被认识的认识，而谓语则是认识之认识的结果，是从被认识的认识中所看到的，也是对被认识的认识的再认识和想象。严格而言，句子是对
329 想象的想象。因为词已经在表达想象，是对认识的认识和判断。与此不同，句子与词的关系类似于词与认识的关系，也就是说，如果词表达想象，则句子是对想象的想象。其中，主语表达想象，并在与谓语的依附关系中获得理解，同样，定语是关于名词的想象，宾语则是关于行为的想象。康德在晚年说道（《纯粹理性批判》中关于逻辑理性实践的论述，哈尔滕施泰因（Hartenstein）编，1853 年，99 页）：“想象不能直接针对对象，只能针对认识，因此，概念永远不能直接涉及对象，只能涉及关于该对象的另一个想象（此想象是一个认识或者已经是概念）。因此，判断是对对象的间接认识，因此也是对关于该对象的某个想象的想象。在每一个判断中都有一个适用于许多概念的概念，同时，在此许多概念中也有一个特定的想象直接指涉对象，例如在 alle Körper sind teilbar（所有物体都是可分解的）这个德语判断中，‘可分解’这个概念涉及许多别的概念。在这些概念中，‘可分解’此刻特别涉及‘物体’这个概念，而‘物体’又涉及某些我们曾经经历过的现象。这样，诸多相关对象通过‘可分解’这个概念得以间接想象。”

在此问题上，康德的观点与我们相似，但也存在分歧。康德认为，

"思想就是通过概念获得认识"，而理解是一种特殊的"判断能力"，概念就是"某种判断的谓语"。此论非常片面，充满任意性。相反，特伦德伦伯格认为概念是判断的主语。概念既可以充当主语也可以充当谓语，而且无论如何都恰好针对一个对象。——另外，理解并非一种特殊的能力，判断并非特殊能力的特殊行为，思想也并非只是通过概念（亦即判断）而获得认识。——与我们一样，康德也区分认识和概念，但是，他认为 330
想象是对二者的普遍性表达，涵盖二者，从属于二者。

我们认为，想象是一种临界性心理感受，介于认识和概念两个阶段之间。判断是思想活动的形式，形态多样，存在于所有三个阶段。在不同的阶段，判断分别表现为认识之认识（词）、想象之想象（句子）和概念之概念（逻辑判断）。

句子和判断并非由两个想象或概念组合而成，相反，第一个成分是一个认识，即一个统一体，判断就是对该统一体进行分析。一个认识或概念有许多因素，即特征，其中之一脱颖而出，被视为谓语，而且是唯一可能的谓语，仅当此刻，亦即该特征作为谓语，概念才能成为判断的主语，也只有该特征能够体现主语的价值。例如在 aller Körper sind teilbar（所有物体都是可分解的）这个判断中，主语和谓语同一，因为，"物体"的特征数量不定，且此刻只有"可分解"这一个特征在意识中觉醒。在此判断中，该特征就是对"物体"的全部想象，因此，主语和谓语的确同一，谓语是对主语的陈述。例如，der Hund läuft（狗在跑）的意思是 der Hund ist ein laufender Hund（这只狗是一只正在跑的狗）；dieser Vogel ist grau（这只鸟是灰色的）的意思是 dieser Vogel ist ein grauer Vogel（这只鸟是一只灰色的鸟）或 dies ist ein grauer Vogel（这是一只灰色的鸟）。

§ 110 概念的形成

句子不断增多，"狗在跑""狗坐着""狗是黑色的""狗是白色的”“狗是棕色的”“狗是灰色的”……每一个句子都是对认识的分析，这样，特征词随之不断被创造出来，概念也随之不断生成，因为，概念是对认识的完全而分析性的理解，认识被分析为因素，同时，诸因素相互影响，各自体现对整体的价值。随着句子的不断生成，词作为表达事物的价值不断巩固，一个特征即可代表一个事物，同时，词的词源意义
331 不断消失。最终，在历史发展中，词源从意识中消失，词只是一个语音。这时，想象只涉及意识和认识的关系，或者说意识和现实事物的关系，并且只能在谓语中获得内涵。当我们说“物体都是可分解的”时，“物体”这个词并没有现实意义，但却在意识中和对现实“物体”的认识联系起来，只不过是一种空洞的关系，（因为“物体”这个词的词源意义已被遗忘），通过“可分解”这个谓语才获得了一个内涵。现在，这种关系在各种成分中不断重复，借用我们上述“椎体顶尖”的比喻，从认识椎体虚空的顶尖将基础部分的所有点联络起来，从而，各点相互之间、各点与整体之间都联系起来，进入意识。这样，概念得以形成，并且充满判断。

假如我们要求认识或概念以完整的形态出现于我们的意识，那将无法思想，也无法获得新的认识。这归因于我们意识的本质。在同一时间，人的意识只能把握少数几个简单想象，于是，需要借助于词，才能把握一个认识中诸多感知所组成的复合整体，并且聚焦那些当前需要认识的点。同时，因为这些认识也受制于词，所以，无需直观生动的想象，而是通过词即可实现的相关认识。在意识中，词相当于所想象的事物。如果总是要全面认识对象的所有细节，就无法获得对对象（例如植物和动物）的普遍性认识！即使普遍性最贫乏的想象也涉及类型，所以，想象能够把较具普遍性的概念和只针对具体对象的认识联系起来。

332 §111 语言影响思想的其他观察

我们首先听听特伦德伦伯格关于语言影响思想的观点。他认为（出

处同上）“语言发挥影响的问题”比语言起源的问题“更为棘手”，但是，“人们还是获得了许多认识。所谓人通过语言而思考的观点完全错误。在对词的想象与概念相结合之后，人的思想就离不开词……但是，想象的总量或程度，或者概念所含特征的内在联系，是我们实现想象的基础，与相关的符号毫无关系。现在，事物都通过词得以称谓，而没有称谓的事物似乎需要一种附注，才能与有称谓的事物相平衡，因此，人们误以为离开称谓便不能充分认识事物。”（这里，我们看到与贝克尔完全相反的观点。贝克尔认为词汇创造即是思想创造。二人的观点都很极端，可以互补。）“这样，假设某人在母语之外学习了一门外语，当一种事物不能从母语翻译为外语，便以为自己缺乏对相关事物的认识。”但是，假如母语也缺乏对那种事物的称谓，则很难产生上述同感。

显而易见，这里隐含着对语言的一种基本认识，语言被视为“一种拖累”，因此也是一种弊端：“语言的一切益处在于社会的、共同的使用，在于自己的思想通过别人得到延伸和校正，但是，思想依赖于语言不利于个人，因为，不同程度被理解的词——不同程度与个人相关的词——似乎处于同一个层级，从而导致愚蠢的废话、夸夸其谈、无谓的闲扯层
见叠出。”我们所论的这位伟大心理学家没有注意到，他在传达着墨菲斯 333
托（Mephistopheles）[①]的声音：人只有成为最无理性的动物才能拥有理性。如此，语言必然是一种弊端，“束缚着”我们的思想。

关键是要认识到语言与思想水乳交融的内在关系。对此，我们在论述语言的形成时，在关于内在语言形式和想象的发展的论述中，已经指出问题的要害，阐述了思想发展的几个阶段，指出语言和思想部分同一、部分交融的关系，据此，所谓“拖累”和“束缚”当属无稽之谈。上述还不是语言影响的全部。认识在判断中成为概念，而所有判断都离

---

① 浮士德传说和歌德作品《浮士德》中的魔鬼，引诱浮士德丧失理性。——译者

不开语言。很显然，语言始终伴随着思想。语言和思想根本上处于相互交融的内在关系，语言怎么可能不对思想产生影响？怎么可能只是一种“束缚”？

§112 想象的作用

我们说过，词是意识针对认识的抽象关联，因此也是思想构建概念的基石，可见，想象并非与认识和概念处于同一条线上，就像感知与感受、感觉与认识不在同一条线上一样。想象也不能延伸为概念，而更多是感知的延伸。

感知是身体运动与精神的联系，是精神与身体的关联，否则，无论对外部世界还是对自己身体，都不会出现意识。人的身体还有许多种运动不为我们所知，因为我们对它们没有感知，亦即因为精神、意识没有
334 与它们关联。这种精神关联生成对感受、感觉和认识的意识，我们称之为感知。

精神重新唤起一个曾经的认识，我们把精神对认识的这种关联称为回忆（Erinnerung)。但这个称谓指涉精神对所有曾经的精神产物的关联，因此也涉及概念的再生产。

精神活动把认识变为概念，并根据思想构建概念，在此期间，想象就是意识与被回忆的认识或被记起的概念之间的联系。想象原本并非完全内容虚空，而是认识的缩略，但最终变得内容虚空，这时，其作用就像算术中的零。3、30 和 0.3 之间的区别在于，3 处于不同的位置。位置不同导致价值不同，而价值变化源自于一个空位，即零。人们不妨把十位数视为一个认识，视为一个判断的主语，亦即视为乘法中的被乘数。因为，通过判断，即运用乘法，获取一个得数，概念得以构成。而真正赋予主语价值的、决定主语价值并组构判断的，是谓语。谓语相当于乘数。但是，如果十位数位置上真的有一个数字，亦即在 3 前面加一个数

字，$x \times 3$（$x \times III = xxx$！），则运算就非常复杂。但如果十位数只是一个数位，乘数只需要读出来，则运算十分简单。同样，运算者得知数字的位置，判断者得知用什么样的想象代替判断中的认识，则“运算”也很简单。

我们总是说想象内容虚空，这需要准确理解。想象的内容既虚空又充实，因为如上所述，用语言表达的想象即是认识本身，是认识和词的统一，而词则包含着精神与认识的关联。因此，当想象表现为词的时候，内容虚空，但当想象是认识的时候，则因为判断中的认识而获得实在内容。另外，想象实际上是句子，充当主语时内容虚空，指涉不 335
定，但其所支配的任意一个谓语都可以赋予其内容和确定性。当想象是认识时，想象就是词的含义。词被反复使用于判断，因此含义不断丰富，指涉不断细腻和明确。所以，想象是自我解释的、本质界定不断明确的认识。但是，当想象在句子中充当主语，并通过谓语得以认识，则只是代替了认识的位置，如果抛开了认识的内容，其作用就等于零。充当主语的想象是赤裸裸的乞丐，需要得到谓语的施舍。但它是一个伪装的乞丐，其实家财万贯，蕴藏着大量谓语。词的含义就是“家财”。

词是对事物或认识的称谓，认识通过词得以向我们传播，词使得自主构成的认识得以保持，想象通过词获得丰富的内涵或含义，这些难道会与我们的思想无关吗？或者，我们难道可以给词附加任意一个谓语吗？词就是想象，亦即我们的意识与事物的关系，那么，这种关系的内涵难道可以随意吗？简而言之，语言是我们思想和外部世界之间的连接，是一只把握事物的精神之手——因为我们最初对事物和概念的把握及理解的方式就是词想象事物和概念的方式——对于我们的意识和思想而言，这样一种精神器官难道会是无关紧要的吗？难道会是一种拖累吗？

例如，当我们看见什么，会问：“这是什么？”回答：“一只动物。”

其实在获得回答之前，人们已经看到了一定的形态、大小和颜色等，那
么，除了某种语音拖累，从回答难道就没有其他收获了吗？人们看到或
者感知到的一切都形成一个认识，但如果用词来表达，人们就获得了关
于涵盖该认识的类型、种属等的认识，简而言之，获得了关于涵盖该
336 认识、具有普遍性的认识。如果词的含义充分明确，则人们通过词——
一下子——获得重大的认识。因此，正确的称谓促使对事物认识的巨大
进步。

最后，经过严格区分所得之同义词对抽象思维发挥多大的促进和丰富作用呢？对此，下面简单论及。

赫尔巴特的结论非常正确："有人鼓吹理性认识，却又蔑视在语言中
理性表达的思维，热衷于象征性标签，使得真理支离破碎，伪知识泛滥。
惟愿他们能从自己的说辞里走出来。果真有理性认识，则被理性认识的
对象无以言状。恰恰这一特点也包含着真理，且最终在语言所表达的思
想中凸显出来。长期研究所得的成果需要大量词语来表述，但被词语串
到一根主线上的并非知识本身。知识是一根完整的链条，整体性呈现和
把握逐渐形成的思想。"我认为这是最理性思想家的真知灼见，使人想起
莫扎特论述音乐的一句话。音乐的本质在于时间顺序，而莫扎特将之想
象为一种永恒和持续的在场，就像一幅画，即"整体性呈现"。莫扎特写
道："在头脑清醒的时候，在旅途车厢里，在惬意的饭后漫步中，在夜深
人静时，思想奔涌而来，最是得意……这使我心潮澎湃，沉思静想，构
思不断完善，不断清晰，我思遨游，杰作天成。哪怕鸿篇巨制，我亦能
一眼尽收，在心中将之视作一幅美图、一尊美人儿。图景并非渐次而来
的想象，而是一下子整体呈现。此乃真正盛宴！整个发现和创作在我心
337 中就像一个美妙无比、回味无穷的梦，而其中最美妙绝伦的精髓在于大
音希声。"

§113 句子和判断、想象和概念的区别

上面论述了想象和认识、想象和概念的关系，下面我们尝试阐明对想象进行判断的本质。想象是词与其含义的统一，因此，本质上具有双重性，这样，对想象的判断也具有双重本质。对想象的判断和对概念的判断存在内容上的不同。对想象的判断包含相对于认识而言偶然的、非本质的、具体的内容。“我吃过饭了，现在去睡觉”“N 先生去世了”，等等，是对想象的判断。当生理学家说，“人吃饭”“人睡觉”“人是会死的”，则表达某种普遍性和必然性，这是对概念的判断。整个生命的方方面面都体现于各种想象中，充满各种偶然性和具象性，永远不会穷尽和说明所有被认识的特征，更不会对所有特征的价值做出评价。科学是概念的领域。

当想象是词，是内在语言形式，就会包含一个判断，亦即一个认识，那是对认识或概念的结构的认识，简而言之，是对意义的结构的认识。内在语言形式就是对认识的认识，同样，也是对判断的认识，亦即对句子的认识。内在语言形式的内涵不同于被认识的内涵，而只是理解认识的一种方式，同样，句子也只是认识判断的一种特殊方式。这在语法中表现更为特殊，因为语法只是对逻辑的本能认识，而非逻辑。

我们说过，词的词源含义在历史上被遗忘之后，语音无需借助内在语言形式而直接与其所表达的想象相关联，而内在语言形式的退隐根源于意识的不断丰富和想象转化为概念。但是现在我们看到，随着概念发展成为词的含义，概念取代了当初用词所表达的想象，从而，想象发挥 338
类似于内在语言形式的作用。想象是心理判断，概念是逻辑判断，二者相互区别的根源何在？我们举例说明。人们在日常生活中说“水会把东西弄湿”，在发音时不会多想，因为说出“水”并非产生对“水”的认识，同样，说出“湿”并非产生某个特定的认识，在说出那些词时，精

神只是从那些认识悄然掠过，并将自己与之联系起来。但是，在说出那个句子时也可以想到某个被水弄湿的对象，就会产生清晰的思想，即使“弄湿”的情形比较模糊，而且这一切会作为一幅完整的画面出现于精神之中。句子表现出想象的形式，因此相关认识实际上也是句子的意义。想象的形式也不同于认识的形式，首先因为相关因素的分配，使得认识构成一幅整体性的图画，其次因为相关因素的风格、抽象性和普遍性，例如在“弄”“湿”“水”等词中的情形。这里，虽然想象和内在语言形式相互交融，或者说后者消遁无形，但是我认为，在我们的例子中，句子本身在内在语言形式之外还表达了某种不同于对想象所做的心理判断的内容。因为，毫无疑问，对想象的心理判断只表达有东西被水弄湿了，水有意无意被浇上去了。与此不同，对于内在语言形式，即句子而言，水是有生命的、有力量的主体，会把东西弄湿。化学家也讨论“水”，掌握“水”的概念，但对水的想象不同于常人，对“湿”的界定也不同。在化学家看来，“水会弄湿东西”是关于水的判断体系中的一个判断，该
339 判断体系就是他关于水的化学概念。化学家用那句话表达一个判断，说明两个简单的物体（氢和氧）根据一定的配制法形成一种化合物，并被称为“水”，具有附着性，而有的物质则没有这种特性，例如汞。面对“水是液态的”这个判断，化学家知道，水的本质因素并非“液态”，而更多涉及温度和气压。日常生活中的想象为这些词和句子所表达的逻辑判断和概念提供支持，就像内在语言形式为想象提供支持一样。对“液态”的认识支持本能自我意识把握对“水”（拉丁语 unda= 水，希腊语 ὕδωρ= 水，德语 fließen= 流动）的想象，对“洗涤”的认识支持本能自我意识把握对“湿”（拉丁语 madere= 湿，snā= 水洗）的想象，同样，日常生活中对“水”和“湿”的想象支持科学自我意识把握“水”和“湿”的概念。科学概念“火”和日常生活对“火”的想象不同。在日常生活中，火是一种神奇的东西，能够吞噬物质，自身消失便无影无踪。这一

想象给相关概念提供支持，就像语言表达对“纯洁”（rein）的认识（德语 Feuer= 火和希腊语 πῦρ= 火，词根 pū= 清洁，洗净）支持对“纯洁”的想象一样。

同样，想象判断或称心理判断与概念判断或称逻辑判断的区别也在于，前者是断言式的（assertorisch），后者则是证明式的（apodiktisch），使之无可争辩。例如 Cäsar ist über den Rubicon gegangen（恺撒越过了卢比孔河）既是概念判断，也是想象判断。作为概念判断，是对恺撒生平的哲学–历史认识的一部分，是关于恺撒的所有判断体系中的一分子；作为想象判断，则只是一次具体的判断。但是，除了概念判断和想象判断，句子也是对内在语言形式的判断，而语法判断既非日常心理判断，也非逻辑判断，同一个内容可以用不同句子形式表达，而且保持意义不变，例如上句也可以改为 Cäsar hat den Rubicon überschritten（恺撒跨过了卢比孔河）、Cäsar ist über den Rubicon gesetzt（恺撒被运过卢比孔河）、der Rubicon ist von Cäsar überschritten worden（卢比孔河已经被恺撒跨过去了）等， 340
每一种句子形式都可用于想象判断和概念判断。

B. 语法

前面，我们详细论述了语言的本质和语言的起源，完成了本书最主要的任务。现在，我们需要从中得出关于语法的结论，首先是语法的诸原则及其相互关系，然后是语言的语法因素及其结构。

1. 语法诸原则

§ 114

综上所述，可以清楚得知两条语法原则，首先是语音和本能自我意识或称认识之认识，第二条是内在语言形式。两条原则相互联系。语音是语言的躯体因素。人们曾经长期忽视语音的科学价值，科学地对之开展研究的历史还不长，虽然如此，但从来不缺乏语法意识。以前的语法学家对内在语言形式缺乏清晰的认识，通过最近的词源研究才注意到语音的实证价值。我们的目的是要在哲学高度阐述、解释和界定语音，以引起人们的重视。通过我们的论述，语音与现实思想、语音与话语含义的区分不再困难。本书头两部分通过对错误观点的批判以及和艺术的比较，含糊、假设性地提出自己的观点，现在，人们应该理解了我们的用意。我们阐明了语法的独特基础和语法材料的特殊性，说明语法
341 与逻辑、形而上学等任何一门科学都不同。我们揭示了语法思想的独特规律。

本能自我意识是语音的内在，因此，我们需要阐明的首先是这种内在和外在相互关系的性质，然后说明意义的本质以及言语和语言的区别。

(a) 内在和外在

§115

所谓内在原本就是被外在包围的东西，而外在就是包围内在的东西。将这一关系用于人类的本质，则精神及其一切活动就是内在，身体是其外在，身体包围着精神。这样，内在和精神、外在和身体是同义词。但是，人赋予整个世界以及世界上的一切以灵性，最初凭借幻想，后来依靠科学。对于我们而言，世界表现为外在，但其背后蕴藏着内在。过去人们反对这种观点，且不无道理。自然所及，皆为外在。世界上的物质、物质的力，一切都是外在。这里无意反驳某些形而上学观点，他们认为一切现象皆有内在本质为基础。人们可能已经发现，我们只是反对贝克尔的观点。所有自然界的影响都是机械的、外在的，思想、精神是内在的。萌芽于精神中的驱动力向下生根，向上生长躯干，然后干生枝、枝生叶，开花结果，生生不息。这种驱动力是内在的。如此，也可以说内在和外在同一，相辅相成，相互制约。

语言的内在和外在之间的关系有所不同。因为语言的确有躯体的一面，又有精神的一面，二者本质不同，又集于一体。因此，语言既是自 342
然的，也是精神的。二者相结合，但又不同一。那么，最为重要的是认清二者相结合的紧密程度。之所以重要，因为我们没有手段认识语言的内在，只能借助于其外在。我们所看到的内在语言形式只是语音形式。因此，语法的根本问题是，语音形式和内在形式相统一的程度是否保证内在的任何一点都有外在相对应？

对于这个问题，我们从上述不能明确得出肯定的回答，但我坚信回答无疑是肯定的。如上所述，语音和内在语言形式的结合是精神机制及其与身体相关联的产物，这种结合非常紧密，不可能内在语言形式不充分体现于语音形式。下面，我们只需要对此稍做解释。

我们说过，内在语言形式和语音的关系的确是内在和外在的关系，与精神和身体的关系相同。这一类比需要解释，因为精神和身体的关系在最本质的方面存在争议。我们无需参加这一争论，因为无论如何有一点非常清楚，即内心精神和思想的产物是非身体的、非空间性的、不可感性感知的，同样，内在语言形式亦如此，是思想的特定形式。此内在对应于某种外在，但是，身体之于精神完全不同于语音之于内在语言形式。因为，语言本身就是身体和精神相互关联的产物，是精神作用于身体的结果。内在语言形式是精神的产物，并刺激身体发声，这样，内在语言形式是因，发音是果，虽然身体本是精神作用的结果。

343 我们说过，自然界只有外在，因和果、力和物质，是同样方式的外在。这些范畴也出现于精神，而那里一切皆为内在。精神冲动引发其他，而各种精神产物皆为物质，物质皆拥有力且发挥作用。但是，语言的情形是，原因是某种内在，结果是某种外在，同样，作用于思想的一切运动亦如此，无论有意而为还是反射性运动。

因此，内在语言形式是刺激人发音的起因，但却是一种无意识的、本能的、机械作用的起因，起初并无语言意图，亦即，并无意将所发之音与内在语言形式相结合，使之成为语音。只有在内在语言形式发挥作用之后，在声音被发出之后，精神另一个独特的方面才发挥作用，使得盲目发出的声音具有目的性，虽然这一过程是必然的、无意的。

这样，语音和内在语言形式的关联具有必然性和机械性，是盲目作用的结果。内在语言形式能够有所成就，而语音则不能，这何以可能？内在语言形式有其生命力，且其映像不在于语音和词，这又何以可能？

断言该可能性，则意味着否认语言产生的必然性——亦即否认贝克尔所谓的语言“有机性”，不仅涉及说话的有机性，也涉及思想的有机性。

但是需要指出的是，内在地依附于语音，并发声为语音的，是内在语言形式，不是意义，因为内在语言形式能够以不同形式认识到同一个意义，但其本身并非意义，而只是对意义的本能认识。随后，语音不断退隐，而内在形式不断完善，二者之间的上述内在联系被撕裂，例如，英语的语音已经不再能够完全体现英语的内在形式，即便如此，英语仍然保留其语音形式及其历史的痕迹，向人们讲述着英语内在形式的故事。 344

（b）意义

§116

某种东西（A）指涉另一种东西（B），这样，虽然B远离我们，不在我们眼前，我们也能够通过A认识B，于是我们说，A表示B。在此意义上，世界上的一切皆有意义，因为，每一种东西都与其他某种东西发生多种关系，指涉另一种东西。每一种东西、每一种现象都是一种结果，解释着其起因。我们透过每一种现象都说明一种本质，每一种特点都代表着一种东西，反之亦然。

这里，如果我们将语言定义为“有意义的发声”，则毫无意义，因为，每一种东西，每一种运动，包括每一种发声，都有意义。因此，我们还必须说明，语言发声在多大程度上具有特殊的意义，具有怎样的意义。

§117 语言怎样具有意义

每一种声音都涉及一个发声者，发声者都因为每种原因而发声。这意味着每一种声音都有其起因，如此，对声音的解释应该是对其起因的解释，同时，声音也产生某种影响，也需要解释。我所谓之影响是指所有感知对精神、感受所发挥的影响。这是所有艺术发挥影响的基础之一，因为艺术通过其所包含的认识而作用于人的内心。只不过，艺术的影响非常复杂，其所包含的认识内涵丰富，所以其分析非常棘手。但是，每一种简单感知都会影响人的感受，例如看到一种颜色或者多种颜色的组合会对我们产生强烈的心理刺激，简单的声音或噪音所造成的心理刺激更强，例如听到人痛苦的哀叹或呻吟。这里，触动了人的某种感受的并非相关声音，而是痛苦的声音所引发的对痛苦的想象。即使树叶发出的
345 沙沙声，溪流发出的淙淙声，下雨发出的哗哗声，等等“无生命的”自然声音，也同样影响我们的感受，因此，大自然在原始民族的想象中获得了某种生命。还有音乐，使用了各种声音及其组合，是人类精神创造性的极致发挥。

感官感知对人的感受的这种影响应该是因为人的神经因此处于一种状态，从而使得各种神经的关联以及与中枢器官的关系发生了特殊的变化。还以声音为例。如果声音来自某个有生命、有感情、有思想的个体，例如当我们听到歌唱，则我们肯定默认一个事实，即我们也会有该个体的感受，也会因该感受而发出同样的声音。如此，相比较单纯器乐，歌唱所引发的感受更鲜活，也更复杂。即使器乐对我们感受的影响，也应该根本不在于乐器或者演奏者，而在于作曲家，相关感受使得作曲家创作出那些声音，而每每听到就会产生同样的感受。因此，对这种声音的意义分析既涉及产生声音的原因，也涉及声音所产生的影响。

与音乐和自然声音一样，语音的意义也具有双重性。一方面是机械原因，例如因为琴弦由某种材质制作而成，绷紧度、长度、力度各异，构成音板，琴弦震动而发声。另一方面是心理原因，与心理影响相同。因此，语法的任务是把语言视为声音，首先解释其外在因果性，解释语

音如何因语言器官而产生，这是语音学；然后是意义研究，解释语音的心理因果性，这同时涉及对听者的心理影响。 346

语言的产生根本上是双重的，内因于意义，外因于发声器官。同样，语言的影响也是双重的，在听者一方面唤起符合语言意义的意义，同时又作为声音发挥影响。这首先涉及民族、个人的语音悦耳与否，声音嘶哑、低粗、生硬、尖刺与否，等等，其次涉及诗歌、散文的韵律，最后涉及对内心的表露。唱歌的语言即是音乐。

§118 语言的意义是什么

如果要定义语言，我们大概可以说，语言是人类表达想象的有分节的病理学发音，也是借助想象表达智力和感受，亦即表达内心。因为发音，语言与内心表达的其他无声方式不同，又因分节而不同于发笑、叹息等其他病理学发声。语言外在于发音，内在于想象，发音的内涵是感受，这也是语言与音乐的区别。音乐是感受的有声表达，由纯粹的音及其相互关系构成，不同于发笑、叹息等声音。语言也可以表达感受，但并非直接表达，而只能表达对感受的想象。和感知一样，感受必须首先得到认识，这样，作为内在语言形式并与语音相结合的并非感受，而是对感受的认识。既然语言是有意义的发音，语音直接意指内在语言形式，则语音学涉及语义学。内在语言形式意指思想内容、感受、认识、概念、欲望、意志，等等，亦即想象中的内心。显然，意义具有双重性，值得注意。 347

（c）言语与语言材料

§119

意义、内在语言形式和语音相互交融，日益紧密。判断日益丰富，形成了大量的主语和谓语、事物词和特征词（Merkmalswort）。其中，同一个主语与许多谓语相结合，同一个谓语与许多主语相结合，各种判断相互交叉，从而，在意识中形成判断碎片，主语词和谓语词也从整体性判断中游离出来，定语和宾语也遇到相同的命运。这样，通过言语（sprechen），在心理生成了大量纯粹的材料，借用赫尔巴特内涵丰富的措辞叫做“碎料”（Schutt）。这些材料原来用来组成互相关联的判断，构建判断大厦，后又随着时间而倒塌，成为一堆散落的砖块和木料，没有秩序和关联，但是，其中每一块材料都仍然保留着关联的痕迹。

实际上，同一块砖头和木料具有多种关联，同时，同一种结合方式体现于许多砖块和木料，这样，材料因组合方法的不同而相互区别。可见，材料和组合方式都属于语言“碎料”。

在每一次当前言语中，人的精神都重新抓取语言碎料，并且根据每一块材料独特要求的接口而使用之。

语言材料不仅体现于语法，也体现于词典。严格而言，二者内容相同，但表现方式不同。词典将语言材料编排起来，指出每一块材料特殊的搭配。而语法则以组合方式为出发点，指出所有材料搭配的方式。词典主要负责材料，语法主要负责搭配方式。实践的路径往往是双重的，由此还可以甩掉多余的包袱。

348
2. 语法的要点

在阐明了语法的原则之后，我们还需要说明语法的要点。

（a）语音学

我们这里根本无意深入语言语音方面的细节问题，所以只需要提醒注意海泽那篇优秀论文《论语音系统》(System der Sprachlaute. In: *Zeitschrift für die Wissenschaft der Sprache IV, 1, 1852*。可惜我们一直未能拜读这位卓越的语言学家的大作《哲学语言学》*Philosophische Sprachwissenschaft*)，并简单做几点一般性说明。

§ 120 分节发音概论

我们的听觉能够分辨语音，并且方式多样，而声音和颜色等只是精神的产物。物体的震动是外在和机械的，并通过我们周围的元素，即通常所称的空气，达及我们的听觉神经。但是，声音、颜色等在心理上是如何形成的？量性的运动是怎样转化为质性的、超越空间的、整体性感知的？为什么身体的特定物质运动会在心理上产生这样那样特定的感知？我们不得而知。科学的对象只是外部世界和人的身体给予心理获得那些特定感知的条件。

但是，这些条件往往不明，我们可见的只是那些表现出来的原因，例如，我们知道，是什么生理因素刺激心理生发声音，亦即生成声音，我们还知道，感受中声音的高和低、强和弱等特点取决于什么，但我们 349
很难说明，语音生成条件的哪些特点导致了声音的不同声响，例如我们看到，震动的物体是金属、木头、琴弦、空气等，但不知道它们的影响有何不同。为什么金属发出的声音与木头的不同？同样，当听到 te 这个音，我们大概能说明其高和低、强和弱取决于什么，但却说不清其声响取决于什么，更说不清，怎样的空气震动传到我们的听觉，进而使我们心理发出 te，而不是发出 ka。但是，这并不影响我们研究发音器官出位的情况，继而观察出位所产生的影响。无论作为精神产物还是作为物质运动，也无论我们听觉器官的运动还是其他外在物体的运动，我们不能根据语音的“特点”（洪堡特语）来描写语音，但我们可以根据语音的“生成”，亦即怎样通过语言器官而形成，来明确界定语音。语法学家一直就是这么做的。

一定速度的物体震动会产生声音。肌肉紧张，致使肺部压出的空气发声颤动，咽喉部位的声带就会发出声音。由声带发出的声音被称为嗓音。嗓音与语音紧密相连，对于有些语音甚至必不可少，但原本和首先并非语言的元素，而是唱歌（亦即音乐，其表演者是人和乐器）的元素。语音，包括辅音，绝大部分本质上都并非规则性的乐音，而是非规则性的噪音，由冲出的气流在口腔中生成，与咋舌声、嘶嘶声等类似，起因也一样，就像打开一个封闭的瓶子或盒子时发出的声音，或者拔出瓶子
350 软木塞时发出的声音。发辅音的时候，相关器官相互抵制，口腔因此被阻闭，结果，胸腔气流不断涌出，却又不能从口腔冲出，在口腔中不断被挤压、浓缩，当器官放开阻闭，口腔突然张开时，空气突然稀释，因而发生震动，生成声音，形成辅音。这样，嗓音是由声带发出的音，而口腔音则是通过气流震动发出的。值得注意的是，口腔音不仅被精神接受，而且还能够区别双唇、舌头在口腔后部或前部造成口腔闭塞的情况，因为根据口腔闭塞位置的变化，精神感知到 p、t、k 等不同的音。口腔闭塞的方式多样，我们因此辨别出 30 种以上的辅音，还有元音。那么，精神是如何注意到口腔闭塞的方式的呢？显然是根据气浪的不同形式。气流在口中被双唇阻塞，或者因舌头抵住上颚而受阻，然后放出，所形成气浪的形态不同。

口腔音和嗓音本质不同，嗓音要求呼吸无障碍地从口腔通过，辅音则要求闭塞口腔通道，但是，嗓音可以在辅音之前或之后发出，可以在口腔通道闭塞之前或之后发出，这样就形成元音。口腔闭塞不影响元音，但口腔通道的短和宽、长和窄等形态会发挥影响。

通过口腔的形态变化发出口腔音和嗓音，这就是分节发音。口腔形态决定气流通过的路径，进而决定空气震动形成的气浪。如此看来，似
351 乎分节发音包含着某种神秘的东西，非常特殊而多变。抛开所含的意义

孤立地看，分节发音产生不同的语音，与我们平掌和空心掌相击产生不同的声音没有区别。语言器官是最完美、最具艺术性的乐器，这是不争的事实。每一个语音都由一个特殊的乐器发出。口形和发音部位使得语音与其他音严格区分，从而构成了分节发音的本质。口形越标准，发音就越精准。送气、发出嘶嘶声和喃喃声等，涉及整个口腔，没有分节，而发一个音则涉及某个特定的位置。分节发音和非分节发音的区别在音节中表现尤为清楚，因为，在分节发音组合序列中清楚地体现出每个音的差别，无论音间过渡多么迅速和轻声，而非分节发音的序列不具备此能力。许多自然声音似乎有音节，但不是特定的分节发音，只是混在一起。我们的耳朵习惯于分节发音，从自然混音中听出不同的辅音，虽然不很清楚，但有音节感。我们以为能从一个自然混音中听出简单的辅音，那其实是我们的耳朵将自然混音当作某个辅音。对于耳朵而言，机械发出的音大多近似元音，且经常夹杂一个近似于 p 的音，偶尔也近似 k，但近似 t 的可能性较小，因此，任何发音机器都不能完全胜任，至少坎培伦承认，他的实验机器不能发出 t、k 和 p，只能发出介乎其间的音，且根据听者的期待时而被听为此，时而被听为彼。

如上对分节发音本质所述，我们不能区分语音中的材料和形式。海 352
泽反对贝克尔区分材料和形式的方法，并提出完善的方案，但我认为仍然没有正确区分二者。我们把口腔视为语言器官，送气可以成为声音，则分节发音相当于管乐音管变长或缩短的过程，这样，乐器的材料和形式一目了然，但乐音却既非材料也非形式。

§ 121 清塞音和浊塞音

关于细节问题还需要引证海泽，特别需要强调两点。b 和 p 的区别在于强度，这也是海泽提出的观点。他正确地指出器官受阻也有强度差别（出处同上，57 及下页）。我想，也可以综合海泽和米勒的观点，观察送气的强度。器官相互阻碍越强，送气就越强，反之亦然。这样，发b时双唇紧张度较小，有轻微的送气，神经舒缓，是弱辅音（Lenis），相反，发p时双唇紧张度较大，则送气较强，是强辅音（Asper）。不可能“较强爆破”和轻弱送气兼顾，因为p不是弱辅音。我们尝试把手指挡在嘴上，发弱辅音和b，再发强辅音和p，以比较送气所造成压力的强弱。

海泽对米勒提出批评，认为b+h≠p，而是bh，另外，p也附带h，构成ph。我们注意到，海泽的批评至少不符合我们的观点，因为我们认为，并非b+强辅音=p，而是双唇分节发音+强辅音=p，另外，因为b=双唇分节发音+弱辅音，所以，b–弱辅音+强辅音=p，而b+强辅音=bh。如此看来，b和p的区别不在于强辅音，而只在于送气时强辅音
353 超过弱辅音的强度。双唇分节发音还不是语音，而只是语音的条件，此外再满足弱辅音的条件，就形成b，满足强辅音条件则生成p。因此，p和b一样，都是不可切分的简单辅音，但p如果消除强送气，则此辅音消失。相反，我认为bh和ph是复合音，甚至是语音组合。

§122 简单音和复合音

上节所述向我们提出了简单音、复合音、语音组合相区别的问题。对此，我们与海泽的观点也有分歧。我们先看元音。

双元音显然是复合音，与简单元音的区别在于，不能像后者可以持续拉长发音，例如ai，只能拉长i，不能拉长a。这样，双元音的两个成分其实是分开的：第一个结束后，第二个开始。但二者紧紧连在一起，所以都发生变化：a倾向于i或e，而i倾向于辅音化。oi和ui亦如此，o和u倾向于ö和ü，但我认为ä、ö和ü等变音只能是简单音。它们发音时双唇张开的程度与a、o和u相同，上颚的位置与发i相同，因此，它们是介于a、o、u和i的中间音。e是介于a和i的中间音，但两种中间音的表现完全不同。因为，e的发音位置在a和i中间，但与二者互不相

交，但 ä 却同时与 a 和 i 相交。可图示如下。

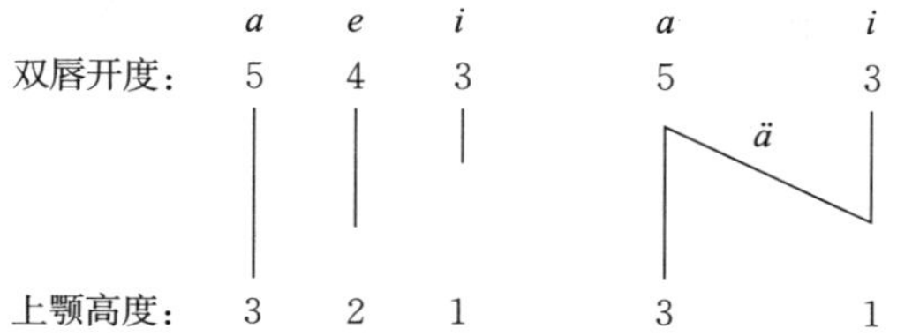

ä 和 e 的区别不影响它们作为简单音的属性——因此可以持续拉长发音——另一方面，二者有别。ä、ö 和 ü 属于混合音，类似于化合物。一 354
个水分子是简单的，但却由两个元素混合而成。ä 也是如此。但 e 不是混合音，只是个中间音。

我认为这一切都不难解决，难的是辅音问题。海泽认为意大利语的 ce 和 ge 以及 ps、ts、vs 和 pf，英语的 tw 和 dw 以及 qu（kw）是混合辅音，情形与混合元音 ä、ö 和 ü 相同。对此，我不能苟同，根本不可能有混合辅音。元音在口腔通道有两个点，即起点和终点，致使混合成为可能，相反，辅音是在口腔的某个特定点发出的，因此，完全是简单的，不可能混合。意大利语 ce 和 ge 是硬颚音（Palatallaut），与 ä 根本不同，不是简单音。我们不妨试验一下。上颚音可以持续拉长，但只能是其中一个元素，前面的音结束后，后面的咝擦音（Zischlaut）可以延长，结果，硬颚音 tsch 在延长中倾向于 sch。这个试验说明，硬颚音不仅不能与混合音 ä 相提并论，而且是一个双音（Doppellaut），类似于双元音 ai。这样，我们看到 a、k 等简单音，ä 等混合音，ai 等双音，意大利语的 c，以及 aï、kj、kt 等语音组合。混合音只能是元音。

§ 123 重音

最后要论及重音。我们所谓的重音不是音，不是拉丁语的 accentus，而是 ictus，是纯粹节奏性因素，亦即音律学所谓之强音节（Arsis，或更古老的说法叫 Thesis, le frappé“被强调的小节强拍”)。重音是为了强调，加大的是发音强度（而非高度），其根本在于音节、词和句子序列的节奏。

§ 124 语音学的其他任务

语音学不限于对每一个具体音的观察，还包括音节和词的结构，而
355 后者又涉及语音演变的纯粹语音学（不涉及语义）研究，最后还有诗歌和散文的韵律。

我们说过，语言材料是“碎料”，因此，不可能一成不变，语音要经过历史演变，因此，语音学一方面是关于语音的机械学，另一方面也是语音的历史学。

毫无疑问，语言的语音对内在语言形式也十分重要。语音原本由内在形式所创造，但内在形式的存在也十分依赖于语音，就像精神依赖于身体。语音不仅是器具，也是内在形式的身体。身体必须健康、可塑性强，内在形式才能茁壮成长。不过现在还不是展开此种观察的时候，那需要首先对语言多样性充分认识，我们目前对之还知之甚少。

我们的目标是说明语音学在语法中的位置，为此，上述简单论述足矣。

（b）内在语言形式

内在语言形式涵盖关于想象的所有范畴，是本能自我意识理解认识和概念的基础。我们这里需要就内在语言形式的原则和标准做几点说明。

α. 材料和形式

§ 125 概念和对立的相对性

材料和形式是一对相对概念，每一个都相对于另一个而存在。这必

然意味着，思想的同一个对象或者同一个概念对应于多个不同概念，或者对应于同一个概念的不同视角，因此，有时是形式，有时是材料。关系或视角的这种多样性必须条分缕析，不容混淆。同一个对象可以正反 356
两方面观察，但当一方面观察时，例如反面观察时，则必然与正面相对而论，不可能在同一关系中既是正面又是反面。材料和形式的关系即是如此。形式不改变材料，只有材料改变材料。范畴的使用一定要得当，必须知道哪个属于哪里。

相互对立的概念先验性地存在差异，这是基本原则，但另一方面又相互统一，先验性地蕴含着混淆的可能，因为对立的概念不可能相同。正反矛盾相统一并非“根本”，而是一种假象。

一切对立的根本是统一，统一和对立是一对相对的概念，二者相互依存。但是，两个概念对立就不可能相同，相同就不可能对立。

对于理解而言分散的东西，理性能够统一起来，但理性不能混合之、混乱之。因为，理解和理性都追求逻辑性，或分析，或综合，这种精神能力不可能自我嘲弄。

这种道理不言而喻，但仍然需要说清道白，因为尤其在哲学界，甚至逻辑学界，有人夸夸其谈、自相矛盾，却又浑然不觉。矛盾是辩证法的唯一动力源泉，所以，倘若既矛盾又相同成为可能，则精神就会在“在”与“非在”的矛盾中纠缠不休，失去跳出怪圈、向前迈进的意愿。
因此，辩证法的基础是承认矛盾的不可能性。现在，辩证哲学只是在发 357
现矛盾，从不逃避矛盾，也从不解决矛盾和纠结于矛盾，这是一种错误的哲学，充其量只是正确哲学的垫脚石。

矛盾律是我们精神的组成部分，且有益无害，所以，当精神处于矛盾之中，便寻求改变矛盾中的关系，以解决之。这种对关系的改变和完善并非总是通过对概念的加工处理和不断的裂变，也可以通过增加新的因素，以及重新审视旧因素，并将之纳入新的概念之中。

若要论述语音形式和内在语言形式，亦即将语言视为形式，我们必须弄清楚，语言的材料和形式处于怎样的关系，材料对于内在语言形式的意义何在。

§126 语言作为思想的形式

我们将语言称为思想的形式，因为语言表现思想，相反，思想是所表现的内容。我们可以接受这一观点，但必须清醒地认识其意涵。语言是思想的表现，同样，舞台也是世界的表现，肖像是一个人的表现。同时，肖像不是人，舞台不是世界，同样，语言也不是思想。相反，舞台意味着世界，语言意味着思想。我们在舞台上甚至看到真实和表象之间的对立，因为所谓表现其实仅仅是给人一种表象。我们知道，词语往往只是对思想的表现，亦即呈现给人关于思想的外表。

“表现”（darstellen）原本是将某事物呈现于人们眼前，被呈现出来的思想从来都不是赤裸的真身，总是披着精神的伪装，带着精神的胎记。
358 正因如此，我们需要一种适当的表现手段，将所表现的思想和交往对象联系起来，成为二者之间的媒介。这样，我们可以说，思想在某种程度上被置于表现思想的手段之中，并在其中得以表现。但是，手段不是思想，而是思想的符号。

这样，我们似乎看到了表现的材料和形式，但是，此形式是表现材料的形式，而根本不是材料的形式。舞台不是世界的形式，肖像不是人的形式，语言不是思想的形式，而是思想的表象（Schein），且纯粹由形式构成，这样，语言也仅仅是形式，对语言形式的观察不能将所表现的内容掺杂进去。

如果不喜欢“表象”或“外表”这个词，可以换成“现象”（Erscheinung），即语言是思想的现象。我们看到一颗星星升起，向我们发射光芒，同样，我们听到一个思想在我们耳边响起。但是，光芒不是星星，语音不是思想。

除了表现内容的外表，内容本身还有其与生俱来的形式。同时，外表本身也有其材料。我们还以上例为例。世界有其形式，且与舞台无关。同样，人有其形式，且与肖像无关。舞台也有其材料，即布景和演员；肖像有其材料，即画布和颜色。同样，思想也有其形式，即逻辑和形而上学形式，且与语言表现无关；语言也有其材料，即语言手段。这样，我们看到语言手段的双重性，即语音和本能自我意识。在某种程度上，语音相当于画布，本能自我意识给说者提供颜色，以供其表现思想。

这样，在内容及其外表两方面都有材料和形式。以绘画为例，它只
是形式，因为形式与材料、颜色和画布无法分离，同时，颜色和画布只 359
有在其形式中、并作为形式才有价值和意义。语言的语音和本能自我意识亦如此：只有形式，或者说必然被形式化。因此，颜色和画布并非颜色和画布，而是其他，同样，我们也应该把语音和本能自我意识视为其他。无论绘画和语言，形式是其实现的基础，亦即，语言的根本是特定的分节发音，是语音形式和认识之认识。

另外，任何行为和运动都遵循一定的形式、规定、原则和规律，都有一定的轨道和范畴。呼吸由呼气和吸气组成，人们称之为呼吸的两个主要范畴。血液循环需要心脏收缩和扩张，两个心房，动脉和静脉，还有脉搏，这些都是血液循环的范畴和形式。跳舞有舞步，转圈或前进，或原地踏步。诗歌有韵部、诗行、停顿等。木匠刨、锯、接卯、粘胶等。同样，语言也有其范畴，例如音节、词、词尾、词组、语音规则和句法规则等。

通过与木工的简单比较我们看到一点区别，即形式化和由此产生的形式之间的区别。刨、锯等属于形式化行为，材料因此而具有形式，成为一种有形的物件。跳舞的时候，脚和整个身体在空中和地上勾画出线条，这些线条就是形式化的结果，是脚和身体构成动作的产物。这样，

我们似乎获得了一种双重范畴：一是形式的确定，使得特定运动可以成功而持久，二是对特定运动的确定。据此，在语言中语音规则就是对特定运动的确定，因此产生固定的词语形式，同样，词组也有其规则，因
360 此形成格、话语成分等稳定的形式。但是，语言学家往往不承认这一区别，例如德语语言学家普遍认为，语言不是一种成形的产物，根本就不是静止的存在，而完全是行为，是运动。语言中没有什么是静止的，都是流动性的，词及其特定的运动形式也是行为的流动性形式，是语言过程的一步。步伐停止，则过程消失，不遗留任何物质痕迹，只在心理留下动态运动的痕迹。语言过程会不断重复，但过后物质消失，只留下运动的痕迹。

语音，即发音的一般性能力，和本能自我意识是语言的材料和运动，现实的言说是其活力的体现。语言形式，包括语音形式和内在形式，是体现于材料的形式和蕴含于有机体的力量，亦即一种运动，将生命力转变为现实，将材料形式化。但是，所谓“活力”及其实现都只是对同一对象的不同理解。语言形式是运动中的生命，其诞生即是其影响，其影响即是其存在。因为语言是一种精神生命，其影响永远不是结果，而只在过程中。

§127 语言的材料和形式

我们把材料视为语言的普遍性能力，把形式视为其能力的实现，但在语言内部未对材料和形式做任何区别。语言只是形式，其材料，即思想，在语言之外。因此，语言是对思想的认识、描述和表现，纯粹是形式，但思想包含材料和形式。其中，材料通过感性感知和感受抵达思想，精神通过对思想的理解而将形式赋予材料——因为，精神理解只是对从外界感知到的材料的形式化。语言是对思想中两种因素的表现，即对材料和形式的表现，因此，语言既是思想材料的表现和形式化，也是对思

想形式的表现和形式化。

我们这样是否已经获得了对语言物质因素和形式因素的区分呢？很难说！语言仍然纯粹是形式的，而思想的材料和形式都是语言的材料， 361 但对于我们逻辑学家而言，二者本身应该是不同的——这对于语言意味着什么呢？对于材料和形式二者本身而言，语言是形式，对于语言而言，二者又没有区别，举例说明如下。一切运动都是形式的改变：运动纯粹是形式的，因此是一种抽象，而且只作用于有生命统一体中的材料，例如男孩子们游戏、打架，水中和稻田里的波浪，等等，原本静止的材料处于运动之中，亦即形式不断变化。语言对材料和形式进行认识，其中，一些词称谓材料，例如 die Knaben（男孩子们）、das Wasser（水）；另一些词表现形式，例如 spielen（游戏）、wogt（波涛汹涌）。是谁说过动词是形式词？其实动词和特征词都表达形式关系，它们也是形式词吗？我认为可以这么说。但是，如上所述，语言的所有词，包括表示物体和行为的词，原本都是特征词，都是形容词或副词，这样，语言纯粹由形式词构成，我们似乎就又回到了原点：语言纯粹是形式的，只包含形式因素。

至此，我们其实已经找到了语言的形式和材料、形式和物质相区别的关键。材料和形式的区别存在于思想中，无论就其本身，还是对于逻辑学而言，亦或对于语言而言，二者明显不同。这意味着，不仅思想中的所有因素都为语言所认识和表现，而且，思想的物质因素和形式因素之间的区别也为语言所认识和表现。这样，语言仍然保持其形式属性，但部分是思想材料的形式，部分是思想形式的形式，而且，这一区分不仅为我们所认识，而且内在于语言本身。本能自我意识必然认识到了思想的物质因素和形式因素之间的区别，并将之转化为语音，注入语音。对于语言而言，这一区别不可能成为材料因素和形式因素之外的第三种 362 独立的因素，相反，对思想材料因素和思想形式因素的表现必然具有不同的色彩。这样，说者和听者都能够感受到思想的形式因素和物质因素的这一区别，从而，各种思想因素不仅充分体现于语音，而且各自的类型属性一目了然。这在语言中体现于词根和词尾，词根代表材料，词尾代表形式。

因此，语言的材料和形式对于语言本身意义不同，在语言的表现也不同。二者的区别不同于我们一般对事物的区别，不同于我们通过思想分析对事物的判断。这是语言与逻辑分析的巨大区别，是语言分析不同于思想分析、语法不同于逻辑的根本。我重申上述例子所说明的观点：一切特征和运动对于逻辑而言都是形式界定，对于语法而言则是物质因素，因为，语言，即本能自我意识，将那些形式界定视为或想象为认识的物质因素。对于语言而言，名词作为主语主要表示事物、物质，亦即表示材料，而物质的内涵则体现于特征词，因此，特征词也是材料词。

§128 形式词和无形式的语言

我们上述对句子问题的讨论实际已经涉及话语的成分，或者在下文还应该对之给予论述。但我们不需要在此深入问题，而把话语成分视为既成的前提，只聚焦于一个问题，即话语成分与材料和形式的关系。毫无疑问，名词和动词，以及形容词和副词，都是材料词。但人称代词的
363 情形如何呢？

我早在《论关系代词》(de pronomine relativo) 中就指出人称代词是材料词，现在仍然坚持此论。我认为这很重要，是语言分类为形式语言和无形式语言的核心。

我的观点与洪堡特一脉相承，但当时提出时并不知道这一点。为了弥补，我现在引证他在论卡维语一书的导论中的相关论述。他在 332 页和 275 页明确了人称代词和附着于动词的人称符号的区别，但没有说明

区别之所在。他认为这一区别非常重要，直接影响到语言的纯粹性和完善性。我们承认人称代词原本是材料词，而人称词尾是形式元素，这不仅对于认识问题本身很重要，更重要的是其中蕴含着洪堡特的语言学思想。有些语言的人称代词附着于分词，例如不说 amo（我爱），而说 ego amans（我爱的人）。如此看来，这种语言没有动词屈折形式，没有形式，属于无形式的语言，包括所有东亚语言、藏语、满语和蒙古语等。

那么，amo 和 ego amans 有什么区别呢？动词词根 amo 包含着 ego，而 ego 在 ego amans 中与动词词根分离，独立呈现。这具有什么本质意义吗？这里的语音特点其实无关紧要，以此为标准进行语言分类也很不可靠。德语 ich spreche 是两个独立的词，但只包含一个动词和一种纯粹的形式。而在另一些语言中，虽然也有类似 egâmans 的说法，但却没有形式，
因为 j'aime（我爱）的形式并不比 je parle（我说）更纯粹和完善，同样， 364
蒙古语、藏语等语言相对应表达的情形也如此。

关键不是语音，而是内在语言形式，因为内在语言形式赋予语音价值、功能和意义，所以，语音只是内在语言形式的符号。ego amans 和 amo 的根本区别在于，前者用一个人称代词做主语，并与一个特征词相结合，整个由两个词组成，没有形式元素；后者是一个材料词，表达一个特征和一个行为，并通过其形式而与一个人称相联系。人称代词和人称词尾不同，前者表示一个物质存在的人，"我"表示此时此刻说话的人，"你"表示此时此刻的话语伙伴，"他、它、她"表示此时此刻被言及的对象。这些难道不是纯粹的材料元素吗？人称代词表示人们对一种材料性对象①，即一个人的认识，分别为说话的人、会话伙伴和被言及的对象等。毫无疑问，人称代词是一个抽象的词。但是，"人""话语""美丽""洞察力"等难道不抽象吗？它们指涉抽象的材料。人称代词以人称

① 难道要我保证，我不相信代词是由动词性词根派生而来的？

为内涵，指涉话语中三种可能的存在，而人称词尾只指涉一种，而且既不是人，也不是材料，而是行为与人之间的关系，或者人与行为之间的关系。

对于本能自我意识而言，任何行为都与一个人相关，即使是一个不为本能意识所知的人，例如 es blitzt（打闪）。人，或者说行为与人的关系，就是一种形式，与想象中真实发生的每一个行为必然相连，是行为的一个范畴，就像时间一样必不可少。这一范畴具有三重性：第一、第二和第三人称。

amo 和 amat 中有主语吗？没有，因为只有一个行为及其与一个主语
365 的关系，但它们都是完整的句子，因为，被说出的行为必然关联一个主语，其缺位必然在人们的理解中得到补充。

综上所述，假设有一个认识，例如关于一只正在跑的狗的认识，本能自我意识将事物与特征和行为相分离，从认识中获得两个想象，并在句子中将它们联系起来，例如 der Hund läuft（这只狗在跑），这样，关于狗的认识上升为想象。语言将一个整体性认识理解为两个想象，使用两个词，这样，所有语言都处于想象层面。但是，这里被指称的只是想象中的材料，而本能自我意识所理解的不仅仅涉及构成认识材料的元素，而且涉及这些元素的相互关系。“这只狗”被用作主语，因此不是绝对的，而是相对于一个行为，同样，行为也不是绝对的，而是相对于一个人称主语。这样，两个想象都被形式化。但是，有些民族的本能自我意识不能够把认识的材料及其元素的形式都安排在想象中。这些民族及其语言可能有人称代词，但没有人称词尾，亦即没有动词形式，因此也没有名词形式，是没有形式的语言。

可见，语言的形式、词的形式所表达的是想象的形式，但不是概念间的逻辑关系，也不是现实事物之间的关系，而是本能自我意识的独特产物。因此，词语关系所表达的完全没有必要是现实事物之间的关系，

因为还有一个重要的因素，即本能自我意识如何理解给定的认识，例如关于“B 之后的 A”（A hinter B）的认识，想象是否真实反映了 A 和 B 的
现实关系，另外，即使真实反映，事物的关系是否被想象为事物关系的 366
形式，或者被想象为认识的第三种材料元素。有的语言把关于“B 之后的 A”的认识理解为三种材料元素：“B、背后和 A”，或者指出这三种元素的关系。这种语言把形式视为材料，所以是无形式的语言。

§ 129 古老形式语言和现代形式语言

现代梵语说明，抽象词非常接近形式元素，德语 ich liebe、法语 j’aime 和英语 I love 等都体现出纯粹的形式。因为印欧语言抽象化程度不断提高，人称代词失去了材料性，从而使得人称词尾不断加强或者被完全取代，词的形式词尾随之模糊不清，人称词尾衰落、钝化，于是，由内容空泛的人称代词取而代之。这样，人称代词在现代印欧语中成为形式元素，其原本的物质性意义隐退消失。例如德语 ich liebe den Wein（我喜欢葡萄酒）中没有主语（Subjekt），而 ich liebe das Wasser（我喜欢水）却有一个主语。[①]（参看洪堡特论卡维语一书的导论，290 页）。

德语介词原本是名词，但经过抽象化而变成为介词，就像人称代词变成为人称符号一样，现在是形式词。

现代梵语与古梵语的区别是形式词取代了形式。这一现象早已为人关注，多有研究，但还不够全面。我认为还应该包括一些现象，例如在希腊语中只需要一个冠词、指示代词、形容词，而德语总是要再补充一个抽象名词。例如德摩斯梯尼[②]演说辞《金冠辩》（*De corona*）的开篇：
εὔχομαι … ὅπερ ἐστὶ μάλισθ ὑπὲρ ὑμῶν … τοῦτο （如此决定）παραστῆσαι 367

① 原文如此。按照现代德语语法，这两个句子都有主语，即 ich（我）。——译者

② 德摩斯梯尼（Demosthenes，前 384—前 322）雅典修辞学家、雄辩家、民主派政治家。——译者

τοὺς θεοὺς ὑμῖν, μὴ τὸν ἀντίδικον σύμ β ουλον ποιήσασθαι περὶ τοῦ（方式）πῶς ἀκούειν ὑμᾶς ἐμοῦ δεῖ, σχέτλιον γὰρ ἄν εἴη τοῦτό γε（如此表现）ἀλλὰ τοὺς νόμους καὶ τὸν ὅρκον, ἐν ᾧ πρὸς ἅπασι τοῖς ἄλλοις δικαίοις（正当的规定）καὶ τοῦτο γέγραπτι κ. τ. λ.。这个例子应该能够说明我想要表达的观点。德语 Weise（方式）这个词在上文希腊语中是一个简单的冠词，在德语中被普遍用于副词词尾，例如 vorzugsweise（首先）、glücklicherweise（幸亏）、natürlicherweise（当然）等。同样，拉丁语 mente（理性）在罗曼语言中成为副词。与希腊语相比较，现代印欧语言缺乏形式感和抽象性。

内在语言形式所接受的并非原样的认识，而是本能自我意识所想象的认识，同样，虽然本能自我意识分析认识，并将之上升为想象，但语言的形式并非仅仅是本能自我意识所构建的形式。——另外，原始的形式语言可以将抽象的材料词用于形式，因此，表面上与无形式的语言相似，因为无形式语言通过真正的材料词表达形式关系，亦即将形式视为材料。

β. 系词

§ 130 系词和陈述

现在人们一般把系词简单地理解为谓词陈述，我认为这既太过宽泛，又太过局限。这一称谓应该局限于 sein、ist（是）等陈述词（Aussagewort），而它们其实是形式词，完全等同于动词的词尾。另一方面，如果陈述仅限于谓语（Prädikat），则人们对“陈述”概念的理解又太过局限。我认为，语言中凡是形式出现的地方就有陈述和综合（Synthesis），并且定语陈述和宾语陈述亦属此列，前者体现于定语的屈折形式，后者体现于宾语的屈折形式。这里其实存在定语系词的问题，也就是关系代词（Pronomen relativum），在许多语言中也出现在简单的形容词和属格

（Genitiv）上。介词和连词（Konjunktion）是说明宾语关系的系词。这样，368
每一种句子关系都包含一个陈述，而每一个形式词都是屈折形式的替代，都是系词。据此，现代德语的人称代词也是谓语系词，因为它只用于体现屈折形式，只不过，谓语系词与谓语形容词搭配，代词与动词搭配。

形式词涉及两个话语成分，并把它们联系起来——这是"关系"这个概念的内涵。介词属于动词和宾语，人称代词属于主语和谓语。如果屈折形式表达陈述，则陈述不只体现于一个话语成分的屈折，而是涉及两个话语成分的屈折。谓语关系体现于动词屈折和主格词尾，而宾语关系则体现于主动动词屈折和宾语。这一规则并非在语言中一贯到底，而是多有混合，尤其在宾语关系和定语关系。只有在最为重要关系中，即谓语关系，上述双重指称明确无误。但主格词尾有时会消失。

对于整个语法而言，现在只需要再强调一点，即不定式。

§131 动词和不定式

认为不定式中只有一个名词是完全错误的，对此，我无意深究，而是直接引证洪堡特。在其最后一部大作中，他没有论及不定式。但最近发表的他的一封信重点论述不定式。这封信写于 1826 年，刊于由奥夫雷希特和库恩主编的《比较语言学期刊》第二辑第 4 页。如果说洪堡特那部大作之前的文字未能真正体现他关于不定式的真知灼见，但他后来的论述则很能说明问题。

在上述信件中，洪堡特认为不定式是对"时间中纯粹运动的表达"。369
他说，不定式的意义与词根相同。词尾只有一个功能，即排除其他词尾，因为在屈折语言中不允许词根单独出现。因此，不定式就表示动词本身，只表达动力、运动等。不定式词尾所体现的正是动词的这种"前语法状态"。洪堡特将不定式称为"简单的、一般性的、模糊表达的感知。德语 Hitze（炙热）是一个抽象词，而 heißes Eisen（滚烫的铁）就具备某种确定性，但如果说出 Eisen heiß（这铁烫）则是用一种直接的、孤立的方法表达感知”。洪堡特通过 heiß 说明，不定式本质上无异于衍生其他常见动词形式的“词根”，亦即“材料”。

我不完全赞同洪堡特所说，但必须承认其中一点是正确的——我们即以此为出发点——不定式“完全保持了动词的属性”，因此“属于动词”，“与定语和名词不同”。在我看来，问题实际上只有一个：何谓“完全的动词属性”？因为，严格而言，不定式根本不包含名词性内容。我认为没有人觉得德语 ich will essen（我想吃）和 ich sehe blitzen（我看见闪电）中的不定式包含丝毫的名词性元素。关于不定式，德国人容易弄错，因为德语倾向于抽象，而名词比动词更便于抽象，动词则更感性。每一个名词都是一种抽象，因为它们表示一种类型概念、一种普遍性、一种事物，而动词的特性恰好相反，使主语的抽象性具有直接的现实性。但是，不定式借助冠词可以轻易用于抽象，这在德语中的表现非常普遍，所以，在德国人的语感中，不定式鲜活的动词性已经多有损失，相比较之下，法语不定式的鲜活度保持得很好，英语更甚。但是，如上例所示，
370 德国人仍然能够感受到德语不定式鲜活的动词性。

人们错误地认为词根包含着动词性元素，那么，动词性何在呢？德语动词 laufen（跑）的词根虽然表达一种行为或运动，但这绝非动词性所在，Zweifel（怀疑）、Bewegung（运动）、Vorgang（过程）、Rede（话语）、Anziehung（吸引）、Teilung（分开）、Fluss（河流）、Fall（下落）、das Sinken und Steigen（降和升）、Lauf（跑）、Tanz（跳舞）、Schlaf（睡觉）、Hunger（饥饿）、Durst（口渴），等等，表示正在进行的过程或当前存在的状态，但都不是动词。用 laufen 的词根生成 laufen、Lauf、Läufer、laufend、läuft、läufig 等词，都表示行为或运动。Laufen 的词根是一个词，但不是一个完整的词，至少不表示一个完整的认识，例如关于一只正在跑的狗的认识，而只涉及一个认识的一部分。这一认识部分是构成想象的材料，

但还没有形式，因此，汉语等语言没有形式，只有词根。名词和动词的区别纯粹在于形式，根本不能通过词根来说明。词根必须通过形式才能成为名词或动词。汉语没有形式，也就没有动词和不定式。同样，梵语词根也不是不定式，不定式只是充当词的词根，体现完全的动词形式。这种不定式也并非表达“时间中的纯粹运动”和“简单的、一般性的、模糊表达的感知”，有此内涵的是词根，而不定式是动词形式。

那么，动词性都包含什么内容呢？首先和最主要的是人称关系，亦即说者、会话伙伴或者被谈论者的行为。由此产生第二点，即行为直接出自某人，是其“力量表达”。例如德语 die Rose blüht（玫瑰开了）并非将概念“开花”赋予概念“玫瑰”，而是将“开花”的行为视为“玫瑰”的力量，同时使得“玫瑰”脱离抽象的想象而进入现实，使本能自我意识 371
认识到当前“力量表达”中“开花”的玫瑰。正如我们前文（158 页）所引赫尔巴特的论述：“没有人认为 diese Gegebenheit ist erfreulich/erfreut mich sehr（这事令人愉快 / 令我愉快）或者这个判断中‘令人愉快’这个特性属于事件本身，是内在于事件的属性，因为该特性只涉及主观感受。”我们认为逻辑学和形而上学没有人会那么做，但本能的、想象的和语言的自我意识会那么做。主语将活力赋予动词，使之具有行为的力量。由此产生第三点，即动词自身具有足够的力量，包含着谓语陈述，并构成句子。

现在，我们据此衡量一下不定式、分词和动名词。它们缺少第三点，即不包含谓语陈述。虽然如此，可以肯定它们仍然包含着动词性力量。现在我要强调指出特别重要的一点：它们不缺乏对人称关系的表达，只不过方式比较隐性，与变位动词（Verbum finitum）不同。人称关系在变位动词中明确为第一、第二或第三人称，而在不定式、分词和动名词中则不明确，第一、第二或第三人称不确定。因此，不定式只能出现在人称关系明确无疑的情况下，例如德语 ich will essen 表示拉丁语 volo ut comedam（我想吃），不定式明确说明人称关系。因为其所涉及的人称不言而喻，例如在本例为第一人称，所以只用不定式即可。但是，如果要说 volo ut comedas 或 volo ut comedat，就不能说 ich will essen，因为没有说明不定式涉及第几人称。

这样，不定式位于名词性从句中，与主句主语相同，例如德语 ich fürchte zu fallen（我害怕摔倒），但 ich fürchte, dass du fällst（我害怕你摔
372 倒）。这里，就 zu fallen 的动词性而言，肯定不弱于 dass du fällst，相反，在 du fürchtest zu fallen 中弱于在 du fürchtest, dass ich falle 中。另外，在宾格不定式（Accusativus cum Infinitivo）时，即使在主语不一致的情况下动词也保持不定式形式，因为，其中的宾格已经明确了人称关系。因此，我无法理解有人提出的断言："每当说 ich sehe den Menschen gehen（"我看见那人在走"，我们也明显感受到其中的宾格不定式），就会将 gehen 的特征从 Menschen 分离出去。"如果说 der Mensch geht（那人在走），就不会将 gehen 从 Menschen 分离出去，因为所涉及的是一个从关于"在走的人"的整体认识中产生的想象。这种分离十分重要，因为它是构成想象的基础，因此也是语言形成的基础。动词性从名词分离出来，复又还归名词，例如在 geht 中体现于确定的人称关系，gehen 的人称关系虽然不确定，但仍然清晰可辨。宾格不定式其实是一种抽象，例如 Ich sehe den Menschen gehen 等于 ich sehe das: der Mensch geht，宾格 das 被替换为宾格形式，充当说明性句子的主语，同时，说明句失去了独立性，被嵌入主句。这样，说明句的动词失去了构句的力量，但仍然保持其谓语力量，其人称关系由确定变为不确定。

即使不定式是主语，例如德语 irren ist menschlich（犯错是人之常情），不定式仍然是动词性的，不是名词性的，因为不定式在这里涉及的是泛指的人（man），相当于一个句子或短句，例如 dass man irrt，试比较 irren ist menschlich 和 der Irrtum ist menschlich。

不定式的意义应该在于其完全的动词性，虽然不能表达确定的人称

关系，但仍然可以表达不确定的人称关系，虽然不能构成句子，但仍然
可以发挥谓语的功能，因此，完全是动词性的，主要用于从句，是介于 373
句子和句子成分的中间物。但是，不定式所表达的不确定人称关系模糊不清，如果有定冠词出现，则人称关系完全消失，动词性也随之消失，就只是一个词根，表达抽象名词的行为。

分词也具有动词性，也只表达不确定的人称关系，但与不定式不同。不定式具有谓语能力，而分词只具有定语能力，但又因其动词性而与形容词不同。最后，动名词（Gerundia）以及属格或夺格的绝对分词（Participien im Genitiv oder Ablativ）也表达不确定人称关系，表示客观陈述，但比纯粹的副词更有力。分词和动名词与定语形容词和宾语副词的关系，相当于变位动词与带 ist 的形容词谓语的关系。

综上所述，不定式虽然具备动词性，但弱于变位动词，分词和动名词的动词性更弱，因为不定式还可以充当谓语，而后者只能充当定语和宾语，虽然如此，其动词性仍然不可忽视，因为其所表达的不是简单的句子成分，而是一个依赖于主句的从句。①

① 这里无意穷尽涉及不定式本质的所有问题，遑论给出明确的结论——我不会那样自不量力。我计划在空闲的时候写一本关于不定式的专著，希望通过尽可能多的语言，展开充分的论述，深刻揭示不定式的本质。

C. 语言的差异性

前面，我们阐述了语言的起源，试图通过起源认识语言的本质和运作机制，进而通过本质揭示语法的原则，根据原则说明语法的主要问题。
374 至此，诸语言的差异性问题应运而生，不可回避。下面，我们就讨论语言差异性的本质。

1. 语言差异性的根本

首先一个问题是，诸语言间的差异性何在？为什么存在差异性？在于人的特性和人的精神！

语言的差异性不仅在于语音及其组合的方式，亦即语音形式，而且也在于内在语言形式，还在于二者的结合，因此，同一个想象在不同的语言里有不同的语音表现。

§132 诸语言语音方面的差异性

首先涉及语音的生成，显而易见，有的音某种语言有，别的语言没有，反之亦然。但同时可以肯定，没有哪种语言与另一种语言只有一个音完全相同。试比较法语和英语的字母，相对应的每一个辅音和元音在两种语言发音都不同。瓦伦汀（Valentin）(《人类生理学概论》*Grundriß der Physiologie des Menschen*，§1428）说："比较不同语言和方言的语音可以回答比较语言学的许多问题。每一种方言都有自己独特的发音方式，这可以解释为什么相同的音串在不同语言里发音不同，为什么有的外语容易上口，而有的却很困难，人们为什么总带有母语的口音。这种生理学分析可以解释，为什么有的根词在相近语言中历史演变的命运不同，这种变化甚至以奇特的方式表现于根词的数量和韵律上。”

依我之见，各民族语言语音方面的差异性不仅在于“其发音器官独 375
特的构造”，而且也在于其发音器官独特的形态，二者相互影响。英国人不仅面部特征突出，而且头形也很独特，相应地，他们的发音器官应该也有其特点。众所周知，有的工作长期使肢体以一种方式运动，会影响肢体的发展，使之发生特殊的变化。一个不到一岁的英国儿童被送到法国，把法语当作母语习得，另一个去俄罗斯习得俄语，那么，两个儿童发音器官的发展和结果会不同，而且也会与英国人、法国人和俄罗斯人不同。但是，这些差异性不可测量，不可解剖确认。能从蒙古人和欧洲人的头颅看出他们发音器官的不同吗？诸语言语音方面的差异性小于人种颅骨的差异性。

相同的感知在不同民族语音表达不同，各种情绪和心情在不同的面部特征也有不同的表现，不同民族的病理学结果也不同，因愤怒有人狂吼，有人则呼吸紧促，说不出话来，还有人大动肝火。总之，情绪激动波及身体，且因个体体质而表现各异，结果，很难判断不同民族对相同感知的语音反射的差异性。

§133 内在语言形式方面的差异性

语言差异性的本质在于内在语言形式方面，具体体现于本能自我意识获得认识以及将之转化为想象的方式。

我们前面通过先天性，亦即人类普遍精神活动，来论述语言，这也 376
适用于认识转变为想象这一语言最普遍的基础。之后，诸语言的差异性开始显现。

不要忘记，想象具有双重性，因为它是一个被语言认识所表达的
认识。语言认识是媒介，由此而表达的认识是想象的内容和核心。我
们将对此内容的认识称为想象，因为我们看到，与想象并行、相伴随的
是语言媒介的发展，即内在语言形式的发展，这对于形成想象，并使之
发展成为概念，极为重要。如上所述，语言影响思想，我们因此可以断
言，如果没有内在语言形式相伴，想象不可能上升为概念。所以，表达
想象的语言媒介的发展推动着想象的发展，但是，这并非必然意味着，
一种因素与另一种因素同步发展。想象的发展必有其独特的道路、形式
和规律。空间的三维性、时间延续的单向性、数字序列等我们称之为范
畴的东西，事物及其特征、静止、运动、存在、发展、变化等，这些都
是精神活动的形式和内涵，都与精神不可分离，是精神的器官和容器。
但是，它们不同于现实的精神活动，不同于现实的思想。其实，精神
活动的形式并非精神先天固有，并非专为精神所创的器官，而是在精
神活动中逐渐形成的。但是，精神活动的形式必然源自于精神，在所
有人身上都相同，完全超越了我们的意愿，而且，其形成是无意识的，
为绝大多数人所不知。那些范畴时刻出现于我们的现实思想中，但只
377 有经过专业的哲学训练才会注意到，就像对血液循环规律的了解，需
要生理学专业知识。因此，那些范畴作用于思想之中，与自然规律一
样，无论是否为人所意识，所以，其形成和存在的方式不同于精神的
其他内容。因为，精神是否获得这样或那样的认识或想象，并非取决
于自身，认识于它是外来的，且那些范畴并未给定，而是由精神在形
成想象的过程中所构建。这些想象涉及世界上的此或彼，或真或假。因
此，诸范畴的内容以及与现实思想的关系都非常独特。河流产生河床，
同样，想象为精神所理解，也会在心理形成道路，并为后来的想象所使
用。河床不在乎河水中包含的是石灰石或岩石，甚或汹涌的火山熔岩。
这样的河床就是思想的形式，表达着从现实和唯物思想所获得的诸要

素之间的关系。相关要素存在于唯物思想中，并随之而形成，体现出唯物思想的轨迹。事物和特征是两块相互关联的空地，只有通过唯物思想才得填补。

我们必须强调指出，这种范畴轨迹是思想的轨迹，其形成完全是无意识的。人们区别事物和特征，但对物质实体和特征等相关范畴毫无意识，即使儿童、野人也能够根据因果关联进行判断，但意识中并没有“原因”这个范畴。看来，“物质实体”“原因”等范畴也存在于野人的精神中，发挥着作用，但不为其所知，必然伴随着思想而自发形成。

但是，这些范畴并不属于语言，不属于内在语言形式，因为它们属 378
于想象，伴随着想象而盲目发展。它们是精神本能的产物，而内在语言形式是本能的自我意识。进入内在语言形式的并非整个想象，而只是其中被本能自我意识所理解的那些物质认识，其表现方式也只是本能自我意识所理解的方式。因此，想象或者物质认识的发展规律不同于内在语言形式。前者的发展道路和形式固定不变，具有必然性和盲目性；而内在语言形式类似于自我意识，在认识中发展形成自己的形式。

因此，本能自我意识具有自由和主观性，实现对客观对象的主观理解，所以，其结果，即内在语言形式，因语言而存在非常大的差异，有的形成了特定的形式，有的则没有，有的具有此样的形式，有的则具有彼样的形式。

§ 134 语言差异性最根本的原因

但是，本能自我意识并非必然存在上述差异性，而是需要充分的双重条件。其中最根本的，一是诸民族的精神组织，其次是发音器官的特殊性及其反射认识的方式。首先，在最原始的拟声阶段，内在语言形式与语音相一致，本能自我意识在反射性语音活动中觉醒，语音的含义就是自我意识最初的内容，随之，二者的发展各行其道，但没有完全摆脱相互之间的影响，而是始终彼此依赖，直至各自完全形成，然而，二者各自的发展永无止境。下面，我们就语言的差异性和民族的差异性之间的关系再补充几点。

379

2. 语言的有机性、原则和个性

§135

人们会问我们，是否将语言视为一种有机体？这个词从来含义不清，并且越来越空泛，我们该做何回答呢？或许我们应该先忽略“有机性”这个词的含义，而追问其对立面，即非有机性，因为凡事必有其对立面。那么，对于语言而言，这样的对立面何在？

对于我们而言，“有机”这个词应该只有一种引申含义，因为语言本质上属于精神，是一种精神产物，其意义不应该是纯粹自然的。我们是否应该感到，语言的起源在于精神发展的必然过程中？或者更准确地说，在于精神和身体的关联中？我希望，或者自以为已经清楚而充分地阐明了有机体的相关问题，澄清了所有错误和夸夸其谈的问题，讨论可以告一段落。

另一方面，贝克尔没有能够全面认识有机体的重要性，因为他不理解不同语言的差异性，因此也不理解诸语言的个性。我们这里讨论语言的差异性，就必须指出，每一种语言都基于本能自我意识，获得对人的外部和内部世界的认识。而对世界和自我的这种本能认识以某种个性原则为基础，是一个连贯性系统。系统的所有部分都体现出某种类型，且带有原则的烙印，承载着原则的发展。这一共同特性对于系统所有部分而言，体现为一个共同的源泉和一个共同的目标，从而，系统的原则得以实现。整体决定部分，每一个部分都是整体中确定的、特殊的成分，

这就是语言的统一性，我们称之为有机体。但这个专门的称谓何用之有？ 380
各种措辞都充满智慧，我们的说法是，每一种语言都是一种遵循某种统一性原则的系统，是一种个性化的精神产物，而语言统一性和个性的根源在于民族精神的特殊性。本书第一部分已经表明，我们在这方面与洪堡特观点一致。

每一种语言独特的统一性和特有的原则表现在三个方面：语音、内在形式以及二者的相互关系。例如，闪米特语言的个性在其字母和语音组合中已经凸显出来，tk、tp、kp 应该是其特有的词首音组合，其次，这种语言的内在形式也非常独特，第三个特点表现于内在形式通过语音形式实现称谓的方式，其中元音和辅音的用法非常不同。最为突出的是这种语言贯彻原则的坚定性。但我担心闪米特语言在这方面仍有“不坚定”之嫌，因为其词尾有时表现为词根元音的内部变化，有时则通过词缀来表现。

但是，语言的统一性在另一方面却一分为二，即作为语言材料元素的词汇的统一性和形式化的统一性。两方面都体现出上述三个维度。语法的统一性较为严格，词汇的统一性较为宽泛，因此多有误解。我们已经见识了贝克尔对词汇统一性的错误分析，而现在对他的错误看得更为清楚。他纠缠于概念，而忽视语言形式，其所聚焦的其实是逻辑而非词汇。

一种语言词汇系统的形成应该以内在语言形式与语音的结合为指导 381
原则（参看洪堡特论卡维语一书的导论，108 及以下诸页）。首先可以将词简化为词根，并从中仔细考证相关词根最原始的语音形式和内在认识内容。然后，根据语音和内在认识的相似性，对词根进行分类，类型所包含的词根既要尽量多又要尽量少，但也要谨防极端化。词根派生不仅不能只出于一个词根，也不能出于 10 或 12 个词根，另外还有无法归类的孤立型词根。人们很早就对希伯来语和希腊语的词根进行了类似的分类，其中，有一类词根语义相近，而且核心部分都有一个相同的辅音，被视为同一个词根的语音变体。例如希伯来语 qārā（呼喊），英语 cry，希伯来语 kāras，希腊语 κράζω、κρώζω、κηρύσσω，或者希伯来语 zāhal、zāhar、sāhar、hālal、zālal；zāchā、zachar；zāhā、zāhab；sāhā、sāhab；tāhar、tāchar，这些词都不同程度地表示“明亮”“闪光”“纯洁”“金色”“黄色”“纯洁的道德”“响亮的声音”等意思。还有希腊语 κέλλω、κίλλω、κυλίνθω、ἴλλω、εἴλω、ἑλίσσω，等等，也是如此。

可见，同一个基本义通过各种引申和隐喻用法而发生各种变化，但重要的仍然是发现其中的基本规则，探究相关语言基本语义在构词、历史和精神发展中的演变规律。贯穿于所有词及其变体和派生之中的诸多规律的统一性才是相关语言词汇真正的统一性。

382

3. 普遍范畴

§ 136

在亚里士多德和斯多葛派哲学的影响下，形成了一个特殊的哲学分支，即哲学语法，提出了一个适用于所有语言的范畴列表，并认为它们必然且先验性地符合语言和思想的本质，不仅涉及词汇，更涉及语法，就像一副骨架，只需要穿上各种衣服，也可能此处一块骨头分为两块，彼处又二者合一，或者一部分茁壮生长，另一部分萎缩甚至完全消失。

问题是，这样的科学，即一种普遍性语法，是否合理和可能？所谓先验性推理其实只是一个假象，抛开此一点不说，哲学语法提出了适用于高度发达语言的主要范畴，虽然不是所有范畴，但是，因为所追求的是语言的逻辑形式，所以完全误解了语法形式的意义。再抛开此一点不论，哲学语法所提出的一副语言骨架也只适用于一种语言，即梵语，而且只是大概适用，不可能完全符合任何一种印度语言。这一努力原本应该在基本原则的指导下，采取实证的方法，揭示梵语语支的共同形式及其意义，进而阐明该语支语言形式的独特性，凸显其中各语言的差异性和个性。只有这样，才可以大有作为，提出梵语语支的普遍唯理语法。但是，针对其他语支还需要特别的研究，因为梵语范畴不适合于其他语支。

人们认为，虽然语言之间存在差异，但都以表达思想为目的。为此，语言必须满足一些内在于这一目的的必然的普遍性要求。以这些条件为 383
基础，可以对语言进行比较研究，甚至比较极为不同的语言，弄清楚每一种语言是如何以及以怎样的方式满足条件的。所得之共性可以作为研究语言差异性的出发点，也可以作为衡量语言组织性程度的标尺。

人们还认为，思想的逻辑形式和形而上学形式是给定的，一成不变的。这些形式在语言中以某种方式得到表达，其纯粹性和完善性也表现不一。因此，这些形式构成了所有语言的共同纽带。这样，必然提出一个问题：某个逻辑形式在不同语言中是如何体现的？

人们还说，动物王国的情形也是如此。各种动物差异很大，但仍然可以相互比较，例如，即使蚊子和大象也可以相互比较，其方式可能与马和大象的比较不同。动物的概念中已经包含着某些要求，反映动物的本质，例如呼吸、消化等。概念的这些要求构成了所有动物的统一，这时，必须首先弄清楚具体动物种类满足这些要求的方式，才能明白它们之间的差异性。语言的情形也是如此。从概念看，各种语言拥有共同点，无论共性多么抽象。

但是，这种认识方式是错误的。从逻辑或其他系统提出的要求对语言无效，因为语言先在于逻辑和理性思想。我们的论述说明逻辑要求不合适于语言，即内在语言形式。首先，认识起初没有形式，亦即缺乏思想的形式。直到本能自我意识在精神活动中理解认识，并将之转化为想 384
象，思想才有了形式。认识转化为想象是一切语言的基础，也是语言活动的范围。因此，语言先在于逻辑。在逻辑形式形成之前，语言形式已经完善。语言和逻辑各自发展自己的形式，互不相关。所谓语言表达思想完全不符合事实。应该说，语言表示（bedeuten）思想，所表达的只是语言对认识的理解以及理解的方式。即使语言表达概念和纯粹逻辑判断，例如“上帝是绝对的”（Gott ist absolut），也并非意味着逻辑和语言在协商：“你要表达这个，至于怎么表达，那是你的事。我要求你，希望你完成表达，形式和形态随你。”相反，语言将概念也视为认识，亦即概念是本能自我意识的对象。本能自我意识以自己朴素而独特的方式理解概念，不服从任何别的要求。本能自我意识有自己的逻辑，且因不同民族精神而各异。因此，我们不能将各种语言的逻辑与我们的系统逻辑相提并论。

其实，一切都可以比较，笑话和幽默就是很好的例证。但是，比较科学的目的是要通过比较来认识事物的本质和发展，不能沦为笑话和游戏。比较解剖学就曾经一度陷入此等境地，现在早已克服。人们认识到，通过将环节动物和脊椎动物相比较的方法达不到认识环节动物身体构造的目的。有人发现人手和马蹄之间的一致性，认为它们都是前肢的末梢关节。但从中获得了什么认识吗？ ich werde von dir geliebt（我被你爱）
385 这个德语句子包含着对逻辑结构的颠覆，按照逻辑，ich 应是受者，即宾语，von dir 应是主语。如上所述，语言与逻辑、一种语言与另一种语言、甚至环节动物和软体动物与脊椎动物之间的关系即是如此。我们遇到了非理性对象，它们不能相互比较。

因此，人们首先要做的不是比较，既不是与另一个语支相比较，也不是与任何一种普遍性的、相关语支以外的语言形式相比较，更不是与逻辑范畴相比较，而是观察每一个语支本身。其次，任何适用于一切语言的形式模板都不合情理，更何况先验性确定的模板。第三，逻辑和语法是互为非理性的东西，每一种语言的形式和范畴完全是主观性创造，是主观影响下的产物，出乎任何计算。内在语言形式不听从任何命令，只遵从自身要求，因此，其形成也是自发的。要认识语言自身的要求，就必须研究语言的形式，因为对于语言而言，要求和功能无缝连接，就像因和果一样。

词典编撰有两个出发点，一是用所熟悉的语言解释目标语的词，二是目标语中的哪个词与所熟悉语言中的哪个词相对应。语法的情形亦如此，其任务可能也是两方面的，一是描写并解释目标语的形式，或通过详细说明这些形式的功能，或通过与另一种熟悉语言相对应形式的比较，二是以一种普遍抽象的语法为基础，说明目标语的哪种形式与普遍语法的哪种形式相对应。这样，如果要将母语词典翻译为外语，也应该体现一种语法，说明母语语法（或更好是一种普遍语法）的形式如何用外语 386 语法的形式表现出来。迄今为止，语法的确基本就是这么做的。对此，我们用一种常见的观点来回应：一切都是可以翻译的，但也只能是大致对等。众所周知，两种语言针对同一个想象所使用的词语经常类似于同义词，亦即，意义既相同又有细微差别，但是，如果追究内在语言形式，亦即词源，则不同语言词语方面的差异性更大，例如德语的 Sohn（儿子）和 Tochter（女儿）不同于拉丁语的 filius（儿子）和 filia（女儿），就与父母的法律关系而言，也不一样。这些词所针对的现实是一样的，但那超出了语言范畴。而且，这种共性也并非必然，而是只有在被称谓对象相同的情况下。但如果涉及抽象概念，亦即被称谓对象需要创造，则一种语言没有词能与另一种语言相对应，因为使用另一种语言的民族没有创造出相关概念。另外，人们自古认识到，词典只有以目标语为出发点，才能真正说明该语言的词汇，解释其真正含义。那么，语法涉及抽象的形式元素，一切皆源自于内心主观认识和创造，一切皆未给定，而是取决于本能自我意识的力量，情形难道会不一样吗？语法应该回答的问题是，一种语言拥有哪些形式？而非追问该语言的哪种形式与德语、拉丁语甚或抽象逻辑的哪种形式相对应，因为无法对应。

最后还需要指出，普遍语法试图提出适用于一切语言的范畴列表，其基础是最为肤浅、最为抽象的普遍性，而真正的普遍性离不开具体，具体性体现普遍性的创造性。为此，需要讨论语言的分类。

387

4. 语言的分类

§ 137

真正的普遍语法揭示语言的一般本质及其在不同语言个性化形式中的体现。对于普遍语法而言，每一种语言都是语言概念的个性化实现。普遍语法将所有语言相互联系，体现所有语言的共性，并根据相似性和组织性对所有语言进行系统分类。

我这里无意就此深入展开，因为那超出了本书的范围。[①]

5. 民族心理学视角下的语言学

我们已经说过，语言不仅是一种精神活动，与其他精神活动一样，

---

① 需要说明的是，拙著《语言的分类——语言思想发展视角》（*die Classification der Sprachen, dargestellt als die Entwickelung der Sprachidee*）出版之后，波特林克（Böhtlingk）也专门论述这个问题（《论雅库特语》*Ueber die Yakutische Sprache*），只可惜不尽如人意。我只能遗憾地说，这个领域不是他的专长，他对其中的问题理解不深，而对语言历史研究造诣颇深，成绩卓著，令人起敬。出于敬意，我不对他的观点提出批驳。我曾经不得不接受波特的论战。作为本书的配套，我将专门论述语法研究的方法，届时将有机会详细阐述语言的差异性，这里对此只能点到为止。至于波特林克的所谓独创性见解，其实毫无新意，《语言大全》[②]（可能是阿德龙［Adelung］，但至少是法特［Vater］）早有论述，洪堡特论卡维语一书的导论 268 或 252 页也有所论。

② 《语言大全》全名为 *Mithridates, oder allgemeine Sprachenkunde*，柏林，1806–1817，共四卷。阿德龙著成第一卷，第二卷半途而止，法特继之，并完成第三卷和第四卷。——译者

是心理学的研究对象，而且，对语言的起源、本质、在精神发展和活动中的地位的研究也是心理学非常独特和重要的一部分。我们对语言和语 388 法的整个论述、对不同语言的具体研究都完全发生于心理学领域，对语言差异性的阐述也没有超出心理学。心理学还有一个领域也十分重要，但却未引起人们足够的重视。当今心理学属于个体心理学，即以个体心理为研究对象，探究每一个人类生命的普遍心理，某种程度上也包括动物。但是，人类精神并非仅仅属于个体，还属于社会，尤其在身体和精神方面都体现出民族特点。因此，个体心理学需要民族心理学的重要补充。人生来就属于某个民族，并在精神发展方面深受其影响。因此，脱离个体出生和成长的社会，就无法完全理解个体的心理。

§138 民族心理学的任务

民族心理学不仅是一门新的科学，甚至还没有被视为一门科学，还没有建立起一个概念和认识的连贯系统。在这方面，我们只知道拉扎鲁斯（Lazarus）博士 1851 年发表于《德国博物馆》（*deutsches Museum*）的一篇文章，还有一些伟大的思想家也有论及，例如赫尔巴特在其《心理学》（*Psychologie*）序言中论述了数学心理学的国家和社会意义。下面引证卡尔·李特（Carl Ritter）关于民族心理学的一段表述。李特是一位自然科学家，科学地理学的创立者，博学多识，思想深邃。他（《地理学》*Erdkunde* 第一卷 19 页）致力于“阐明全世界各民族所处的一切重要自然 389 关系，进而凸显自然条件下各民族各阶段的主要发展方向。果真达及这一目标，则是历史学的一大进步。因为自古以来，对于历史学而言，外部自然关系对人类发展的影响颇具启发性，可以澄清某些重大问题。个人、民族和国家在精神发展方面的内在动力，是比较科学的一个新的领域，值得期待和重视”。这表明，他在自己的研究领域放眼科学研究的全局，其观点已经能够说明我们所提之民族心理学的性质。

当然，我们不能忘记洪堡特的观点。他那部大作[①]前七章的论述可被视为民族心理学的基础，例如关于“民族与人类的关系”“个体和民族的相互影响”等。

§139 作为精神个体的民族

民族是民族心理学的主题，但是，如同个人一样，相对于其他民族和整个人类也是一个个体。而个体的根本在于独特的物理关系，包括人的身体及其自然环境。——谁能否认它们对于精神生活的重要性？——对此进行研究是地理学和物理人种学的任务。相对于民族的精神生活，上述物理基础当然有其独立性，但二者又总在相互影响之中，自主决定性和相互依赖性并存，由此，民族精神的个性应运而生，民族心理学的研究对象不言自明。

390

§140 个人与民族

个人必然使用语言，因此必然是民族共同体的一分子，同时，人类必然分为不同的民族和种族。任何关于人类形成民族和拥有语言之前状况的见解都是十分必要的科学猜想，一如数学的线条和点、真空中的落体，但绝不能获得关于人类真实存在的认识。因此，民族心理学使我们深入了解人类生活的真相，认识不同民族及其分支的差异性。

每一个民族构成一个独立的单位，是人类本质的个性化体现。一个民族的所有个人都在身体和精神方面带有自己民族个性的印记。这一共性首先源自于身体方面，亦即源自于出身和血缘，其次源自于外部自然环境和生活方式的影响。而精神发展方面的共性则源自于人们的共同生

① 指《论人类语言结构的差异及其对人类精神发展的影响》北京，商务印书馆，1999。——译者

活，亦即共同思想。思想只能发生于社会之中，每一个人的思想都与社会中另一个人的思想相联系，如此产生的新思想既属于思想者自己，也属于同一社会中的他人，一如孩子既属于父亲，也属于母亲。同样的身体和同样的外界影响产生同样的感受、倾向、愿望，进而产生同样的思想和同样的语言。人必然是特定民族的人，这意味着个人与其他个人紧密相连，人的概念必然包含着不同的民族，民族包含着诸多具有共性的个人。

§141 民族精神的产物

身体因素对精神的影响导致精神具有某些偏好、方向、气质和特点等，而且民族中的所有个人体现出共同性，拥有共同的民族精神。民族精神首先表现于语言，然后表现于习俗和习惯、机构和行为、传统和艺 391
术。它们都是民族精神的产物。

§142 民族心理学的构成

民族心理学分为下面几个部分：一是运用分析的方法，研究诸多作用于民族生活的力量各自发展和相互关系的普遍规律；二是运用综合的方法，研究上述力量作用下所形成的具体产物，并将之视为一个由许多器官和功能组合而成的有机体，这里，该有机体首先结构稳定，但同时又是一个历史性的生命，不断发展；最后运用心理学方法开展人种学研究，将全世界的民族视为一个由诸多民族精神组成的王国，研究各个民族精神的个性。

这样，民族心理学成为历史哲学的普遍基础。

§143 语言与民族精神

在民族心理学的所有视角中，语言研究最为重要，语言学最具活力。

语言普遍性本质的发展是个体心理学重要的一章，同样，具体语言也是人类语言和本能世界观整体性系统独特的实现形式。每一种世界观都有自己特殊的原则，属于人种心理学的研究对象。因为，从个体精神研究语言的起源和发展——当然要重视人的社会性——就要观察现实的、既成的、亦即个体的语言，就会产生一个问题：语言属于谁？谁创造了语言？不能说语言是个体的，而应该说个体在社会中使用语言。个体通过言说创造了语言，语言因此而被人理解。这样，一个人说什么、怎么说，在言说之前就已经存在于听者的精神中。因此，说者从自己和听者的精
392 神中创造出语言，被说出的词语不仅属于说者，也属于听者。

语言本质上是社会的产物，是民族的产物。我们称语言为本能的自我意识、本能的世界观和本能的逻辑，这意味着，语言是民族精神的自我意识、世界观和逻辑。

语言学能够给予民族心理学所有视角最大的启示。个体统一为民族反映在他们共同的语言中，民族精神的个性最清楚地体现于语言的个性化形式。语言的个性化建构了民族精神个性化的核心。个人和民族相互影响集中体现于语言。个人在语言中、通过语言而思想，而语言属于个人所属的民族。一种语言的历史和一个民族精神发展的历史联系最为紧密，一种语言的历史和新的民族、新的语言的形成紧密相关。其中，语音的蜕变和内在形式的完善是认识民族精神个性的最重要因素之一。

就此，我们结束对民族心理学的概述，也最终结束本书。我们的目标是明确语法的原则，严格区分语法和逻辑，阐释语法和心理学的关系，但因科学发展水平和自身能力所限，多有不周，惟愿为科学发展略尽绵薄之力。

语言学及应用语言学名著译丛书目

词库音系学中的声调	〔加〕道格拉斯·蒲立本　著
叶斯柏森论语音	〔丹〕奥托·叶斯柏森　著
音系与句法：语音与结构的关系	〔美〕伊丽莎白·O. 塞尔柯克　著
语调音系学（第2版）	〔英〕D. 罗伯特·拉德　著
语音类型	〔美〕伊恩·麦迪森　著
韵律音系学	〔意〕玛丽娜·内斯波　〔美〕艾琳·沃格尔　著
二十世纪音系学（第2版）	〔美〕斯蒂芬·R. 安德森　著
节律重音理论：原则与案例研究	〔美〕布鲁斯·海斯　著
音义六讲	〔美〕罗曼·雅柯布森　著
英语音系	〔美〕诺姆·乔姆斯基　莫里斯·哈勒　著
优选论：生成语法中制约条件的交互作用	〔美〕艾伦·普林斯　保罗·斯莫伦斯基　著
语言音形论（第3版）	〔美〕罗曼·雅柯布森　琳达·R. 沃　著

话语分析：社会科学研究的文本分析方法	〔英〕诺曼·费尔克劳　著
社会与话语：社会语境如何影响文本与言谈	〔荷〕特恩·A. 范戴克　著
语言与全球化	〔英〕诺曼·费尔克劳　著
语言与性别	〔美〕佩内洛普·埃克特　萨莉·麦康奈尔-吉内特　著
话语与语境：社会认知视角	〔荷〕特恩·A. 范戴克　著

认知语言学	〔美〕威廉·克罗夫特 〔英〕D. 艾伦·克鲁斯	著
全球化的社会语言学	〔比〕扬·布鲁马特	著
我们的思维方式：概念整合与心智的隐匿复杂性	〔法〕吉勒·福柯尼耶 〔美〕马克·特纳	著
语言、使用与认知	〔美〕琼·拜比	著
语言知识：本质、来源及使用	〔美〕诺姆·乔姆斯基	著
历史认知语言学	〔美〕玛格丽特·E. 温特斯 〔英〕赫利·蒂萨里 〔芬〕凯瑟琳·艾伦	著
隐喻从哪里来	〔匈〕佐尔坦·科韦切斯	著
语言与心智研究的新视野	〔美〕诺姆·乔姆斯基	著

法语英语文体比较	〔加〕J.-P. 维奈　J. 达贝尔内	著
言辞之道研究	〔英〕保罗·格莱斯	著
语义学（上卷）	〔英〕约翰·莱昂斯	著
语义学（下卷）	〔英〕约翰·莱昂斯	著
语用学与英语	〔英〕乔纳森·卡尔佩珀 〔澳〕迈克尔·霍	著
语用学原则	〔英〕杰弗里·利奇	著
交互文化语用学	〔美〕伊斯特万·凯奇凯什	著
做语用（第4版）	〔英〕彼得·格伦迪	著

复杂系统与应用语言学	〔美〕戴安·拉森-弗里曼 〔英〕琳恩·卡梅伦	著
言语行为：语言哲学论	〔美〕约翰·R. 塞尔	著
应用语言学研究方法	〔英〕佐尔坦·德尔涅伊	著
语言的进化生物学探索	〔美〕菲利普·利伯曼	著
语篇研究：跨越小句的意义	〔澳〕詹姆斯·马丁　大卫·罗斯	著

语言习得与发展导论：生成语法视角　〔美〕米莎·贝克　卡米尔·乌德·迪恩　著

法语在英格兰的六百年史（1000—1600）　〔美〕道格拉斯·A. 奇比　著
社会文化理论与二语教学语用学　〔美〕雷米·A. 范康珀诺勒　著
语言教学的流派（第 3 版）　〔新西兰〕杰克·C. 理查兹　〔美〕西奥多·S. 罗杰斯　著
语言研究（第 7 版）　〔英〕乔治·尤尔　著
语言学习与语言教学的原则（第 6 版）　〔美〕H. 道格拉斯·布朗　著

沉默的句法：截省、孤岛条件和省略理论　〔美〕贾森·麦钱特　著
句法结构（第 2 版）　〔美〕诺姆·乔姆斯基　著
理解最简主义　〔美〕诺伯特·霍恩斯坦　〔巴西〕杰罗·努内斯　〔德〕克莱安西斯·K. 格罗曼　著
为何只有我们：语言与演化　〔美〕罗伯特·C. 贝里克　诺姆·乔姆斯基　著
信息结构与句子形式　〔美〕克努德·兰布雷希特　著
英语的成长和结构　〔丹〕奥托·叶斯柏森　著
语素导论　〔美〕戴维·恩比克　著
构式形态学　〔荷〕海尔特·布吉　著

语法、逻辑和心理学：原理与相互关系　〔德〕海曼·施坦塔尔　著
德语语言史　〔德〕彼得·冯·波伦茨　著

图书在版编目（CIP）数据

语法、逻辑和心理学：原理及相互关系 /（德）海曼·施坦塔尔著；温仁百译. -- 北京：商务印书馆，2024（2025.8 重印）. --（语言学及应用语言学名著译丛）. -- ISBN 978-7-100-24522-7

Ⅰ. H04；B81；B84

中国国家版本馆 CIP 数据核字第 2024T2D658 号

语言学及应用语言学名著译丛

语法、逻辑和心理学

原理及相互关系

〔德〕海曼·施坦塔尔 著

温仁百 译

商 务 印 书 馆 出 版

（北京王府井大街 36 号 邮政编码 100710）

商 务 印 书 馆 发 行

北京市白帆印务有限公司印刷

ISBN 978-7-100-24522-7

2024 年 10 月第 1 版　　开本 880×1230　1/32

2025 年 8 月北京第 2 次印刷　　印张 $11^3/_8$

定价：89.00 元